钱穆先生学术年谱

【卷三】

韩复智 编著

一九三八年　戊寅　四十四岁

一　国内大事

三月，中国国民党在武汉召开临时全国代表大会，推选蒋介石为总裁，通过《抗战建国纲领》。

四月，山东台儿庄大捷，中国军队歼灭日军两万余人。

九月，国民政府派胡适为驻美国大使。

十月，日军侵占广州、武汉。

十二月，汪精卫与其党羽潜离重庆叛国投敌，自越南河内潜赴上海。

二　事略

西南联大文学院定在云南蒙自开课，先生等结队前往。既到联大，诸教授携眷者暂住旅馆中，单身者则住学校，两人一室。因与在北大兼课的清华大学历史系主任刘崇鋐素稔，故两人同住一寝室。先是自北平只身南下，近五万册藏书全部弃置于北平，加以辗转流亡生活不安定，故是年似未有著述出版。

在联大与同事陈梦家常相过从，在两夕谈话中，梦家力劝先生为中国通史写一教科书，以应全国大学青年与时代急迫需要。"先成一教科书，国内受益者其数岂可衡量。"先生在《师友杂忆》中云："余之有意撰写《国史大纲》，实自梦家此两夕话促成。而在余之《国史大纲引论》中，乃竟未提及。及今闻梦家已作古人，握笔追思，岂胜怅惘。"（兰台出版社本，页二〇七）暑假，文学院迁返昆明，友人代觅得距昆明不远之山水胜地宜良西山岩泉下寺中的县长别墅可以暂借，以从北平携出的通史随笔数厚册，作为日后撰写《史纲》所凭的唯一祖本。计划一年时间，写成此书。

一九三九年　己卯　四十五岁

一　国内大事

一月，国府设立党、政、军一体的"国防最高委员会，蒋介石任委员长"。

五月初，日本空军连续轰炸重庆，以致死伤数千人。

九月三日，英国对德宣战，法国也对德宣战，第二次世界大战由此爆发。

九月十七日至十月六日，第一次长沙会战，日军被我军击退，死伤四万余。

二　事略

先生仍任教西南联大文学院。六月，《国史大纲》撰成，适昆明方屡遭空袭，乃于是岁暑假携稿去香港交商务印书馆付印。乘便赴上海，东归苏州探视母亲。离昆明前，答应顾颉刚之约，任流亡成都的齐鲁大学国学研究所教授，并负责编辑《齐鲁学报》。在苏州获居耦园，于侍母之暇，晨夕在楼上，以半日读英文，余半日至夜半专意撰《史记地名考》一书。晚年回忆道："余先一年完成《国史大纲》，此一年又完成此书，两年内得成两书，皆得择地之助可以终年闭门，绝不与外界人事交接。而所居林池花木之胜，增我情趣，又可乐此而不疲。宜良有山水，苏州则有园林之胜，又得家人相聚，老母弱子，其怡乐我情，更非宜良可比，洵余生平最难获得之两年也。"

三　著述

一月，《病与艾》，刊于昆明《今日评论》。收入《文化与教育》，二〇〇〇年台北素书楼文教基金会·兰台出版社整理新版印行，页一六三～一六六。

编者按：本文为先生因忆及《孟子》书中耐人寻味的几句话，而发抒的一些感想。摘要兹略。

一月，《建国三路线》，刊于昆明《益世报·星期评论》。收入同前书，页二〇～二八。摘要如下：

要讨论目前的建国问题，应该先明白一点中国以往立国规模之大概。就世界各民族以往历史而论，中国民族的建国规模，可算是最伟大而又最强韧的。人们好以罗马与古中国相拟，其实罗马立国，根本与中国以往情形不同。罗马立国，是由一个中心展扩出来，由这一个中心征服四围而加以统治。所辖的疆土虽大，内部的重心，则是很狭小的。正为如此，北方蛮族一脚踏进罗马城，罗马帝国便可瓦解。

中国立国，是由整个国家全体各部凝合而成。而立国重心并不就限制在这个中心里。他是由四围来共同缔造一中心，并不是由一中心来征服四围而加之以统制。中国立国自秦汉即自有大一统的中央政府，一向如此，并不是由一个中央来压倒四围而硬组成一个暂时的整体。因此中国之立国形势，既伟大、又强韧。遂使中国民族在世界史上成为一个建国悠久而又最不易被征服与统治的民族。

但中国自"辛亥革命"以来，快近三十年，而我们的新的建国运动，却依然未能让我们满意。其最大原因，似在建国理论上之未臻于一致。此三十年来建国理论上最普遍的便是"民众建国论"。其原因，一则国人骤然震惊于西洋近代的新理论，而没有细究其实际。此如一辈学者；二则从这个理论下，却不知不觉地便于自己良心的卸责任。他们渐渐以为一切建国责任，真在民众的身上。此如一辈政客；三则这个理论易于发泄情感冲动而立刻见之于行为。所以一遇国难，一辈热血青年最易想到到民间去宣传，期能唤起民众，来共同再建国。此如一辈大中学学生。

但是问题的症结，不在民众之不易唤起，而在没有一个真能领导民众的理想的政府。此种民众建国的思想，自民初国会制度失败以后，激而变为鼓吹社会革命，组织民众争夺政权。这实是一条死路，万万走不通。至多只能利用民众来争夺政权，并不能把政权真切送交与民众。总之，我们此刻的建国理论，应该先要一个克尽厥职的政府，来代表民众、领导民众，而不能希望由民众来直接创造政府，更不该专希望利用民众来争夺政权。

民众建国理论以外，第二个有力量的，要算"领袖建国论"。但我们所要提醒的，目下的领袖建国论和民众建国论同样不适合于中国的国情，同样违背中国以往的历史教训。秦始皇虽说并吞六国，却不用他一姓一宗的势力来统治天下，他只能把政权交付与李斯、蒙恬一辈非宗非私的人的手里。汉代人大体上明白得这点，遂创建了"贤良"、"孝廉"的察举制度。唐太宗亦不能用一姓一宗的私亲来把持政权。他也只有依旧沿袭隋代科举制度，更公开的解放政权，让民间自由竞选。同样在不断的收揽社会各方人才到政府里去，激起新陈代谢，来健旺政府的生机。这是中国史上的明白教训，这是中国历来建国的一项基本精神。狭义的领袖势力，不够支配偌大一个的中国。

让我们来看第三种建国论。是一种"协调融合的建国论"，一个在民众与领袖中间的全国中层阶级的势力之协调与融合的建国论。建国的力量，逃不出民众、领袖、中层阶级此三者之外，而且必待此三项势力之协调与融合。而此三项势力之协调与融合，其机括实操于中层阶级之手。

要看中国当前的中层阶级，是否已具备有担负建国的力量，只看中层阶级能否觉悟。他们倘能真切地在拥护领袖与领导民众的双层下面来做建国工作，他们一定要感到自己的力量问题，而自然会协调融合起来，这便是中国得救之征兆。亦便是目前建国的一条大路，唯一的一条大路。

四月，《过渡与开创》，刊于昆明《益世报·星期评论》。收入同前书，页一六七~一七〇。摘要如下：

历史上的事情，往往有在当时极不易明了，过些时则极易看出。一个老的时代过去了，一个新的时代来临。但是那个新时代，是一个开创的时代呢？还是一个过渡的时代？这是我们所渴欲知道，而一时却不易遽知的。

何谓"开创时代"？这是说即此已是新时代之开始。何谓"过渡时代"？这是说，旧的虽已去，新的还未来，这只是中间一个过渡。旧的时代，大家知道是过去了，但是我们的新时代，不知是在过渡中呢？还是在开创中？此虽不易辨，但却又不可不辨。过渡决不是了局，开创却又不是急切可了的。换言之，过渡是一个不可久的局面，要我们另寻道路。开创是一个不可舍的局面，要我们继续努力。

或以为历史只是一个前进，开创亦还是过渡，过渡亦算是开创，任何一个局面不得长久，任何一个局面亦不该抹煞，这是一种盲目瞎闯主义，我们应该略加以纠正。让我们把过渡与开创之分别，再说得明白些。

历史上的事业，并不是一手一足之烈在短期内所能完成。因此一新事业之创兴，必然需得同时乃至将来人的拥护与继续，而后此项事业始有完成之望，我只为此事业开其端。这便是所谓开创。用成语说之，开创是创业垂统为可继，过渡则可以说是儳焉不可终日。过渡复过渡，便成混乱，开创复开创，乃为建设。只要我的事业和局面，多少为着别人，为着将来，则别人和将来，自来拥护与继续。只要我的事业和局面，全是为着目下和自己，则将来和别人，自来推翻与取消。

这样，我们已为开创与过渡寻得一个辨别标准。如此，我们又可为开创与过渡寻得第二个辨别的标准。茫茫然的前进，大体还是在过渡的行程中，而肃然停止下来，反而常是开创之征兆。这一个标准，却不必反省，而可用来从旁面作观察。

政治的规模，学术的风尚，乃至社会的种种，都有一个开创与过渡之辨。目下大家正高呼着前进，大家以为新时代已来到，但是我要请大家各自观察，各自反省我们的时代，究还是在开创中，抑还是在过渡中？

四月，《变更省区制度私议》，刊于重庆《大公报·星期论文》。收入兰台版《政学私言》，页一〇三～一一〇。摘要如下：

（一）

行省制度，在中国并无深远历史。其创兴在元代，而明清因袭之。元人所谓"行中书省"，乃是一个活动的中书省，即最高中枢机关之分化。明太祖初起，承袭未改。但不久即取消行中书省，而代以"布政使"

为各省行政长官，此不失为一种比较合理的改革。清代同为一种狭义的部族政权，他们更有意利用行省制。各行省督抚，大体多属满人。然到晚清末叶，全国督抚，又依然是满人为多。而同时督抚又兼中央"都御史"的官衔。可见行省制用意在中央监临地方，并不为地方本身着想。

（二）

行省制度，只是一种变相的封建，分区宰御，非中央集权。既不利于地方自治，又不利于中央集权，乃是横梗在中央与地方之间。易于引起尾大不掉的一制度。清末督抚，乃至一九二八年以前之各省督军，事例昭然，不烦详论。民国以来的行省长官，尤其如最近的"省委员制"，其性质显又与元、明、清三代的行省长官不同。殆已变为地方行政长官之领袖，而非中央机关之派出所。但在此转变下，亦有流弊。因省分区过于庞大，对中央言，双方行政权限往往不易划分明晰。

正因省区划分过大，因此时有使其从中央看来好像易于侵犯中央的职权之嫌疑。同时对地方言，亦因省区过于庞大，一个省政府，统辖几十个县政府，省县规模，大小悬殊，因此使省政府高高在上，不易实做地方上亲民的长官，而另有使他在地方上看俨如一个小中央的嫌疑。

（三）

中国目前的建国工作，其前程有两个必须达到的任务。第一是"完成中央统一"，又一是"完成地方自治"。大体言之，当将现行省区，分划缩小，把现在每一行省划分为四五省或六七省不等，一省大率统县最少不少过六、七县，最多亦不能超过二十县。全国共达百数十省乃至二百省。此种新省机关，应采用"长官制"，不采用委员制。如是则一个新的行省长官在其所辖境内，庶可独立展布，亦使独立负责。附属于省机关之教育、财政、建设、公安各项，则设局不设厅，而总成于省长。

在新省区下的县长官，其地位待遇亦当同样提高。一县长官，亦使独立负责、独立展布。附属于县机关的教育、财政、建设、公安各项，则设科不设局。同时在县省长官独立负责独立展布之旁面，赓续推行县议会与省议会。就中央论之，省区缩小，牵涉到几省以上的事务，自然划归中央，而中央各部亦可切实负责、切实发展。中央对各新省，则以现行监察使制度尽其督促监视之责。如是则地方与中央可以活泼连成一气。一面是中央明白交付地方以自由推行政务之权，一面即是中央向地方取得统一集中之权。故说"地方自治"与"中央统一"可以同时办到，其机括只在将现行省区略略修改。

（四）

一种制度之推行，其最要前提，还在与当时实际人事相和洽。并不能抹杀人事，空立制度。尤其当前是抗战艰难时期，一切政制，惟求减少人事摩擦，增进军事便利为第一义。试先举目前处于抗战前线之各省区而论。或则省会已沦陷，或则省疆已不完全。而以适当前线之故，其各县各地工作之艰巨烦杂，当十百倍于平时。又次就已沦陷各省区而论。目下中央依旧委派该各省长官在敌人后方工作，其为艰巨，较之在前线各省区，当更过之。设若废去旧省制，使各新省区可以在敌人后方便利单独活动，亦可更活泼的相互联络，而各受该后方军区长官之节制，尤较现行省区制似更近实际。

六月，《论秦以前的封建制度》，刊于北京大学《治汪史杂志》第二期。收入联经《全集》中的《中国学术思想史论丛》（一），二〇〇〇年台北素书楼文教基金会·兰台出版社整理新版印行，页九四～一〇四。摘要如下：

近人颇好讨论秦以后的中国是否还是"封建制度"的国家。我想此问题不是简单几句话所能解决。我此文，只想把秦以前中国史上的所谓"封建"，究竟是怎么一回事，先约略试作一说明。

所谓秦以前中国史上的"封建"，也只指周代一代而言。周以前似乎还没有封建的存在。《左传》昭公九年，詹桓伯说："文、武、成、康之建母弟，以蕃屏周。"可见从武王以下成王、康王，每一新王即位，都陆续封建他们的母弟。又二十八年晋大夫成鱄说："昔武王克商，光有天下。其兄弟之国者十有五人，姬姓之国者四十人。"《正义》："由武王克商，得封建诸国，归功于武王耳。此十五国或有在后封者，非武王之时尽得封也。"《正义》又说："宣王方始封郑，非独武王、周公封诸国也。"

据此，周初封建乃逐渐进展，而非一时形成，可以无疑。其实周初封建的逐次推广，并不是一种政权之分，亦不是一种国统之转移，而只是一种耕稼部落在那时一片广大的未经垦辟的地面上，逐渐完成他分裂与拓殖的进程。当时所谓"封建"，其实只是一种耕稼民族之带有侵略式的殖民；而其所移殖的土地，大部是未经垦辟，而只是为别种游牧民族的飘忽往来的牧地。封建制度之进展，是一个民族的经济状况，侵入他几个民族的异样的经济状况下所形成，而并不重要在其政治方面。

此可举例为证。在周《诗经·大雅·崧高》，记载着宣王封申伯的事说："王命申伯，式是南邦。因是谢人，以作尔庸。王命召伯，彻申伯土田。王命傅御，迁其私人。"这便是当时所谓"封建"。第一是先在那里筑起一个土圈（"庸"即城），再划分了附近耕地的区界（"彻土田"即井地），最后才是正式的移民（"迁其私人"）。而那里的土著（"谢人"），便是他们被征服的治下了。这一个情形，直到春秋时还有。

在当时他们一个部落，外面围着一个土圈泥墙的，便是所谓一个"国"。"国"字意义的较扩大的，则连其四郊言之。如《齐语》管子所谓"参国伍鄙"之制是。又扩大则为"邦国"，如《周官》"惟王建国，以佐王治邦国"是。则那时的所谓"封土建国"，自然和秦以后的所谓"封土建国"不同了。

从前人统计《春秋经传》，说有百七十国，这便是说有百七十个土圈子。在这范围以内，错错落落，前后有百七十国，而戎狄还在外。当时所谓"戎狄"，也并不是远远地处在塞外边土，像秦、汉时的样子；当时还有一种华、戎杂处的局面，而所谓诸夏与戎狄，也并不是血统种姓上有着严格的区分，而只像是一种生活状况、经济状况的不同。大抵耕稼城廓的便是"诸夏"，游牧流荡的便是"戎狄"。他们各处的垦域，全都筑起长墙土圈自卫，便是所谓"国"。而这土圈与那土圈之间却还是各不相关的弃地，任着原有的游牧人飘忽往来。这大概是西周以来的所谓"封建"，而到春秋时代还是这样。

西周以来的所谓封建，即是那一种耕稼民族的带有侵略式的殖民的那一种趋势，到周室东迁以至于春秋时代，是否还在进行，抑在衰退？

据我的看法，似乎春秋时代还是那种封建的进行期，而不是衰退期，只换了一个方式进行。从前的周天子封建诸侯，现在变成诸侯封建大夫。从前是一个策源地向四方拓殖，现在是再从那从前拓殖的几处作根据，再各自向他们的四近分裂和展扩。从前是由天子分建各国，现在是由各国再来分封建诸大夫的都邑。这一种趋势，直要到可耕的田亩和耕稼的人口，渐渐达到相当饱和的状态，即是孟子所谓"地不改辟，人不改聚"的状态，才开始衰退而停止，而转移其动向；这已在春秋末期乃至于战国了。所以春秋时代实在是还是封建的进展期。

春秋初年，各国卿大夫尚多没有氏族。大抵国君之子为大夫的称"公子"。公子之子为大夫的称"公孙"。非公子、公孙而为大夫的只称其名。那时各国的卿大夫似乎还没有走上世袭为卿的一条路。世卿和采邑和氏族，是一联并起的事。《左传·隐公八年》："无骇卒，羽父请谥与族。公问族于众仲。众仲对曰：'天子建德，因生以赐姓，胙之土而命之氏。诸侯以字为谥，因以为族。官有世功，则有官族。邑亦如之。'"此所谓"胙之土而命之氏"，可见"氏"与"土地"是关联的。因生赐姓，也是因其生地而得姓。

春秋各国的大夫，渐渐地称氏的多了，便是证明他们渐渐地得有世袭的采邑和爵位；而同样证明那时的各国也渐渐地在进展他们的封建，即是他们国家的展扩和分裂。他们那样地展扩，使得他们垦土日广，在原有的土圈（"国"）的四周，又逐次建筑了几许较小的土圈。（"郡"和"邑"）而他们"国"的观念，也逐渐次扩大，渐次转变，使他们觉得国并不在一个土圈之内，而渐次形成以后的所谓"国"的观念。

除却上述卿大夫赐氏受采邑为世卿，即是封建制的推广进展外，尚有当时所谓"附庸"的，同样可以说明封建制的推衍。《左传·庄公五年》："郳犁来来朝。名，未王命也。"杜《注》："未受爵命为诸侯，《传》发附庸称名例也。其后数从齐桓以尊周室，王命以为小邾子。"大概西周初年定制，只有周、召大国，才特订有附庸。附庸只是在大土圈（"国"）的附近有小土圈（"庸"），此等小土圈又称"别封"；而其它小一些的诸侯，则是不准有，而且不能有的。

此种形势，一到春秋便激烈变动。一面是相互并吞，一面是勤于城筑。一个国家绝不限于一个土圈,因此"附庸"两字的意义,也随着变换。要而言之,必须经过西周四百年的逐渐封建,才成春秋初年的局面。又必经过春秋二百四、五十年的急剧战争,相互并吞与拓殖,才成战国初年的形势。又须经过战国二百多年的竭力经营,才始造成战国晚年类似于后代式的战斗国家。这其间有八百年的长期历史。必须注意于此长期间的一般经济状况之推进,始可以了解周初封建是什么一回事。因此至少可以说,秦以后再没有像周初乃至春秋时期的封建事实发生。

七月,《现状与趋势》,刊于云南《民国日报·星期论文》。收入同前出版社《文化与教育》,页一七一~一七五。

编者按:本文系抗日战争已达两年,先生对国内的现状与趋势,所作的一项观察与分析,摘要从略。

一九四〇年　庚辰　四十六岁

一　国内大事

二月二十三日，东北抗日联军第一路军在蒙江地区和日寇展开激战，一直战斗最后一人，总指挥杨靖宇将军则英勇壮烈战死，年仅三十五岁。

三月五日，中央研究院院长蔡元培在香港病逝，终年七十三岁。

三月杪，汪精卫卖国集团在南京成立伪国民政府，由汪氏任代理主席。

国民政府通电全国，尊称孙中山先生为中华民国国父。

五月一日至十六日，日军发动七个师团，从三方面进攻鄂北枣阳，我军奋勇抵抗，第三十三集团军总司令张自忠阵亡，日军亦伤亡四万余人。

二　事略

先生归里，侍奉老母一年，终于拜别，于是岁夏重返后方，辗转至成都北郊齐鲁大学国学研究所履教职，又兼齐鲁大学课，主讲《中国文化史导论》。

三　著述

一月，《社会自由讲学之再兴起》（总论宋元明学术），刊于《北大四十周年纪念论文集》。收入本年六月出版《国史大纲》一书。摘要如下：

贵族门第渐次消灭后之社会情形

唐中叶以后，中国一个绝大的变迁，便是南北经济文化之转移。另一个变迁，则是社会上贵族门第之逐渐衰落。门第衰落后，社会上的新形象，举其要者约有如下几点：一是学术文化传播更广泛。以前大体上保持于几个大门第、大家庭的，现在渐渐为社会所公有。二是政治权解放更普遍。以前参预政治活动的，大体上为几个门第氏族所传袭，现在渐渐转换得更快，超迁得更速，真真的白衣公卿，成为常事。三是社会阶级更消融。以前士庶之分，由于家世，现在渐成为个人的事情。农家子弟，可以一跃而为士大夫。士大夫的子弟，亦可失其先业而降为庶民。这一个变动，渐渐地更活泼、更自然。

就第一点而论，唐以后的社会，有几个极显著又极重要的与前不同处：第一，是雕版印书术发明，书籍之传播愈易愈广。雕版术最初应始唐代。其事正与世族门第之衰落，交代迭起。大兴则在五代。至宋又有活字版之发明。书籍刻板既多，流传日广，于是民间藏书家蜂起。读书者亦自方便。此等机会，已不为少数人所独享。就著作量而论，亦较唐代远胜。第二，是读书人既多，学校书院随之而起。学术空气，始不为家庭所囿。宋初的学者，还都往寺庙中借读。而有名的四大书院，即在其时萌芽。从私人的聚徒讲学，渐渐变成书院。从书院的规模渐渐变成国家正式的学校。私家讲学及学校书院渐渐兴起，同时即寺庙的吸引力渐渐降低。虽到元代，世乱和北朝相差不远，但民间并不争趋宗教，亦因各地有书院学校传播学术之故。元代书院较宋为盛。直至明代，学术在社会上自由传播的方便，永不能再产生独擅学术上私密的贵族门第。第三，是社会上学术空气渐浓厚，政治上家世传袭的权益渐减缩，足以刺激读书人的观念，渐渐从做子孙家长的兴味，转移到做社会师长的心理上来。因此私人讲学寖后寖盛。第四，是书本流传既多，学术兴味扩大，讲学者渐渐从家庭礼教及国家典制中解放到对于宇宙人生整个的问题上来，而于是和宗教发生接触与冲突。所以自宋以下的学术，一变南北朝、隋、唐以来之态度，都带有一种严正的淑世主义。

再就第二点而论，唐以后的社会，又另有几个与前不同的要点：第一，是政治上没有了贵族门第，单有一个王室，绵延一、二百年不断，而政府中官吏，上自宰相，下至庶僚，大都由平地特起，孤立无援，相形之下，益显君尊臣卑之象。第二，因同样关系，各州郡、各地方因无故家大族之存在，亦益显官尊民卑之象。因此宋以后的社会，特别需要另一种新的力量，能上面来监督政府，下面来援助民众。宋、明学术，即从上述种种社会变动而起。

宋明学术之主要精神

南北朝、隋、唐的学者，大体分成两路。一是入世讲究家庭、社会种种礼法，以及国家政府典章制度。一是信从佛教讲出世，或从道教讲长生。宋以后的学者绝不是那样。他们要找出一个比较更接近平民性的原则，来应用于宇宙、人生、国家、社会、入世、出世等各方面。这一个原则，他们称之曰"道"，或称"理"。理亦称"天理"，"天理"的对面是"人欲"。天理、人欲的分辨，则在公、私之间。"公、私"的另一名称，则为"义、利"。这一公私、义利之辨，从外面客观来讲，即是"道理"。从各个人的内省审察，则为"心术"。他们用此来批驳宗教，说佛老所讲出世长生无非从自私起见。他们又用此来批驳政治，说自

汉、唐以来所谓君相事业，只算得是"霸道"，算不得是"王道"。所谓霸道与王道之别，还只在心术的公私上分。所以做君、相、官吏，应该先明白做君、相、官吏的责任。如是则"师道"还应在"君道"之上。他们实在想要拿他们的一套理论与态度，来改革当时的现实。在范仲淹、王安石继续失败之后，他们觉悟到要改革现实，更重要的工夫应先从教育上下手。所以关洛学者便一意走上讲学的路。直到南宋，此意始终为讲学者所保持。他们惟恐"已试不信"，失却社会后世的信仰，所以他们对于政治的态度，宁可牺牲机缘，决不肯降低理论。所以他们对于在野的传播学术，较之在朝的革新政治，兴味还要浓厚，并不是他们无心于政治之革新。

宋明学者之讲学事业

他们在野事业，最重要的，便是所谓私家讲学。私家讲学，与学校性质不同。所以胡瑗苏湖讲学规模，并不能为伊洛所袭用。伊洛师弟子往返，别具一种风格。他们似乎颇有些处近于禅家之参谒。渐渐的所讨论讲究，尽在高明处。在这种流动的短时间的谒请，逐渐盛行，学风上

自然趋于扫尽枝叶，独寻根本。而师道之尊严，也转从此种风气中特别提高。惟若学校制度不能推行有效，学者先未有相当基础，直接从事此种最高理论之参究，虽有人格之活泼熏陶，而学术途径，终不免要流于空虚放荡。所以程门弟子，多陷入禅学。

南渡以还，学校之教日衰，讲学之风日盛。此种往来走动的参究请谒，愈来愈多，于是又从此中酝酿出新的讲堂制度来。即有讲堂，则有讲义。而此种讲学之最大困难，则为来学者之程度不齐与来去无定。在此情形下，产生讲学家的朱陆两大派。象山教法，在于因人设教，直指本心。而朱子则想选定几部最重要的书本。先为此数书下明白确切的训注。好让学者自行研读，补讲堂教育之缺陷。此两派流传各有所适，朱子的《四书集注》遂为元代取士准则。元人又有学官讲书之制。而私家讲学，则往往容易接近象山的路子。至王阳明提倡良知之学，然后讲学家可以不必顾到学校教育之种种方便，只在几次谈话中收兴人才之效。此种讲学，传播极快。学校教育，渐渐转移变成社会教育，于是乃有所谓"讲会"之兴起。

要之宋、明两朝六百年的政府，并不能主持教育，领导学术；而社会上学术空气继长增高，教育之要求亦与日俱进。宋、明儒讲学，实从此环境中产生。他们热心讲学的目的，固在开发民智，陶育人才。而其最终目的，则仍在改进政治，创造理想的世界。宋、明儒理论上的世界，是"万物与我一体"。所由认取此万物一体者，在我谓之"性"，在外谓之"理"。其理想境界，则如朱子所云："当世之人无不学。其学焉者无不有以知其性分之所固有，职分之所当为，而各俛焉以尽其力。此古昔盛时所以治隆于上，俗美于下，而非后世之所能及。"他们可说是一种"秀才教"。可说是范仲淹诸人以来流行于一辈自负以天下为己任的秀才们中间的宗教。不幸当时社会智识界之扩大，比他们那一种宗教之进展还要快得多。因此他们对时代徒抱理想，而无法实现。他们对政治常是悲观，或持反对的态度。结果政府亦常敌视他们，屡兴党狱。而让有名的东林党来结束这一个最后的冲突。

宋明学者主持之社会事业

宋、明学者彻底改革政治的抱负，始终未有达到；但他们对社会事业，却有相当成绩。举其要者：一、义庄。二、社仓。三、保甲。四、书院。五、乡约。宋、明以下之社会，与隋、唐以前不同。世族门第消灭，社会间日趋于平等，而散漫无组织。社会一切公共事业，均须有主持领导之人。若读书人不管社会事，专务应科举、做官、谋身家富贵，则政治社会事业，势必日趋腐败。其所以犹能支撑造成小康之局者，正惟赖此辈讲学之人来作一个中坚。

六月，《国史大纲》一书，由国立编译馆初版印行，上海商务印书馆初版发行。一九五二年台湾商务印书馆发行台一版。一九七四年修订一版，一九九一年修订十七版。一九九七年收入联经《全集》第二十七、二十八册《国史大纲》（上、下）。兹据商务修订本，页一——三二～一七〇一，摘录其精华部分如下：

引　论

中国为世界上历史最完备之国家，举其特点有三：一者"悠久"。从黄帝传说以来约得四千六百余年。二者"无间断"。自周共和行政以下，明白有年可稽。自鲁隐公元年以下，明白有月日可详。三者"详密"。此指史书体裁言。要别有三：一曰编年，二曰纪传，三曰纪事本末。其它不胜枚举。又中国史所包地域最广大，所含民族分子最复杂，因此益形成其繁富。则我华夏文化，于并世固当首屈一指。

今人率言"革新"，然革新固当知旧。不识病象，何施刀药？凡对于以往历史抱一种革命的蔑视者，此皆一切真正进步之劲敌也。惟藉过去乃可认识现在，亦惟对现在有真实之认识，乃能对现在有真实之改进。故所贵于历史智识者，又不仅于鉴古而知今，乃将为未来精神尽其一部分孕育与向导之责也。

且人类常情，必先"认识"乃生"情感"。若一民族对其以往历史无所了知，此必为无文化之民族。此民族中之分子，对其民族，必无甚深之爱，必不能为其民族真奋斗而牺牲，此民族终将无争存于并世之力量。凡今之断脰决胸而不顾，以效死于前敌者，彼则尚于其国家民族以往历史，有其一段真诚之深爱；彼固以为我神州华裔之生存食息于天壤之间，实自有其不可侮者在也。

故欲其国民对国家有深厚之爱情，必先使其国民对国家以往历史有深厚之认识。欲其国民对国家当前有真实之改进，必先使其国民对国家以往历史有真实之了解。我人今日所需之历史智识，其要在此。

略论中国近世史学，可分三派述之：一曰传统派，二曰革新派，三曰科学派。"传统派"主于记诵，熟谙典章制度，多识前言往行，亦间为校勘辑补。其次曰"革新派"，则起于清之季世，为有志功业、急于革新之士所提倡。最后曰"科学派"，乃承"以科学方法整理国故"之潮流而起。此派与传统派，同偏于历史材料方面，路径较近；博洽有所不逮，而精密时或过之。二派之治史，同于缺乏系统、无意义，乃纯为一种书本文字之学，与当身现实无预。无宁以"记诵"一派，犹因熟谙典章制度，多识前言往行，博洽史实，稍近人事；纵若无补于世，亦将有益于己。

所谓"革新派"之史学，亦随时递变。约言之，亦可分为三期：其先当前清末叶。当时，有志功业之士所渴欲改革者，厥在"政体"。故彼辈论史，则曰："中国自秦以来二千年，皆专制黑暗政体之历史也。"彼辈谓："《二十四史》乃帝王之家谱。"彼辈于一切史实，皆以"专制黑暗"一语抹煞。彼辈对当前病证，一切归罪于二千年来之专制。然自专制政体一旦推翻，则此等议论，亦功成身退，为明日之黄花矣。继"政治革命"而起者，有"文化革命"。彼辈之目光，渐从"政治"转移而及"学术思想"，于是其对国史之论锋，亦转集于"学术思想"之一途。故彼辈论史，则曰："中国自秦以来二千年，思想停滞无进步，而一切事态，因亦相随停滞不进。"彼辈或则谓："二千年来思想，皆为孔学所掩胁。"或则谓："二千年来思想，皆为老学所麻醉。"要之如一丘之貉，非现代之所需。或则谓："思想限制于文字，欲一扫中国自秦以来二千年思想之沉痼积疴，莫如并废文字，创为罗马拼音，庶乎有瘳。"然待此等宣传成功，则此等见识，亦将为良弓之藏。继"文化革命"而起者，有

"经济革命"。彼辈谓："无论'政治'与'学术'，其后面常为'社会形态'所规定。故欲切实革新政治机构、学术内容，其先应从事于'社会经济形态'之改造。"然竟使此派论者有踌躇满志之一日，则我国史仍将束高阁、覆酱瓿，而我国人仍将为无国史智识之民族也。

前一时代积存之历史资料，既无当于后一时期所需要之历史智识，故历史遂不断随时代之迁移而变动改写。就前有诸史言之，《尚书》为最初之史书。其次为《春秋》，为最初之编年史。又其次为《左传》，以网罗详备言，为编年史之进步。又其次为《史记》，乃为以人物为中心之新史，征其时人物个性之活动，已渐渐摆脱古代封建、宗法社会之团体性而崭然露头角也。又其次为《汉书》，为断代作史之开始，此乃全国统一的中央政府，其政权以臻稳固后之新需要。于是而有郑樵《通志》之所谓《二十略》，其历史眼光，乃超出于政治人物、人事、年月之外。其它如方志、如家谱、如学案，形形色色，乘一时代之新需要而创造之新体裁者，不胜缕举。要之自《尚书》下逮《通志》，此皆有志于全史整面之叙述。今观其相互间体裁之不同，与夫内容之差别，可知中国旧史，固不断在改写之中矣。

今日所需要之国史新本，将为自《尚书》以来下至《通志》一类之一种新通史。此新通史应简单而扼要，而又必具备两条件：一者必能将我国家民族以往文化演进之真相，明白示人，为一般有志认识中国以往政治、社会、文化、思想种种演变者所必要之智识；二者应能于旧史统贯中映照出现中国种种复杂难解之问题，为一般有志革新现实者所必备之参考。前者在积极的求出国家民族永久生命之泉源，为全部历史所由推动之精神所寄；后者在消极的指出国家民族最近病痛之症候，为改进当前之方案所本。

凡治史有两端：一曰求其"异"，二曰求其"同"。何谓求其异？凡某一时代之状态，有与其先、后时代突然不同者，此即所由划分一时代"特性"。从两"状态"之相异，即两个"特性"之衔接，而划分为两时代。从两时代之划分，而看出历史之"变"。从"变"之倾向，而看出其整个文化之动态。从其动态之畅遂与夭阏，而衡论其文化之为进退。此一法也。何谓求其同？从各不同之时代状态中，求出其各"基相"。此各基相相衔接、相连贯而成一整面，此为全史之动态。以各段之"变"，形成一全程之"动"。即以一整体之"动"，而显出各分部之"变"。于诸异中见一同，即于一同中出诸异。全史之不断变动，其中宛然有一进程。自其推动向前而言，是谓其民之"精神"，为其民族精神生命之泉源。自其到达前程而言，是谓其民族之"文化"，为其民族文化发展所积累之成绩。此谓求其同。此又一法也。

故治国史不必先存一揄扬夸大之私，亦不必先抱一门户立场之见。仍当于客观中求实证，通览全史而觅取其动态。若某一时代之变动在"学术思想"（例如战国先秦），我即着眼于当时之学术思想而看其如何为变。若某一时代之变动在"政治制度"（例如秦汉），我即着眼于当时之政治制度而看其如何为变。若某一时代之变动在"社会经济"（例如三国魏晋），我即着眼于当时之社会经济而看其如何为变。"变"之所在，即历史精神之所在，亦即民族文化评价之所系。而所谓"变"者，即某种事态在前一时期所未有，而在后一时期中突然出现。此有明白事证，与人共见，而我不能一丝一毫容私于其间。故曰：仍当于客观中求实证也。

今于国史，若细心籀其动态，则有一至可注意之事象，即我民族文化常于"和平"中得进展是也。秦末刘、项之乱，可谓例外。明祖崛起，扫除胡尘，光复故土，亦可谓一个上进的转变。其它如汉末黄巾，乃至黄巢、张献忠、李自成，全是混乱破坏，只见倒退，无上进。近人治史，颇推洪、杨。夫洪、杨为近世中国民族革命之先锋，此固然矣。然洪、杨十余年扰乱，除与国家社会以莫大之创伤外，成就何在？建设何在？此中国史上大规模从社会下层掀起的斗争，常不为民族文化进展之一好例也。然中国史非无进展，中国史之进展，乃常在和平形态下，以舒齐步骤得之。

姑试略言中国史之进展。就政治上言之，秦、汉大一统政府之创建，已为国史辟一奇迹。秦、汉统一政府，并不以一中心地点之势力，征服四围，实乃由四围之优秀力量，共同参加，以造成一中央。且此四围，亦更无阶级之分。所谓优秀力量者，乃常从社会整体中，自由透露，活泼转换。因此其建国工作，在中央之缔构，而非四围之征服。我中国此种立国规模，乃经我先民数百年惨淡经营，艰难缔构，仅而得之。

谈者好以专制政体为中国政治诟病，不知中国自秦以来，立国规模，广土众民，乃非一姓一家之力所能专制。故秦始皇始一海内，而李斯、蒙恬之属，皆以游士擅政，秦之子弟宗戚，一无预焉。汉初若稍稍欲返古贵族分割宰相之遗意，然卒无奈潮流之趋势何！故公孙弘以布衣为相封侯，遂破以军功封侯拜相之成例，而变相之贵族擅权制，终以告歇。博士弟子，补郎、补吏，为入仕正轨，而世袭任荫之恩亦替。自此以往，入仕得官，遂有一公开客观之标准。"王室"与"政府"逐步分离，"民众"与"政府"则逐步接近。政权逐步解散，而国家疆域亦逐步扩大，社会文化亦逐步普及。

总观国史，政制演进，约得三级：由封建而跻统一，一也。由宗室、外戚、军人所组之政府，渐变而为士人政府，二也。由士族门第再变而为科举竞选，三也。惟其如此，"考试"与"诠选"，遂为维持中国历代政府纲纪之两大骨干。全国政事付之官吏，而官吏之选拔与任用，则一惟礼部之考试与吏部之诠选是问。此二者，皆有客观之法规，为公开之准绳，有皇帝所不能摇，宰相所不能动者。若于此等政制后面推寻其意义，此即《礼运》所谓"天下为公，选贤与能"之旨。就全国民众施以一种合理的教育，复于此种教育下选拔人才，以服务于国家；再就其服务成绩，而定官职之崇卑与大小。此正战国晚周诸子所极论深觊，而秦、汉以下政制，即向此演进。特以国史进程，每于和平中得伸展，昧者不察，遂妄疑中国历来政制，惟有专制黑暗，不悟政制后面，别自有一种理性精神为之指导也。

误者又疑中国政制无民权、无宪法。然民权亦各自有所以表达之方式与机构，能遵循此种方式而保全其机构，此即立国之大宪大法，不必泥以求也。中国自秦以来，既为一广土众民之大邦，如欧西近代所行民选代议士制度，乃为吾先民所弗能操纵。然诚使国家能历年举行考试，平均选拔各地优秀平民，使得有参政之机会；又立一客观的服务成绩规程，以为官位进退之准则，则下情上达，本非无路。晚清革命派，以民权宪法为推翻满清政府之一种宣传，固有效矣。若遂认为此为中国历史真相，谓自秦以来，中国惟有专制黑暗，若谓"民无权，国无法"者已二千年之久，则显为不情不实之谈。

中国政制所由表达民权之方式与机构，既与近代欧人所演出者不同。故欲争取民权，而保育长养之，亦复自有其道。何者？彼我立国规模既别，演进渊源又不同。甲族甲国之所宜，推之乙族乙国而见窒碍者，其例实夥。凡于中国而轻言民众革命，往往发动既难，收拾亦不易，所得不如其所期，而破坏远过于建设。所以国史常于和平中得进展，而于变乱中见倒退者，此由中国立国规模所限，亦正我先民所贻政制，以求适于我国情，而为今日吾人所应深切认识之一事。若复不明国史真相，妄肆破坏，轻言改革，则又必有其所应食之恶果在矣。

其次请言学术思想。谈者率好以中国秦以后之学术，拟之欧洲之"中古时期"。欧洲中古时期之思想，以"宗教"为主脑，而中国学术界，则早脱宗教之羁绊。孔子始以平民作新史而成《春秋》，"其事则齐桓、晋文"，皆政治社会实事，不语怪力乱神。自有孔子，而史学乃与宗教、贵族二者脱离。然西汉司马氏不以此自限，发愤为《史记》，自负以续孔子之《春秋》；则对当朝帝王卿相种种政制事态，质实而书，无所掩饰。司马氏不以得罪。及东汉班氏，以非史官，为史下狱，然寻得释，所草悬为国史。自此以往，中国史学，已完全由皇帝、宗庙下脱出，而为民间自由制作之一业焉。

且王官之学，流而为百家，于是"史官"之外，复有"博士"。"史官"为古代王官学之传统，而"博士官"则为后世新兴百家学之代表。而博士得预闻朝政，出席廷议而见咨询，则社会新兴百家学，已驾古代王官学而上之矣。及汉武听董仲舒议，罢黜百家，专立五经博士，于是博士性质，大见澄清；乃始于方技神怪旁门杂流中解放，而纯化为专治历史与政治之学者。又同时肩负国家教育之责。而博士弟子，遂为入仕唯一正途。于是学术不仅从"宗教"势力下脱离，并复于"政治"势力下独立。自此以往，学术地位，常超然于政治势力之外，而享有其自由，亦复常尽其指导政治之责任。

其时中国政治社会，正向一合理的方向进行，人生之伦理教育，即其"宗教"，无所仰于渺茫之灵界。若必以中国史相拟，惟三国魏晋之际，统一政府覆亡，社会纷乱，佛教输入，差为近之。然东晋南北朝政府规模，以及立国之理论，仍沿两汉而来。当时帝王卿相，诚心皈依佛教者，非无其人；要之，僧人与佛经，特为人生一旁趋，始终未能篡夺中国传统政治社会之人生伦理教育而与为代兴。隋唐统一政府复建，其精神渊源，明为孔子、董仲舒一脉相传之文治思想，而佛教在政治上，则无其指导之地位。中国佛教虽盛极一时，而犹始终保全其原来超世间的本色者，则因中国政治社会一切世事，虽有汉末以及五胡之一段扰乱，而根本精神依然存在。东晋南北朝以迄隋唐，仍从此源头上演进。

至于汉代统一政府之创兴，并非以一族一系之武力征服四围而起，乃由当时全中国之文化演进所酝酿、所缔构而成此境界。汉代之覆亡，特一时王室与上层政府之腐败；而所由缔构此政府、推载此王室之整个民族与文化，则仍自有其生命与力量。且当时五胡诸蛮族，中国延之入内地者，自始即与以中国传统文化之熏陶，故彼辈虽乘机骚动，而彼辈固已同饮此文化之洪流，以浇溉其生机，而浸润其生命。然隋唐统一盛运，仍袭北朝汉化之复兴而起。

北宋学术之兴起，一面承禅宗对于佛教教理之革新，一面又承魏晋以迄隋唐社会上世族门第之破坏，实为先秦以后，第二次平民社会学术思想自由活泼之一种新气象也。元明以下，虽悬程朱经说为取士功令，然不得即目程朱为当时之宗教。明代极多遵陆王而反抗程朱者，清代尤盛以训诂考据而批驳程朱者。社会学术思想之自由，并未为政治所严格束缚，宗教则更不论矣。

中国文化演进，别有其自身之途辙，其政治组织乃受一种相应于中国之天然地理环境的学术思想之指导，而早走上和平的大一统之境界。此种和平的大一统，使中国民族得继续为合理的文化生活之递嬗。因此空中天国之宗教思想，在中国乃不感需要。亦正惟如此，中国政制常偏重于中央之凝合，而不重于四围之吞并，其精神亦常偏于和平，而不重于富强；常偏于已有之完整，而略于未有之侵获；对外则曰"昭文德以来之"，对内则曰"不患寡而患不均"。故其为学，常重于人事之协调，而不重于物力之利用。

请再言社会组织。近人率好言中国为"封建社会"，不知其意何居？以政制言，中国自秦以下，即为中央统一之局，其下郡、县相递辖，更无世袭之封君，此不足以言"封建"。以学术言，自先秦儒、墨唱始，学术流于民间，既不为贵族世家所独擅，又不为宗教寺庙所专有。平民社会传播学术之机会，既易且广，而学业即为从政之阶梯，白衣卿相，自秦以来即尔。既无特殊之贵族阶级，是亦不足以言"封建"。若就经济情况而论，中国虽称以农立国，然工商业之发展，战国、秦、汉以来，已有可观。所以家庭温饱，即从师问学，而一登仕宦，则束身礼义之中，厚积为富，其势不长，然亦非有世袭之贵人也。井田制既废，民间田亩得自由卖买，于是而有兼并。然即如前汉封君，亦仅于衣租食税而止。其封邑与封户之统治，仍由国家特派官吏。以国家法律而论，封君之与封户，实同为国家之公民。后世如佃户欠租，田主亦惟送官法办，则佃户之卖田纳租于田主，亦一种经济契约之关系，不得视田主为贵族、为封君，视佃户为农奴、为私属。土地既非采邑，即难以"封建"相拟。然若谓中国乃资本主义之社会，则又未是。以中国传统政治观念，即不许资本势力之成长也。

然则中国社会，自秦以下，其进步何在？曰：亦在于经济地域之逐次扩大，文化传播之逐次普及，与夫政治机会之逐次平等而已。其进程之迟速不论，而其朝此方向演进，则明白无疑者。若谓其无清楚界线可指，此即我所谓国史于和平中得进展，实与我先民立国规模相副相称，亦即我民族文化特征所在也。

故中国史之演进，不仅自两汉而隋、唐，而宋、明，一脉相沿，绳绳不绝；即环我族而处者，或与我相融合而同化，如辽、金、蒙古、满洲、西藏、新疆诸族；亦有接受我文化，与我终古相依，如梁甫之与泰山然，则朝鲜、日本、安南之类是也。

一民族一国家历史之演进，有其生力焉，亦有其病态焉。生力者，即其民族与国家历史所由推进之根本动力也。病态者，即其历史演进途中所时时不免遭遇之顿挫与波折也。今日治国史者，适见我之骤落，并值彼之突进，意迷神惑，以为我有必落，彼有必进，并以一时之进落为彼，我全部历史之评价，故虽一切毁我就人而不惜，惟求尽废故常，以希近似他人之万一。不知所变者我，能变者亦我，变而成者依然为我。要而言之，国史自隋唐以来，科举制既兴，士族门第之地位消融渐尽，而社会走上平铺散漫之境，此中国挽近世一大变也。

中唐以来之社会，既成一平铺散漫之社会，而其政治，仍为一和平的大一统之政治。故一"王室"高高在上，而"社会"与"政府"之间，堂陛益远，常易招致"王室"与"政府"之骄纵与专擅。社会无豪强与巨富，虽日趋于平等之境，然贫无赈，弱无保，其事不能全仰之于政府，而民间每苦于不能自振奋。政府与民间之所赖于沟通者，曰惟"科举"，然科举既悬仕宦为鹄的，则从事于投选者，往往忘其义命而徒志于身家之富贵与温饱。此三者，厥为中唐以来中国政治、社会走入一新境后易犯之病症。宋儒讲学，即针对此病态而发。然而宋之为病，尚不止于此。宋人不能自解救，而招致蒙古之入主，一切政制，为急剧之退转，益与后世中国以莫大之创伤。明祖崛起草泽，惩元政废弛，罢宰相，尊君权，不知善为药疗，而转益其病。清人入关，盗憎主人，箝束猜防，无所不用其极，仍袭明制而加厉。故中国政制之废宰相，统"政府"于"王室"之下，真不免为独夫专制之黑暗所笼罩者，其事乃起于明而完成于清，则相沿亦已六百年之久。明儒尚承两宋遗绪，王室专制于上，而士大夫抗争弥缝于下，君臣常若水火，而世途犹赖有所匡系。故明之亡而民间之学术气节，尚足照耀光辉于前古。清人又严加摧抑，宋、明七百年士人书院民间自由讲学之风遂燼。于是士大夫怵于焚坑之酷，上之为训诂、考据，自藏于故纸堆中以避祸，下之为八股、小楷，惟利禄是趋。于是政府与民间所赖以沟贯之桥梁遂腐断，所赖以流通之血脉遂枯绝。逮满族统治之力既衰，而中国政治、社会之百病，遂全部暴露。

然中国以二千年广土众民大一统之局，"王室"为其客观之最高机关，历史沿袭既久，则骤变为难。又况自明以来六百年，政府无宰相，"王室"久握独裁之权，则激变又难。清廷不能不去，王室不能复建，逼使中国不得不为一激剧之变动，以试验一无准备、无基础之新政体，而不能更于其间选择一较缓进、较渐变之路，此为晚清革命之难局，一矣。

且满清政府，自咸、同以后，其情况视前已大变。各省督、抚，擅权自专，中央无力驾驭，渐成分裂割据之局。于是民国以来，武人弄权，地方割据，日转增长，内乱层见迭出，斫丧社会之元气，障阻国家之前进，其间莫非有外力焉为之呼应。此又为民国以来缔构中央统一政权之难局，二矣。

尤难者，不在武人割据之不可铲灭，而在政治中心势力之不易产生。革命以还，所揭櫫号召者，曰"民主共和"，而实际则去民主之阶程尚远。而革命党人，则只挟外来"平等"、"自由"、"民权"诸新名词，一旦于和平处境下加入政府，乃如洪垆之点雪，名号犹是，实质遽化。其名犹曰政党民权，其实则为结党争权。又于民国初年，加倍扰乱之功。此盖满清长期部族统治之智识阶级，日愚日腐，而骤遇政治中心大动摇之后所应有之纷扰。然此特一时病态，不得谓此乃代表我民族国家数千年文化正统而为其最后之结晶。此又民国以来，社会中坚势力未能形成之难局，三也。

凡此皆挽近中国之病，而尤莫病于士大夫之无识。士大夫无识，乃不见其为病，急于强起急走以效人之所为。不知今日中国所患，不在于变动之不剧，而在于暂安之难获。必使国家有暂安之局，而后社会始可以有更生之变。不幸此数十年来，国人士大夫，乃悍于求变，而忽于谋安；果于为率导，而怠于务研寻。又复羼以私心，鼓以戾气，其趋势至于最近，乃继续有加益甚而靡已。药不对病，乃又为最近百病缠缚之一种根本病也。

虽然，无伤也。病则深矣重矣，抑病之渐起，远者在百年、数百年之间，病之剧发，近者在数年、数十年之内。而我民族国家文化潜力之悠久渊深，则远在四、五千年以上。生机之轧塞郁勃，终必有其发皇畅遂之一日。值此创巨痛深之际，国人试一翻我先民五千年来惨淡创建之史迹，一棒一条痕，一掴一掌血，必有渊然而思，憬然而悟，愀然而悲，奋然而起者。要之我国家民族之复兴，必将有待于吾国人对我先民国史略有所知。此则吾言可悬国门，百世以俟而不惑也。

书成自纪（兹略）

国史大纲

第一编　上古三代之部

第一章　中原华夏文化之发祥

一　近代对上古史之探索

近代对上古史之探索，可分两途述说：一、史前遗物之发掘；二、传说神话之审订。史前遗物发掘可分三部分述之：（一）旧石器时代遗址之发现：此事始于一九二〇年，在甘肃庆阳为首次。此后陆续发现甚多。（1）早期旧石器时代，一九二九年在河北房山周口店发现古代猿人之完整头骨，考古学者名之曰"北京人"。其年代距今约五十万年，中华民族当为其直属后裔。（2）中期旧石器时代，在华北发现者，多在山西、陕、甘高原一带。华南则有湖北长阳出土"长阳人"。（3）晚期旧石器时代，此期距今约不过一万年。遗址发现，遍及南北。（二）新石器时代遗址之发现：（1）黄河中下游，一为民国十年在河南渑池县仰韶村所发现，称为"彩陶文化"；另一为龙山"黑灰陶文化"，分布地区较"仰韶文化"为广。（2）长江中下游，有湖北京山县屈家岭之发现。其分布范围，为以长江及武当山、桐柏山、大别山所环绕之江汉地区。其时期晚于仰韶，而早于龙山。

由于此等发现，遂使国人古史观念，渐渐脱离了三皇五帝之旧传说，转移到有物可稽之新研寻，此不可不谓是近六十年来吾国人古史知识上一大进步。国人此六十年来之发掘考古工作，因于材料陆续发现，遂使因之而起之推论亦陆续改变。至于西方学者早有中国民族与中国文化西来之臆测，一九二一年发现仰韶彩陶上绘几何花纹，西方学者仍认其与中亚、南欧一带有关系，但今亦无人置信。在此六十年之发现中，尚不见西北地区有旧石器时代之遗址，则中国民族中国文化西来之说，可以

一九四〇年　庚辰　四十六岁

不攻而自破。（三）殷墟之发现：远在清末，已有人在河南安阳发掘殷代所用龟甲占卜文字，而发现其地为古代之殷墟。在此遗址所得器物，已远后于石器时代，而代表了很进步的青铜器时代。其间有一部分遗物，可证其直接因袭于龙山文化而来者，如卜骨、如黑陶皆是。在殷墟之后冈，上层有白陶，今称之曰"小屯文化"；中层黑陶，即代表"龙山文化"；下层彩陶，乃代表"仰韶文化"。是其地乃不断有陶文化。

传说神话之审订，近人为之尤力。然中国民族本为一历史的民族，中国古史早已历经古人不断努力，有一番卓越谨严而合理的编订。今求创建新的古史观，则对近人极端之怀疑论，亦应稍加修正。各民族最先历史无不从追记而来，故其中断难脱离"传说"与带有"神话"之部分。而且中国古代历史传说，极富理性，切近事实，与并世其它民族追述古史之充满神话气味者大不相同。如有巢氏代表巢居时期，燧人氏代表熟食时期，庖羲氏代表畜牧时期，神农氏代表耕稼时期。此等名号，本非古所本有，乃属后人想象称述，乃与人类历史文化演进阶程，先后符合。此见我中华民族之先民，早于人文演进，有其清明之观点与合理的想法。

二　中原华夏文化之发祥

现在讲比较可靠的古史，姑从虞、夏起。

大抵尧、舜、禹之禅让，只是古代一种君位推选制，经后人之传述而理想化。唐、虞为今山西南部之两部落。而夏人则起于今河南省中部，正是所谓中原华夏之地。禹之后有启，盖至是而始进于君位世袭之时代，则已俨然有国家之规模矣。启以后因君位世袭之制既定，遂有夏朝之建立。

三　夏代帝系及年历（略）

四　虞夏大事

大体夏代年历在四、五百年之间。虞、夏大事最要者，厥为舜、禹与苗族之斗争。又有禹、启与有扈之战争。

大抵夏人先起今河南嵩山山脉中，在伊、洛上游，其势力逐次沿伊、洛向东北下游而移殖。一方自河南省西部北渡黄河而达今山西省之南部，东及太行山南端尽头之迆西。又一方则沿河南岸东下，渐次达于今山东、河北境，遂与东方黄河下游诸民族势力相接触。

商民族亦在东方，初似服属于夏人势力之下，继则起而革命，遂代夏为当时之王朝而称商代。若以虞夏时代为中国上古史之第一期，则殷商可谓中国上古史之第二期。

第二章 黄河下游之新王朝

夏王朝建筑在黄河上游，为高地居民所建之王朝，而商王朝则建筑在黄河之下流，为低地居民所建之王朝。商王朝继夏王朝而起，最近有关于该时代直接史料之发现，对于中国古代史之可信价值，有甚大之贡献。

一　殷代帝系及年历（略）

大体论之，殷商一代年历，应在五百年左右。最要者，《史记》所记载，乃为最近新发现之殷墟甲骨文字所证实。且所证者均在成汤之前，因此《史记》所载夏代古史，亦同样提高其可相信之地位。至成汤以下之世系大略，《史记》与卜辞亦可相证。

二　殷人居地之推测

殷人居地，大率似在东方。自汤以前，大体皆在今河南省大河南岸商邱之附近。至河亶甲居相，祖乙迁耿，乃至大河北岸。至盘庚徙殷，至纣更不迁都。古代黄河自河南东部即折而北向，经今之漳河流域而至今河北之沧州境入海。商民族则正居此河南、山东、河北三省相交黄河下游一隈之四圈，恰与夏民族之居于河南、陕西、山西三省相交黄河上游一隈之四圈者遥遥相对。殷人自商汤灭夏，渐渐形成规模较更像样之国家，至周人则又起于西方，仍循夏人形势，东侵征服殷人，而渐次移殖于大河下流一带之平原。如此则黄河上下游相互绾结而造成中国古代更完备、更像样之王国，是为周代。

三　殷人文化之推测

根据殷墟甲骨文字，知商代耕稼、种植、牧畜、建造，关于人类生事各方面之文化程度，已颇像样。若以殷代文化与周初相较，则颇见其有一脉相承之迹。盖古代此黄河东、西两隈之交通，早已殷繁，故于商人中亦时见舜、禹故事之流传。夏、殷两代文化已见交融，更何论于后起之殷、周。

四　殷周关系

周人灭殷前，两国在政治上早已发生关系，并非为不相闻问之两个民族。而且殷、周之关系，已显如后代中央共主与四方侯国之关系。更据周人所称述，知当时之殷、周，乃略如以前之夏、商，夏、商、周三代之观念，起源甚早。在夏时已有所谓中央共主与四方侯国之国际关系。至殷末周初，此等共主与侯国之政治演进至少已有七、八百年以上之历史。而且殷在安阳，周在丰镐，相去千里外。政治上能有此名分上之维系与分别，只据此点，即可推想当时一般文化之程度。

第三章　封建帝国之创兴

周人起于西方。较之夏、商似为后起。武王灭殷，把黄河东、西两部更紧密的绾合起来，造成中国古史上更灿烂、更伟大的王朝，是为西周。

一　西周帝系及年历（略）

西周史有《诗》、《书》可征，史料较殷更备。西周十一世十二君，其年历大约不出三百年。

二　周初之封建

西周三百年历史，最重要者为封建政体之创兴。周人封建，亦由当时形势之实际需要逐步逼拶而成，同时亦是周民族对于政治组织富于一种伟大气魄之表现。

三 西周势力之继续东展

西周的封建，乃是一种侵略性的武装移民与军事占领，与后世统一政府只以封建制为一种政区与政权之分割者绝然不同。因此在封建制度的后面，需要一种不断的武力贯彻。周人立国，是一个坐西朝东的形势。其国力的移动，大势可分两道：

第一道由陕西出潼关，向河、洛，达东都，经营黄河下游。此武王伐殷、周公东征之一线。

第二道由陕西出武关，向江、汉，经营南阳、南郡一带，以及淮域。此文王化行南国之一线。昭王南征不复，是周人势力东展在第二线上之挫折。穆王西征，是周人势力东展在第一线上之扩大。宣王中兴，其力征经营者，依然是此两路。周人势力不断向此两路线展扩，而周人之封建事业亦遂不断推进。

四 幽王见杀与平王东迁

西周三百年来之力征经营，其面向常对东南，不对西北。幽王遭犬戎之难，见杀于骊山下，似犬戎居地亦在周之东南。幽王既死，周室遂分裂。及平王东迁，以弑父嫌疑，不为正义所归附，而周室为天下共主之威信亦扫地以尽，此下遂成春秋之霸局。

第二编 春秋战国之部

第四章 霸政时期

西周末叶，中国已有明确可据的编年历史记载。孔子作《春秋》，则为中国第一部完整的编年史，后世即名此时期为"春秋时期"。

一九四〇年 庚辰 四十六岁

一　春秋年历及分期

春秋时期可以说是东周史之第一段落。此段落约占三百年。此三百年的历史，可以称为"霸政时期"的历史，仍可本此分三段落：（一）霸前时期，迄鲁庄公八年（年齐桓公立）凡八十五年。（二）霸政时期，自鲁莊公九年（齐桓公元年）起，迄鲁襄公十五年（晋悼公卒），凡一百二十八年。（三）霸政衰微时期（即大夫执政期），凡九十年。

二　霸前时期之形势

周室东迁，引起的第一个现象，是共主衰微，王命不行。王命不行下引起的第一个现象，则为列国内乱。王命不行下引起的第二个现象，则为诸侯兼并。又自列国内乱、诸侯兼并下引起一现象，则为戎狄横行。当时中国本为一种华、夷杂处之局。所谓诸夏与戎狄，其实只是文化生活上的一种界线，乃耕稼城郭诸邦与游牧部落之不同。西周封建，本为一种耕稼民族之武装拓殖。除却错落散处的几十个城郭耕稼区域以外，同时还存有不少游牧部族纵横出没，只不侵犯到城郭诸邦的封疆以内，双方可以相安无事。现在则乘城郭诸邦之内外多事而来肆其侵扰。

当时诸夏所最感威胁者，南方有抱帝国主义兼并政策之楚国。北方有抱掠夺主义的山中之北戎。故云："南夷与北狄交，中国不绝若线。"在此形势下，产生齐桓、晋文之霸业。

三　齐桓晋文之霸业

霸者标义，大别有四：一、尊王；二、攘夷；三、禁抑篡弑；四、裁制兼并。自周室东迁，西周封建一统之重心顿失，诸侯如纲解纽，内外多事，亟亟不可终日。自有霸政，而封建残喘再得苟延。霸政可以说是变相的封建中心。其事创始于齐，赞助于宋，而完成于晋。

惟齐桓仅能阻止狄势不侵入大河之南岸。北岸自邢、卫沦陷，诸夏势力竟难复兴，而晋、狄斗争，遂为当时一要事。大体西自河、渭之间，东达太行山两麓、黄河北岸，皆为顽强之群狄所出没，其势又时时越大河而南。诸夏得齐桓、晋文之霸政而稍稍抑其凶焰，实为春秋时期华、戎交斗一极剧烈之战阵。晋人所以能胜此廓清群狄之重任者，一则因久为诸夏盟主，多得贡赋，国力充盈。一则晋自献公以来，即不畜群公子。故晋大夫多用异姓，得因材器使，较之鲁、卫、齐、宋诸邦多用宗臣者为优。一面北方的狄患逐次解除，一面南方的楚人亦逐渐觉悟，改变其以前极端的武力兼并主义，而渐次要求加入诸夏之集团。

总观当时霸政，有二大要义：

一则为诸夏耕稼民族之城市联盟，以抵抗北方游牧部落之侵略，因此得保持城市文化，使不致沦亡于游牧之蛮族。二则诸夏和平结合以抵抗南方楚国（西方秦国）帝国主义者之武力兼并，因此得保持封建文化，使不致即进为郡县的国家。

其大势为文化先进诸国逐次结合，而为文化后进诸国逐次征服。同时文化后进诸国，虽逐次征服先进诸国，而亦逐次为先进诸国所同化。其文化落伍诸部族，则逐次消灭，或逐次驱斥。在此进展中，诸夏结合之团体亦遂逐渐扩大，为中国逐次形成中央大一统郡县国家之酝酿，而上古史亦逐次宣告结束。

四　霸政衰微后之大夫执政

霸政衰微，变而为大夫执政。大夫执政，一方面可说为封建制度继续推演所产出，一方面亦可说是封建制度却因此崩倒。于是列国遂各自分封其大夫。又因当时联盟各国，会聘频仍，诸侯畏劳，常使卿大夫代行。卿大夫既有外交，往往互相援结，渐渐形成大权旁落之势，于是大夫篡位，造成此后战国之新局面。

五　春秋时期之一般文化状态

春秋二百四十二年，一方面是一个极混乱紧张的时期；但另一方面，则古代的贵族文化，实到春秋而发展到它的最高点。春秋时代常为后世所向慕与敬重。

大体言之，当时的贵族，对古代相传的宗教均已抱有一种开明而合理的见解。因此他们对于人生，亦有一个清晰而稳健的看法。当时的国际间，虽则不断以兵戎相见，而大体上一般趋势，则均重和平、守信义。

外交上的文雅风流，更足表现出当时一般贵族文化上之修养与了解。即在战争中，犹能不失他们重人道、讲礼貌、守信让之素养，而有时则成为一种当时独有的幽默。

春秋时代，实可说是中国古代贵族文化已发展到一种极优美、极高尚、极细腻雅致的时代。贵族阶级之必须崩溃，平民阶级之必须崛兴，实乃此种文化酝酿之下应有之后果。此下战国兴起，浮现在上层政治的，只是些杀伐战争，诡谲欺骗，粗糙暴戾，代表堕落的贵族；而下层民间社会所新兴的学术思想，所谓中国学术之黄金时代者，其大体还是沿袭春秋时代贵族阶级之一份旧生计。精神命脉，一气相连。因此战国新兴的一派平民学，并不是由他们起来而推翻了古代的贵族学，他们其实只是贵族学之异样翻新与迁地为良。此是中国文化一脉相承之渊深博大处。

第五章　军国斗争之新局面

春秋以下，迄于秦始皇二十六年统一告成，其间共二百四十六年，后世目为"战国时期"。

一　战国年历及分期

本时期的历史记载，因秦廷焚书，全部毁灭。西汉中叶司马迁为《史记》，已苦无凭。因此本时期史事，较之上期，有些处转有不清楚之感。大略言之，本时期历史，又可分为前、后两期。第一期是周代宗法封建国家之衰灭。最重要的是齐、晋两国之君统篡易，维持春秋以来二百数十年封建文化之霸业，遂以中歇。诸夏和平联盟之锁链已断，各国遂争趋于转换成一个新军国，俾可于列国斗争之新局面下自求生存。第二期是新军国成立以后之相互斗争时期。此时期又可分为四期：一是梁惠王称霸时期，亦可说是梁、齐争强时期。二是齐威、宣、湣三世继梁称霸时期，亦可说是齐、秦争强时期。三是秦昭王继齐称强期，亦可说是秦、赵争强时期。四是秦灭六国时期。

二　从宗法封建到新军国之种种变迁

从春秋以前之宗法封建，转移到战国时代之新军国，相应而起的，有政治、社会各方面激剧之变动。

第一，是郡县制之推行，政府直辖的郡县，代替了贵族世袭的采地。郡县政令受制于中央，郡县守令不世袭，视实际服务成绩为任免进退，此为郡县制与宗法封建性质绝不同之点。自此贵族特权阶级分割性之封建，激变而为官僚统治之政府。故相随于郡县制度而起者，首先即为贵族世卿与游仕势力之更迭。其次，则有军民之渐趋分治。又有食禄之新制度。食禄者必受职，其有禄无职者，则惟当时之养贤制为然。

第二，是井田制之废弃。分封贵族之采地渐次取消，则直属国家之耕土渐次扩大，于是以前贵族圈地分区小规模的井地，不得不解放为整块的农田。井田制度之破坏，另一个原因，则在税收方法之改变。大抵最先有一种公田制的"助"法。其次则为"履亩而税"。履亩而税，则可以只认田，不认人，于是民田得自由买卖，而土地所有权，无形中转移，成为耕者所自有，而兼并亦随之而起。

第三，则为农民军队之兴起。封建时代，贵族为采邑之大地主，同时亦即成一武装集团。农民耕田纳税，遇战事征车、牛，捉夫力，谓之"赋"。农民只为军队中之附随，并无正式编配入军队之权利与资格。贵族阶级渐次奢侈安逸，国际战争渐次扩大剧烈，农民军队之编制，遂成一种新需要。车战渐进而为步战，即为贵族军队与农民军队交替之一种表记。以前是贵族任战士，现在是战士为贵族。农民军队之配练与井田制之废弃，为新军国图谋富强之两要端，而即以促进宗法封建贵族之崩溃。

第四，是工商业大都市之发展。春秋时，工商皆世袭食于官，盖为贵族御用，非民间之自由营业。封建贵族渐渐崩溃，而自由经商者乃渐渐兴起。旧贵族没落，"商贾"与"军人"二者代之而兴。而商业大都市亦陆续兴起。大抵东方各国，渐从商业资本转入文学游仕，始终奖励农战的国家惟有秦。因此竟以并吞东方。

第五，是山泽禁地之解放。与商业发展有相互关系者，尚有禁地解放一层，亦为当时一种极重要之变迁。农民渐渐游离耕地，侵入禁地，寻求新生业，贵族不能禁阻。新生业之分化，与民间工业之进步，亦为自由商业促进之一因。

第六，是货币之使用。因商业发展而货币之使用遂兴，亦为战国一新形态。

总之春秋以至战国，为中国史上一个变动最激剧之时期。政治方面，是由许多宗法封建的小国家，变成几个中央政权统一的新军国。社会方面，则自贵族御用工商及贵族私有的井田制下，变成后代农、工、商、兵的自由业。而更重要的，则为民间自由学术之兴起。

第六章　民间自由学术之兴起

由春秋到战国的一段剧变中，最要的，是民间自由学术之兴起。

一　春秋时代之贵族学

上古学术，其详难言。据春秋而论，学术尚为贵族阶级所特有。大抵古代学术，只有一个"礼"。古代学者，只有一个"史"。史官随着周天子之封建与王室之衰微，而逐渐分布流散于列国，即为古代王家学术逐渐广布之第一事。礼本为祭仪，推广而为古代贵族阶级间许多种生活的方式和习惯。此种生活，皆带有宗教的意味与政治的效用。宗教、政治、学术三者，还保持着最亲密的联络。祭礼的摇动，即表示着封建制度之崩溃。在贵族阶级逐渐堕落的进程中，往往知礼的、有学问的比较在下位，而不知礼的、无学问的却高踞上层。于是王官之学渐渐流散到民间来，成为新兴的百家。

二　儒墨两家之兴起

"王官"是贵族学，"百家"是民间学。百家的开先为儒家。儒家的创始为孔子。孔子宋人，其先亦贵族，避难至鲁，其父叔梁纥，获在鲁国贵族之下层。孔子曾为委吏，又为乘田，常在贵族家里当些贱职。然而孔子却由此习得当时贵族阶级种种之礼文。孔子不仅懂得当时现行的一切礼，孔子还注意到礼的沿革和其本源。孔子遂开始来批评当时贵族之一切非礼。孔子的批评，一面是历史的观念，根据文王、周公，从礼之本源处看。一面是人道的观念，根据天命、性、仁、孝、忠恕等等的观点，从礼的意义上看。孔子在鲁国做过司寇，主堕季孙、叔孙、孟孙三家的都城。然而孔子未获竟其志。自此出游卫、宋、陈、楚诸国，十四年而返鲁，孔子已老。孔子一面在政治上活动，一面却招收许多学生。孔子的政治活动失败了，而孔子的教育事业却留下一个绝大的影响。孔子是开始传播贵族学到民间来的第一个。孔子是开始把古代贵族宗庙里的知识来变换成人类社会共有共享的学术事业之第一个。

继续儒家而起者为墨家，墨家的创始人为墨子。孔子有教无类，据说墨子亦在孔门受过教，后来他却自创教义。墨子对于当时贵族阶级的一切生活，抱着彻底反对的态度，因此有"非礼"、"非乐"的主张。儒家讲究礼、乐，墨子非礼、乐，故亦"非儒"。墨子反对礼、乐的主要观念，在反对其奢侈。墨子的正面理论为"节用"。墨子认为贵族礼中最无用即最奢侈的莫如丧葬之礼，故墨子提倡"节葬"。儒家说丧葬之礼乃人子之自尽其孝，墨家却说应该"视人之父若其父"，与其用在死人的身上，不如用在活人的身上，所以墨家说"兼爱"。儒家提倡孝悌，根据人性之"仁"，仁只指人类内心之自然的倾向与自然的要求。墨家提倡兼爱，反乎人心，所以墨家要说"天志"。要依照天志而兼爱，要视人之父若其父，便绝不该在个人或家庭生活上浪费和奢侈。墨子在兼爱的主张下面，要人类全过一种平等的生活。墨家要把当时社会上最劳苦的生活，即刑徒役夫的生活，作为全人类一律平等的标准生活。所以墨家以兼爱为始，而以自苦为极。

但是儒、墨两派，有他们共同的精神，他们全是站在全人类的立场，来批评和反对他们当时的贵族生活。儒家精神比较温和，可说是反对贵族的右派；墨家较激烈，可说是左派。

以下战国学派，全逃不出儒、墨两家之范围。

三　学术路向之转变

孔子死后，贵族阶级，堕落崩坏，益发激进，儒家思想暂转入消极的路去，如子夏、曾子等是。从此等消极状态下又转回来，重走上积极的新路，便成后来之所谓法家。李克、吴起、商鞅可为代表。法家用意，在把贵族阶级上下秩序重新建立，此仍是儒家精神。

游仕的势力与地位，渐渐提高，他们拼命苦干的精神，却渐渐消沉。自吴起、商鞅以下，渐渐变成以术数保持禄位的不忠实态度。游仕逐渐得势，他们不仅以术数保持禄位，不肯竭诚尽忠，他们还各结党羽，各树外援，散布在列国的政府里，为他们自身相互间谋私益。这便成所谓"纵横"之局。墨家本该与政治绝缘，然而墨家亦依然走上接近政治的路。大体儒家近乎是贵族的清客，墨徒却成了贵族的镖师。然而贵族阶级的特殊地位和特殊势力，却渐渐从儒、墨两家的活动潮流里剥削了。

四　士的高张

游仕逐渐得势，他们的学说，亦逐渐转移，他们开始注意到自身的出处和生活问题。这已在战国中期。他们注意的精神，已自贵族身上转移自己一边来。约略言之，可分五派：一、劳作派。二、不仕派。三、禄仕派。四、义士派。五、退隐派。

以上诸派，主张虽不同，然而他们思考和讨论的中心，则全从自身着眼，并不像孔、墨两家多对贵族发言。此正可见平民学者之地位已逐步高涨，而贵族阶级在当时之重要性已逐步降落。

五　贵族养贤

平民学者已逐步得势，贵族阶级对他们亦逐加敬礼。于是从国君养贤进一步到公子养贤。公子养贤，以孟尝、平原、信陵、春申四人为著。惟四公子门下，真士少，伪士多。只见游士气焰之高张，而不见他们的真贡献。

六　平民学者间之反动思想

从此激而为反游仕、反文学之思想，则为战国晚年学术之特征。其著者有三家：一、老子。二、荀卿。三、韩非。

老子的理论，其要者，反尚智，反好动，反游仕食客，皆针对当时的现象。老子主张在上者无治,在下者归耕。

荀子则主礼治,礼为人伦,荀子则要把他的新人伦观来复位社会秩序,主去世袭之贵族而以才智为等级。荀子主以圣王为师,以王制为是非之封界,主定学术于一尊。

韩非主以法治,他是一个褊狭的国家主义者,主张一阶级的权益而谋富强。他抱有强烈的阶级观念,彻底主张贵族阶级统治者之私利。他说上下利害相冲突,他说圣人之治道三,曰利、名、威。他引用性恶论,提倡反恩主义。他要驱民于耕战,彻底反对文学言谈之士。他理想中的境界,是"无书简之文,以法为教;无先王之语,以吏为师;无私剑之捍,以斩首为勇。"

老、荀、韩三家立论各不同,然主裁抑战国末年游仕高张之气焰则一。又三家议论,皆已为秦、汉统一政府开先路。战国学术思想之转变,从孔子、墨子到荀卿、韩非,恰恰是贵族阶级逐步堕落,平民学者逐步高张的一段反影、一幅写照。

第三编　秦汉之部

第七章　大一统政府之创建

经过战国二百四、五十年的斗争,到秦始皇二十六年灭六国,而中国史遂开始有大规模的统一政府出现。汉高称帝,开始有一个代表平民的统一政府。武帝以后,开始有一个代表平民社会、文治思想的统一政府。中国民族的历史正在不断进步的路程上。

一　秦汉帝系及年历（略）

二　国家民族之抟成

秦人统一,此期间有极关重要者四事:(一)为中国版图之确立。(二)为中国民族之抟成。(三)为中国政治制度之创建。(四)为中国学术思想之奠定。此四者，乃此期间中国民族所共同完成之大业，而尤以平民社会之贡献为大。即秦人之统一，亦为此种潮流所促成。

三　第一次统一政府之出现及其覆灭

秦并六国，中国史第一次走上全国大统一的路。此不专因于秦国地势之险塞及其兵力之强盛，而最重要的还是当时一般意向所促成。秦政府对统一事业，亦大有努力，举其要者，如废封建行郡县。收军器，堕城郭，决川防，夷险阻，以解消封建时代之武装。又建设首都，移东方豪家十二万户于咸阳，兴建筑。巡行郡邑，筑驰道。统整各地制度文化风俗。开拓边境，防御外寇。此皆为完成大一统的新局面所应有之努力。大体言之，秦代政治之后面，实有一个高远的理想，秦政不失为顺着时代的要求与趋势而为一种进步的政治。

秦代政治的失败，最主要的在其役使民力之逾量。秦室本是上古遗留下来的最后一个贵族政府，依然在其不脱贵族阶级的气味下失败，依然失败在平民阶级的手里。秦之统一与其失败，只是贵族封建转移到平民统一中间之一个过渡。

四　平民政府之产生

秦灭六国，二世而亡，此乃古代贵族封建势力之逐步崩溃，而秦亡为其最后之一幕。直至汉兴，始为中国史上平民政权之初创。平民政府必然创建，殆为当时历史趋势一种不可抗之进程。然在平民政府创建的过程中，却屡次有"封建"思想之复活。直到景帝削平吴、楚七国之乱，平民政府之统一事业始告完成。当时平民政府的第二个反动思想则为"无为而治"。

"无为"之实则为"因循"。因此汉初制度、法律一切全依秦旧。平民政府有其必须完成之两大任务：首先要完成统一，其次为完成文治。汉政府之实际统一，始于景帝。汉政府文治之蒸，则始于武帝。

第八章　统一政府文治之演进

一　西汉初年之社会

古代封建社会，到战国已逐步消失。军人、游仕、商人，不断由平民社会中跃起，他们攀登政治舞台，而攫得了古代贵族之特权。就汉初情况而论，似乎秦汉之际虽经历了几次战乱，而战国以来社会变动的趋向，依然照样进行。社会上一般生活，都起了绝大变动，只有农民，还比较呆滞在陈旧的状态下过活。封建时代的农民，对其上层统治者，约有如下几种负担：一曰税，二曰役，三曰赋，四曰贡。

上四项，一为粟米之征，二、三为力役之征，四为布帛之征。一一沿袭到秦汉无变。就汉初情形言，农民对政府负担大体如次：一、田租。二、算赋。三、更戍。此种负担，在当时已为极重。农民在无可聊赖中，首先是出卖耕地，出卖耕地后生活不免更苦。其次只有出卖妻子乃至于出卖自身。此为汉代奴婢盛多之来源。否则亡命。舍匿亡命有罪；而或则冒罪藏匿，是为任侠。商贾必盛蓄奴婢，任侠必多匿亡命，二者形成汉初社会之中层。当时商贾经营事业，约可分为采冶、制造、种殖、畜牧、运输诸项。这些事业，第一有待于山泽禁地之解放，第二则有赖于大规模之奴隶运用。

以钱币买奴隶以逐利长产，经营货殖者为商贾。以意气情谊收匿亡命共为奸利，甘触刑辟而市权势者则为任侠。任侠与商贾，正分攫了往者贵族阶级之二势。皆以下收编户之民，而上抗政府之尊严，只要政治上没有一个办法，此等即是变相的贵族。

二　西汉初年的政府

现在再看上层政府里面的人物。汉高得天下，大封同姓及功臣，并明约"非刘姓不得王，非有功不得侯"。所谓有功，大体上只指军功而言。此为政府的最上层。其次的官僚，则大半由郎、吏出身。郎官来历，不出下列数途：一、荫任。二、赀选。三、特殊技能。第一项是变相的贵族世袭，第二项是封建贵族消灭后的新贵族，第三项则是皇帝私人。郎官集团性质之分析，不过如此。然而政治上之出身，却正在此。郎以外有吏，吏的来历，亦无一客观标准，大体仍多为富人所得。如是则当时的政治组织，第一层是宗室，第二层是武人，第三层是富人，第四层是杂途。

三　西汉初年的士人与学术

要论汉初学术，必推溯及于先秦。从另一观点言之，则先秦学术可分为一古官书之学，又一百家之学。秦代焚书，最主要者为六国史记，其次为《诗》、《书》古文，而百家言，非其所重。

汉兴，学统未尝中断。惟汉室初尚黄老无为，学问文章非所重，学术尚未到自生自长的地位。中央王室恭俭无为之治，不能再掩塞社会各方之活气。在此种种不安定不合理的状态下，中央政府觉悟到必须改变其态度，而要一积极勇敢的革新。于是遂有汉武一朝之复古更化，为西汉文治政府立下一规模。

四　中央政府文治思想之开始

西汉中央政府之文治思想，最先已由贾谊发其端。贾谊虽以洛阳少年为绛、灌功臣所抑，然贾谊的主张，一一为汉廷所采用。

五　汉武一朝之复古更化

武帝以英年即位，即锐意革新，谋兴礼乐。其事虽经一度挫折，终于走上复古更化的路。这时最重要的人物是董仲舒。武帝一朝政治上重要改革，举其要者，第一是设立五经博士。武帝从董仲舒请，罢黜百家，只立五经博士，从此博士一职，渐渐从方技神怪、旁门杂流中解放出来，纯化为专门研治历史和政治的学者。他们虽不参加实际政务，但常得预闻种种政务会议，因此他们对政治上渐渐会发生重大的影响。第二是为博士设立弟子员。自此渐渐有文学入仕一正途，代替以前之荫任与赀选，士人政府由此造成。第三是郡国长官察举属吏的制度。第四是禁止官吏兼营商业，并不断裁抑兼并。第五是开始打破封侯拜相之惯例，则宰相遂不为一阶级所独占。此为汉武一朝复古更化之最有关系者。

六　士人政府之出现

汉政府自武帝后，渐渐从宗室、军人、商人之组合，转变成士人参政之新局面。公卿朝士，名儒辈出。且即庶僚下位，亦多学者。士人在政府里渐渐占到地位，一半是凭借武帝时董仲舒、公孙弘诸人所创建的种种制度，一半是读书博通之士在政治上所表现的成绩，究竟比贵族军人和商人们来得强。自此汉高祖以来一个代表一般平民社会的、素朴的农民政府，现在转变为代表一般平民社会的、有教育、有智识的士人政府，不可谓非当时的又一进步。

七　汉儒之政治思想

汉儒论政，有两要点：一为变法和让贤论。武帝以前，汉儒鼓吹变法；武帝以后，汉儒渐渐鼓吹让国，始终是循着上述的理论。二为礼乐和教化论。另一派汉儒，认为政治最大责任，在兴礼乐，讲教化；而礼乐和教化的重要意义，在使民间均遵循一种有秩序、有意义的生活，此即是古人之所谓"礼乐"。要达此境界，不仅朝廷应恭俭自守，又应对社会一般的经济不平等状态加以调整。王莽的受汉禅而变法，即是此两派学说之汇趋。

八　王莽受禅与变法

王莽受禅，一面循着汉儒政治理论之自然趋势，一面自有其外戚的地位及王莽个人之名誉为凭借。王莽居摄及受禅后之政治，举其尤要者，如王田、废奴，用意在解决当时社会兼并，消弭贫富不均，为汉儒自贾、董以来之共同理想。其它如"六筦"、"五均"，有似武帝时之盐铁、酒榷、算缗、均输。实亦一种如近世所谓之"国家社会主义"，仍为裁抑兼并着想。王莽政治失败，完全是一种书生的政治。王莽失败后，变法禅贤的政治理论，从此消失，渐变为帝王万世一统的思想。政治只求保王室之安全，亦绝少注意到一般的平民生活。这不是王莽个人的失败，是中国史演进过程中的一个大失败。

第九章　统一政府之堕落

王莽失败，汉宗室光武复兴，是为东汉。然不久即走上衰运，东汉只是秦、汉以来统一政府之逐渐堕落。

一　东汉诸帝及年历（略）

二　东汉之王室

所谓统一政府之逐渐堕落，可分两部言之：（一）王室，（二）政府。王室又可分三部言之：（1）王室自身，（2）外戚，（3）宦官。

三　东汉之外戚与宦官

因东汉诸帝多童年即位、夭折，及绝嗣，遂多母后临朝，而外戚、宦官藉之用事。其先则以母后临朝而外戚得以专政，君主与外朝不相亲接，及谋诸宦官。自郑众后宦者始用事。自梁冀诛而权势专归宦者。此后则外朝名士与外戚相结以图谋宦官。及何氏败，袁绍尽诛宦官，而汉亦亡。

四　外戚参加王室之由来

西汉初年，宗室、功臣、外戚，为朝廷之三大系。武帝以后，中朝、外朝始分。于是宰相为外朝领袖，而大司马大将军为内朝辅政，其职则胥由外戚为之。封王、列侯渐次在政治上消失其地位，汉武以后的文治政府渐次形成，"王室"与"政府"渐次分开，而外戚却由此得到他政治上的地位。只要政治情态一时不变更，则外戚地位继续有其存在。故外戚擅政，已起西汉，而尤以武帝以后为甚。

光武中兴，又减消外朝政府之权力，一移之内朝王室，于是外戚势任愈大。政府渐渐脱离王室而独立，为当时统一政府文治上之进步。王室削夺政府权任，而以私关系的外戚代之，则显然为统一政府之堕落。

五　宦官参加王室之由来

西汉初年，王室、政府界限不清，而当时官吏组织中亦无宦者之特殊集团。汉武以雄才大略独揽事权，于是重用内朝尚书，夺宰相权。晚年又用中书。元帝时遂有弘恭、石显，而宦者逐渐用事。光武中兴，宫中悉用阉人，不复参以士流，于是正式遂有一个宦官的集团。宦官亦在当时"王室"与"政府"之判分下得到其地位。一面是文治政府之演进，一般官吏渐渐脱离王室私人的资格，而正式变成为国家民众服务的职位；一面则是王室与政府逐渐隔离而易趋腐化与堕落。

第十章　士族之新地位

在东汉政治上占有地位的，一面代表"王室"的外戚和宦官；另一面则是代表"政府"的新兴士族，便是当时之所谓"名士"。

一　士族政治势力之逐步膨胀

士人在政治上占有地位，自西汉武、宣以来，已逐步显著，而到东汉益甚，这里有几层因缘。（一）朝廷帝王之极端提倡。（二）民间儒业之普遍发展。（三）博士弟子员额之日益增添。而尤要者则在当时之地方察举以及公府征辟制。

二　东汉之察举与征辟制度

地方察举与公府征辟，为东汉士人入仕之两途。此两制皆起于西汉。两汉的察举制，大体可分为在先的"贤良"与后起的"孝廉"两大项。至东汉初，则"茂材"、"孝廉"定为岁举。逐步渐近于后世之科举。此项制度之演进，一面使布衣下吏皆有政治上的出路，可以奖拔人才，鼓舞风气；一面使全国各郡县常得平均参加中央政局，对大一统政府之维系，尤为有效。而更重要的，则在朝廷用人，渐渐走上一个客观的标准，使政府性质确然超出乎王室私关系之上而独立。

与察举制相辅并行的尚有征辟制。

两汉二千石长吏皆可以自辟曹掾，而东汉公卿尤以辟士为高。亦有朝廷闻高名，直接辟召。此等制度，使在野的声名，隐然有以凌驾于在朝的爵位之上，而政府亦得挟此自重，以与王室相颉颃。自有此项制度之存在，而士人在政治上遂能占有其地位。

三　太学清议

士人在政治、社会上势力之表现，最先则为一种"清议"。此种清议之力量，影响及于郡国之察举与中央之征辟，隐隐操握到士人进退之标准。而清议势力之成熟，尤其由于太学生之群聚京师。此辈太学生与朝廷大臣声气相通。其言论意气，往往足以转移实际政治之推移。朝廷有大议，例亦得预。因此清议在当时政治上有其不可侮之势力，从此促成党锢之狱。

四　党锢之狱

党锢由于朝士与宦官之冲突，而在党锢狱以前，朝士与外戚冲突早已循环发生过好几次。及宦官势盛，朝士争弹对象，乃始转向。惟东汉宦官势力，不仅盘踞内廷，其子弟亲党布散州郡，亦得夤缘察举，进身仕宦。从此递相攀引，根枝缠结，日益繁滋，故士族清流与宦人冲突，不限于中央而遍及州郡。而中朝、外朝之别，又使宦官与外戚同样得荫附王室，为外朝权法所不及。因此宦官之势，乃非外朝士人之力所能摧陷廓清，名士不得不内结外戚，而外戚到底亦为一种腐败的因袭体，名士遂终与之两败。且名士对付宦官，态度亦自过激处。而汉代上下用法，本亦有过酷之弊。积此数因，造成惨毒的党锢之祸，"人之云亡，邦国殄瘁"，黑暗腐败的汉王室，终于倾覆，依附于王室的外戚与宦官，亦同归于尽。而名士势力到底还可存在，便成此后之门第。大一统政府不能再建，遂成士族多头的局面。

五　门第之造成

士人在政治社会上势力之表现，"清议"之外，更要的则为"门第"。门第在东汉时已渐形成。第一是因学术环境之不普遍，学术授受有限，往往限于少数私家，而有所谓"累世经学"。经学既为入仕之条件，于是又有所谓"累世公卿"。"累世经学"与"累世公卿"，便造成士族传袭的势力，积久遂成门第。门第造成之另一原因，则由于察举制度之舞弊。地方察举权任太守，无客观的标准，因此易于营私。一面是权门请托，一面是故旧报恩。两者递为因果，使天下仕途，渐渐走入一个特殊阶级的手里去。及门第势力已成，遂变成变相的贵族。自东汉统一政府倾覆，遂变成变相之封建。长期的分崩离析，而中国史开始走上衰运。

六　东汉士族之风尚

东汉士大夫风习，为后世所推美，他们实有极多优点。但细为分析，似乎东汉士大夫常见的几许美德高行，不外如下列，其间都和当时的察举制度有关系：（一）久丧。（二）让爵。（三）推财。（四）避聘。（五）报仇。（六）借交报仇。（七）报恩。（八）清节。其他高节异行不胜举。大体论之，则东汉士风，亦自有其缺点：一则在于过分看重道德。二则东汉士人的道德似嫌褊狭。因东汉士人只看重形式的道德，不看重事实的效果，所以名士势力日大，而终不能铲除宦官的恶势力。因东汉人只看重私人和家庭的道德，故王室倾覆后，再不能重建一共戴的中央，而走入魏晋以下之衰运。然东汉士人正还有一种共遵的道德，有一种足令后世敬仰的精神，所以王室虽倾，天下虽乱，而他们到底做了中流砥柱，个别的保存了他们门第的势力和地位。

第十一章　统一政府之对外

中国自秦汉统一，大体上版图确定，民族抟成，中国史遂开始有其对外的问题。中国以民族之优秀，疆土之超越，使中国国力常卓然高出于四围外族之上。因此中国史上对外胜负、强弱，几乎完全视国内政治为转移。讲述中国史上历来之外患，毋宁应该多注意于国内之自身。

一　两汉国力之比较

两汉是中国史上第一次因统一而臻国力全盛之时期，但因种种关系，东汉国力已不如西汉。自秦以及西汉，都有大规模的向西移民。汉诸帝并有陵寝徙民的制度。至东汉便不然。东汉边郡荒残，此又东汉国力不如西汉一大原因。再就人才言之。西汉适当古代贵族阶级破坏之后，各色人物平流竞进，并无阶资，亦无流品。大抵是一个杂色的局面。东汉则渐渐从杂色的转变成清一色，人才走归一路，为东汉国力向衰之又一原因。

二 西汉与匈奴

中国史上的外患，因地势及气候的关系，其主要者常在北方。秦、汉大敌便是北方之匈奴。秦始皇对付匈奴，采用一种驱逐政策。汉高祖以一时轻敌致败，遂听娄敬策以和亲缓敌。但和亲政策终于不可久。汉、匈奴一旦破裂，则汉之形势实利攻而不利守。于是遂先有汉武帝之诱敌政策。诱敌政策失败，于是不得不大张挞伐，开塞出击。汉击匈奴，采用两种步骤：一是远出东西两翼造成大包围形势，以绝其经济上之供给与援助。一是正面打击其主力。开塞出击之进一步则为绝漠远征。自是匈奴远遁，而漠南无王庭。到宣帝时，匈奴终于屈服，而汉廷一劳永逸之战略卒以见效。中国以优势的人力与财力，对付文化较低、政治组织较松

的民族，采用主力击破的攻势，自比畏葸自守为胜。汉武帝挞伐匈奴并不误，惟惜武帝内政方面有种种不需要的浪费。所以匈奴虽败，而中国亦疲，故为后人所不满。

三 东汉与西羌

然而东汉却意外的遭受到西羌之侵扰。此乃东汉整个建国形势之弱点的暴露，以及应付的失策，并不在于西羌之难敌。羌人叛汉，起和帝时，其势并不在与西汉初年之匈奴相提并论，而汉廷早议放弃凉州。羌叛凡十余年，汉兵屯边二十余万，旷日无功。军旅之费二百四十余亿，并、凉二州为之虚耗。桓、灵时，段颎前后一百八十战，大破东羌，用费四十四亿。羌祸虽歇，而汉力亦疲，接着便是不救的衰运之来临。黄河西部的武力与东部的经济、文化相凝合，而造成秦、汉之全盛；东汉

以来，东方人渐渐忘弃西方，西方得不到东方经济、文化之润泽而衰落。而东方的文化、经济，亦为西方武力所破毁。董卓领着凉州兵东到洛阳，中国历史，便从此走上中衰的路去。

第四编 魏晋南北朝之部

第十二章 长期分裂之开始

一 魏晋南北朝之长期分裂

秦、汉的大一统，到东汉末而解体。从此中国分崩离析，走上衰运，历史称此时期为魏晋南北朝。此长时期之分裂，前后凡三百九十四年（起自建安）。三百九十四年中，统一政府之存在，严格言之，不到十五年。放宽言之，亦只有三十余年，不到全时期十分之一。将本期历史与前期相较，前期以中央统一为常态，以分崩割据为变态；本期则以中央统一为变态，而以分崩割据为常态。

二 旧政权之没落

这时期的中国，何以要走上分崩割据的衰运？这可以两面分说：一是旧的统一政权必然将趋于毁灭，二是新的统一政权不能创建稳固。汉末割据的枭雄，实际上即是东汉末年之名士。尤著者如袁绍、公孙瓒、刘表诸人。国家本是精神的产物，把握到时代力量的名士大族，他们不忠心要一个统一的国家，试问统一的国家何从成立？当时士族不肯同心协力建设一个统一国家，此亦可分两面说：一则他们已有一个离心的力量，容许他们各自分裂。二则他们中间没有一个更健全、更伟大的观念或理想，可以把他们的离心力团结起来。离心力的成长，大体为两汉地方政权所演变。

三 离心势力之成长

灵帝时,地方变乱纷起,宗室刘焉建议改刺史为州牧,乃有地方行政实权。关东义兵起,讨董卓,太守亦各专兵柄。中央大权堕落,地方政权乘之而起,遂成三国初年之割据。除非任职中央,否则地方官吏的心目中,乃至道义上,只有一个地方政权,而并没有中央的观念。当时的士大夫,似乎有两重的君主观念,依然摆不脱封建时代的遗影。国家观念之淡薄,逐次代之以家庭。君臣观念之淡薄,逐次代之以朋友。此自东汉下半节已有此端倪,至三国而大盛。然而此种趋势,苟有一个更合理、更伟大的思想起来,未尝不可挽回。惜乎魏、晋以下的思想,又万万谈不到此,中国于是只有没落。

四 新政权之黑暗

历史的演变,并不依照一定必然的逻辑。倘使当时的新政权,能有较高的理想,未尝不足以把将次成长的离心力重新团结起来,而不幸魏、晋政权亦只代表了一时的黑暗与自私。曹操为自己的家世,对当时门第,似乎有意摧抑。但是曹家政权的前半期,挟天子以令诸侯,借着汉相名位铲除异己,依然仗的是东汉中央政府之威灵。下半期的篡窃,却没有一个坦白响亮的理由。乘隙而起的司马氏,暗下勾结着当时几个贵族门第再来篡窃曹氏的天下,更没有一个光明的理由可说。他们全只是阴谋篡窃。阴谋不足以镇压反动,必然继之以惨毒的淫威。如曹操之对汉献帝与伏后。司马师、昭兄弟之对曹芳与曹髦。正惟如此,终不足以得人心之归向。法治的激变而为名士清谈。要之中央新政权不能攫得人心,离心势力依然发展,天下只有瓦解。

五 思想界之无出路

旧政权必然没落,新政权不能稳定,而作为当时社会中坚的智识分子,所谓"名士"之流,反映在他们思想上者,亦只是东汉党锢狱以后的几许观念,反动回惑,消沉无生路。过分重视名教,其弊为空洞,为虚伪。于是有两派的反动产生:(一)因尚交游、重品藻,反动而为循名责实，归于申、韩。（二）因尚名节、务虚伪，反动而为自然率真，归于庄、老。这两个趋势，早起于汉末。崔寔《政论》代表前一个，仲长统《乐至论》代表后一个。但要提倡法治，起码的先决条件，在上应有一个较为稳定的政权。政权之稳定，亦应依附于此政权者先有一番较正义，至少较不背乎人情的理想或事实。东汉末年乃至曹魏、司马晋的政权，全是腐化黑暗，不正义、不光明、不稳定，法治精神如何培植成长？他们不愿为黑暗政权有所尽力，然他们自身亦多半是门第世族中人，依然不能脱身世外。以市朝显达而讲庄老，其势不得不变为虚无，为浮沉，为不负责任。最先只是自谨慎，保全门第，而以后不免于为汰侈骄逸，否则为优游清谈。风尚如此，宜乎不能挽时代之颓波，而门第自身终亦同受其祸。在此时期，似乎找不出光明来，长期的分崩祸乱，终于不可避免。

六　三国帝系（略）

第十三章　统一政府之回光返照

秦、汉统一政府，尚有一段回光返照，便是西晋。西晋共四帝，五十二年而覆灭。

一　西晋帝系及年历（略）

二　西晋王室之弱点

西晋统一不到十二年，朝政即乱，贾后、八王，乃至怀、愍被虏，不幸的命运接踵而至。分析晋室自身，亦有种种弱点：（一）没有光明的理想为之指导。（二）贵族家庭之腐化。一个贵族家庭，苟无良好教育，至多三、四传，其子孙无不趋于愚昧庸弱。司马氏则在贵族氛围中已三、四传，历数十年之久。懿、师、昭父子狐媚隐谋，积心篡夺。晋武帝坐享先业，同时亦深染遗毒。其时佐命功臣，一样从几个贵族官僚家庭中出身，并不曾呼吸到民间的新空气。故晋室自始只是一个腐败老朽的官僚集团，与特起民间的新政权不同。王室既有此弱点，又兼社会元气之凋丧，而当时又有胡人之内地杂居。外邪乘之，遂至沉笃。

三　胡人之内地杂居

胡人内地杂居，其事远始于两汉。晋初，辽东、西为鲜卑，句注之外、河东之间为匈奴，北地、上郡、陇西诸郡胡、鲜卑、氐、羌诸种，皆以"保塞"名杂居。自三国时邓艾，至晋初郭钦、江统，皆建议徙戎，不果。八王乱后，接着便是胡人南下，怀、愍蒙尘。

四　怀愍被虏与人心之反映

晋一统天下后三十一年，刘曜、石勒入洛阳，怀帝被虏，诸王公、百官、士民死者三万余人。怀帝被虏后五年，刘曜入长安，愍帝被虏，晋室遂亡。然而怀、愍被虏，还夹杂有胡、汉种族的问题。我们试一看当时中国人心对此事件之反映。"名教"极端鄙视下之君臣男女，无廉耻气节，犹不如胡人略涉汉学，粗识大义。

五　文化中心之毁灭

两汉统一时期，代表中国政治中心而兼文化中心的地点有两个：一是长安，一是洛阳。长安代表的是中国东、西部之结合，洛阳则自三国鼎立以来，仍为中国文物中心。正始之际，名士风流盛于洛下。至刘曜陷洛阳，诸王公、百官以下，士民死者三万余人。那时的洛阳，号为荒土。这一个形势，延续几及二百年，直到魏孝文重营洛阳，中国始渐渐再有一个文化复兴的中心。以后又经尔朱荣之乱，机运中绝。直到隋、唐，依然是起于西北，统一中国，而并建长安、洛阳为东、西都，兼有了向外斗争进取以及向内平和伸舒的两种形势，十足的象征出中国大一统盛运之复临。

六　新宗教之侵入

代表此期中国之衰弱情态者，一为中国文化中心之毁灭，又一则为异族宗教之侵入。

第十四章　长江流域之新园地

中国史的主要部分，两汉以前偏在黄河流域。东汉一代，西北进展衰息，东南开发转盛。东晋南渡，长江流域遂正式代表着传统的中国。东晋凡十一帝，一百零四年。

一　东晋帝系及年历（略）

二　东晋一代之北伐与内乱

东晋常有恢复中原之机会。然东晋并无北取中原统一的意志。西晋立国，本靠门阀的势力。东晋南渡，最依仗的是王敦、王导兄弟，所以说："王与马，共天下。"北方的故家大族，一批批的南渡，借着晋室名义，各自占地名田，封山锢泽，做南方的新主翁。晋室若要团聚国力，经营北伐，首先不免与门第的要求与希望相冲突。门第自有其凭借与地位，并不需建树功业，故世家子弟，相率务为清谈。清谈精神之主要点，厥为纵情肆志，不受外物屈抑。对于事物世务，漠不关心，便成高致。有志远略者，非晋室近戚，即寒族疏士，常招清谈派之反对。故桓温欲立功业，而朝廷引殷浩相抗。桓温主徙都洛阳，正为清流故发快论。而出师败衂，谈士快心。对外之功业，既不得逞，乃转而向内。且晋室有天下，其历史本不光明，故使世族与功名之士皆不能忠心翊戴。惟世族但求自保家门。英雄功名之士，意气郁激，则竟为篡弑。直到桓玄、刘裕，一面篡位，一面还是痛抑权门。要之江南半壁，依然在离心的倾向上进行。诸名族虽饱尝中原流离之苦，还未到反悔觉悟的地步。

第十五章　北方之长期纷乱

晋室东迁，衣冠南渡，北方中国便陷入长期的纷乱状态中。史称为五胡十六国，先后凡一百三十六年。

一　五胡十六国撮要

五胡：一、匈奴。二、羯。三、鲜卑。四、氐。五、羌。

二　十六国前后形势之大概（略）

三　五胡十六国大事简表（略）

四　胡人之汉化与胡汉合作

胡人所以能统治北方中国者，亦有数故：诸胡杂居内地，均受汉族相当之教育，此其一。北方世家大族未获南迁者，率与胡人合作，此其二。诸胡以客居汉地而自相团结，此其三。诸胡中以匈奴得汉化最早，如刘渊、聪曜父子兄弟一门皆染汉学，故匈奴最先起。鲜卑感受汉化最深，故北方士大夫仕于鲜卑者亦最多。鲜卑并得统一北方诸胡，命运较长，灭亡最后。故继鲜卑而盛者为氐。鲜卑在东北，氐在西北，于五胡中建设皆可观。羯附匈奴而起，羌则附氐而起。故二族势最促，文化建设最逊。

第十六章　南方王朝之消沉

一　南朝帝系及年历（略）

宋、齐、梁、陈，前后凡一百七十年，为南朝。在此时期中，北方中国亦臻统一，为北朝。以五胡与东晋相比，五胡不如东晋。以南朝与北朝相比，北朝胜于南朝。汉族留北者，在当时皆以门第稍次，不足当"清流雅望"之目。然正惟如此，犹能保守几许汉族较有价值之真文化，经动乱艰苦之磨励而精神转新转健。诸胡亦受汉化较久较熟，能与北方士大夫合作，政治教化皆渐上轨道，故北朝世运胜于五胡。南北相较，北进而南退，南朝终并于北。

二　南朝王室之恶化

门第精神，维持了两晋二百余年的天下，他们虽不戮力世务，亦能善保家门。名士清谈，外面若务为放情肆志，内部却自有他们的家教门风。推溯他们家教门风的来源，仍然逃不出东汉名教礼法之传统。刘、萧诸家，族姓寒微，与司马氏不同。他们颇思力反晋习，裁抑名门，崇上抑下，故他们多以寒人掌机要。但门第精神，本是江南立国主柱，蔑弃了门第，没有一个代替，便成落空。落空的结果，更转恶化。南朝诸帝，因惩于东晋王室孤微，门第势盛，故内朝常任用寒人，而外藩则托付宗室。然寒人既不足以服士大夫之心，而宗室强藩，亦不能忠心翊戴，转促骨内屠裂之祸。

南朝的王室，在富贵家庭里长养起来，他们只稍微熏陶到一些名士派放情肆志的风尚，而没有浸沉到名士们的家教与门风，又没有领略得名士们所研讨的玄言与远致。在他们前面的路子，只有放情胡闹。独有一萧衍老翁，俭过汉文。勤如王莽，可谓南朝一令主。然而他的思想意境，到底超不出并世名士的范围。自身既皈依佛乘，一面又优假士大夫，结果上下在清谈玄想中误了国事。当时帝王可能的出路止此。中央政府的尊严，既久不存在。秦、汉以来的政治理论，亦久已废弃。魏、晋以下世运的支撑点，只在门第世族身上。当时的道德观念与人生理想，早已狭窄在家庭的小范围里。南朝诸帝王崛起寒微，要想推翻门第世统之旧局面，却拿不出一个新精神来。结果只有更恶化。

三　南朝门第之衰落

门第虽为当时世运之支撑点，然门第自身，实无力量，经不起风浪。故胡人蜂起，则引身而避；权臣篡窃，则改面而事。既不能戮力恢复中原，又不能维持小朝廷偏安的纲纪。在不断的政局变动中，牺牲屠戮的不算，其幸免者，亦保不住他们在清平时代的尊严。积久优越舒服的生活，只削磨糜烂了他们自争生存的机能。自经侯景之乱，而贵族门第澌灭殆尽。萧察亡而江陵贵族尽。南渡之衣冠全灭，江东之气运亦绝。

第十七章　北方政权之新生命

北方中国经历五胡长期纷扰之后,渐渐找到复兴的新机运,是为北朝。

一　北朝帝系及年历(略)

元魏自道武帝至孝武帝入关,凡十一主,一百四十九年,分为东、西。东魏一主,十七年,先亡。西魏三主,二十三年。齐自高洋篡位,五主,二十八年。周自宇文觉篡位,五主,二十五年。

二　北方之汉化与北方儒统

五胡杂居内地,已受相当汉化。但彼辈所接触者,乃中国较旧之经学传统,而非代表当时朝士名流之清谈玄理。南渡以还,士大夫沦陷北方者,不得不隐忍与诸胡合作,而彼辈学术涂辙,亦多守旧,绝无南渡衣冠清玄之习。是五胡虽云扰,而北方儒统未绝。元魏先受慕容氏影响,自拓拔珪时已立太学,置五经博士,初有生员千余人,后增至三千。拓拔嗣信用崔浩,于拓拔焘又征卢元、高允,文化渐盛。

别有河西儒学,以诸凉兵祸较浅,诸儒传业不辍,又为苻、姚丧乱后诸士族避难之所。至拓拔焘并北凉,群士始东迁,遂与东方慕容燕以来儒业相汇合,而造成元魏之盛况。在此汉化深浓、儒业奋兴之空气下,乃酝酿而有魏孝文之迁都。

三　魏孝文迁都及北魏之覆灭

魏孝文迁都,自有其必然的动因。一则元魏政制,久已汉化,塞北荒寒,不配做新政治的中心。二则北方统一以后,若图吞并江南,则必先将首都南移。三则当时北魏政府,虽则逐步汉化,而一般鲜卑人,则以建国已逾百年,而不免暮气渐重,魏孝文实在想用迁都的政策来与他的种族人以一种新刺激。孝文迁都后的政令,第一是禁胡服、屏北语。其次则禁归葬、变姓氏。又次则奖通婚。

孝文明知鲜卑游牧故习，万不足统治中华，又兼自身深受汉化熏染，实对汉文化衷心欣慕，乃努力要将一个塞北游牧的民族，一气呵熟，使其整体的汉化。而一时朝士、文采、经术尤盛。惜乎孝文南迁五年即死。他的抱负未能舒展，鲜卑人追不上他的理想，而变乱由此起。一辈南迁的鲜卑贵族，尽是锦衣玉食，沉醉在汉化的绮梦中。而留戍北边的，却下同奴隶。贵贱邃分、清浊斯判。朝政渐次腐败，遂激起边镇之变乱。尔朱荣入洛阳，沉王公以下二千余人于河。洛阳政府的汉化暂见顿挫。而鲜卑命运，亦竟此告终。

四　北齐北周文治势力之演进

然北魏洛阳政府之覆灭，只是拓拔氏一家统治权之解体，对于当时北方文治势力之进展，依然无可阻碍。北齐在地理和人物上，都承袭着洛阳政府之遗传。高欢一家，虽是一个汉、鲜混杂的家庭，然而汉人的势力，很快在北齐的政府下抬头。杨愔尤称当时经学名儒，事高洋，时称："主昏于上，政清于下。"士人为县，尤见齐政渐上轨道。《齐律》尤为隋、唐所本。

西魏则宇文泰虽系鲜卑，然因传势力入关者少，更得急速汉化。苏绰、卢辩诸人，卒为北周创建了一个新的政治规模，为后来隋、唐所取法。将来中国全盛时期之再临，即奠基于此。苏绰的《六条诏书》，悬为当时行政官吏的新经典。官吏在政治上的责任，现在又明白的重新提出。而当时官吏的任用，尤能打破历来氏族门第的拘絿。于是以前的官吏，为门资所应得；而此后的官吏，则将为民众负责任。此种意识，不可不说是当时一个极大的转变。从学术影响到政治，回头再走上一条合理的路，努力造出一个合理的政府来。从此漫漫长夜，开始有一线曙光在北方透露。到隋、唐更见朝旭耀天。

第十八章　变相的封建势力

贵族世袭的封建制度，早已在战国、秦、汉间彻底打破。然而东汉以来的士族门第，他们在魏晋南北朝时代的地位，几乎是变相的封建了。

一　九品中正制与门阀

东汉士族地位之获得，本由当时的察举制度。三国丧乱之际，"人士流移，考详无地。"用兵既久，人材自行伍杂进。"郎吏蓄于军府，豪右聚于都邑。"两汉文治精神所托命的州、郡察举制，一时逆转，而倒退为秦、汉初年之军功得官。要对此种情况加以救挽，于是有魏尚书陈群之"九品官人"法。此虽为军政状态下一时之权宜，然其初"犹有乡论余风"。故其后有"正始胜流"之目。然而当时世族门第之势力已成，九品中正制正为他们安立一个制度上之护符。"上品无寒门，下品无世族。"高门华阀，有世及之荣；庶姓寒人，无寸进之路。此为当时尽人皆知之事实。在此形势下，故家大族，虽无世袭之名，而有世袭之实，因此这一个制度终于不能废弃。

二　学校与考试制度之颓废

两汉官人，与察举制度相辅并行者，尚有学校与考试。东汉的累世经学，即为造成门阀之一因。但到门阀势力一旦长成，学校与考试制度即不见重要，难于存在。汉末丧乱，天下分崩，学校自无存立之地。中央的尊严已倒，王政转移而为家教，自然高门子弟不愿进国立的太学。国立太学的传统教育为六经与礼乐，而当时名门世族的家族风尚，是庄、老与清谈。六经礼乐本求致用，庄、老清谈则务于自娱。中央既无登用人才之权，如何再能鼓舞人心来受中央的教育？

三　南渡后之侨姓与吴姓

九品中正制已为门第势力安置一重政治上外在的护符。晋室东迁，中原衣冠，追随南渡者，依借勤王之美名，又在政治上自占地步。故当时有侨姓、吴姓之别。过江者为"侨姓"，东南则为"吴姓"，吴姓不如侨姓。侨姓中又分早、晚渡江之不同。中央政府本属虚置，只得对之优借。故"甲族以二十登仕，后门以过立试吏"。宋、齐以来，甲族"起家即为秘书郎"。这都是当时政治上的不成文法，为故家世族拥护权益。

四　当时之婚姻制度与身份观念

故家世族为要保守他们的特权，亦复处处留神，一步不放松。最紧要的自属婚姻制度，这是保守门阀一道最重要的防线。不仅他们对于婚姻制度如此谨严，即日常私人交接，亦复故意的装身份、摆架子，好像他们果然与别人有一种不可逾越的界线。惟东汉尚为名士，而至此遂成贵族。然而士大夫特意装身份的故事，至宋、齐以下而转盛，这便是告诉我们，当时士族门第的界线，实已将次破坏了。

五　北方的门第

士族门第同时亦在北方留存，但北方的士族其境遇与南方不同：（一）南渡者皆胜流名族，在当时早有较高之地位，其留滞北方不能南避者，门望皆较次。（二）南渡衣冠，藉拥戴王室之名义，而朘削新土，视南疆如殖民地。北方士族则处胡族压逼之下，不得不厚结民众，藉以增强自己之地位，而博得异族统治者之重视。故南士借上以凌下，北族则附下以抗上。情势既异，其对各方态度亦全不同。（三）南方士族处于顺境，心理上无所忌惮，其家族组织之演进，趋于分裂而为小家庭制。北方士族处于艰苦境况下，心理上时有戒防，时抱存恤之同情，其家族组织之演进，趋于团结而为大家庭制。故南方士族直是政治权利上之各自分占，而北方士族则几成民族意识上之团结一致。当时异族视之，亦俨如一敌国，比之刘渊、石勒，不敢轻侮。（四）南方士族早有地位，故不愿再经心世务。乃相尚为庄老玄虚。北方士族处异族统治之下，既不能澄清驱攘，只有隐忍合作，勉立功业以图存全，故相尚为经术政务。故南方士族不期而与王室立于对抗之地位，其对国事政务之心理，多半为消极的。北方士族乃转与异族统治者立于协调之地位，其对国事政务之心理，大体上为积极的。

因此南方自东晋以至南朝，历代王室对士族不断加以轻蔑与裁抑，而南方士族终于消沉。北方自五胡迄元魏、齐、周，历代王室对士族逐步加以重视与援用，而北方士族终于握到北方政治之中心势力，而开隋、唐之复盛。

六　郡姓与国姓

北方门第至元魏时亦有郡姓、国姓之目。"郡姓"为汉族。"国姓"即鲜卑。魏孝文迁都，诏以门第选举。在孝文之意，一面因为忻慕汉化，重视汉士族之门第；一面则实欲援借汉族门第制度来保护鲜卑族的政治地位。盖若惟才是用，则鲜卑自不如汉人；论门品，则鲜卑以王室亲贵，尚可保其优势；所以较之南朝君臣的意态，恰相反对。但是魏孝文只能在门第的观念与制度上，设法使鲜卑汉化，而与中原故家士族同操政柄；并不能排除汉族，让鲜卑独巩其治权。这些门第的扶护保养而重得回生。北方士族所遭境遇，视南方士族远为艰苦；而他们所尽的责任，亦较南方士族远为伟大。

然平情而论，南方门第对于当时传统文化之保存与绵延，亦有其贡献。一个大门第，决非全赖于外在之权势与财力，而能保泰持盈达于数百年之久；更非清虚与奢汰，所能使闺门雍睦，子弟循谨，维持此门户于不衰。当时极重家教门风，孝悌妇德，皆从两汉儒学传来。诗文艺术，皆有卓越之造诣；经史著述，亦灿然可观；品高德洁，堪称中国史上第一、第二流人物者，亦复多有。而大江以南新境之开辟，文物之蔚起，士族南渡之功，尤不可没。

要之，门第之在当时，无论南北，不啻如乱流中岛屿散列，黑暗中灯炬闪耀。北方之同化胡族，南方之宏扩斯文，斯皆当时门第之功。固不当仅以变相之封建势力，虚无之庄老清谈，作为褊狭之评议。

第十九章　变相的封建势力下之社会形态（上）

一　汉末之荒残

灵、献以来，海内荒残，人口所存，十无一二。分别言之，如洛阳，董卓西迁，悉驱余民数百万口至长安。尽烧宗庙、官府、居家，二百里内，室屋荡尽，无复鸡犬。长安，董卓初死，三辅民尚数十万户。李、郭相斗，放兵劫略，加以饥馑，献帝逃脱，长安城空四十余日，二三年间，关中无复人迹。徐州，曹操父嵩避难琅琊，为陶谦别将所杀。初平四年，操攻谦，凡杀男女数十万人，泗水为之不流，五县无行迹。曹操亦自谓："旧土人民死丧略尽，国中终日行，不见所识，使吾凄怆伤怀。"荆州，刘表在荆州，关西、兖、豫学士归者千数，表没，亦遭残破。寿春，袁术在江、淮，取给蒲蠃，民多相食，州里萧条。陈群谓："丧乱后人民比汉文、景时不过一大郡"，殆非虚语。

二　农民身份之转变

农民在大动乱中，地方政权随着中央政权而解体，他们无所托命，不得不依存于当地或附近的强宗豪族。强宗豪族把他们武装起来，成为一种自卫的集团，他们便成为强宗豪族的"部曲"。如是则农民由国家的公民，一变而为豪族的私属。实在是农民身份之降低。局势逐渐澄清，各地的强宗豪族，逐渐消并其势力于几个大势之下，再建政府，这便是三国。当时最严重的问题，是只有兵队而无农民。暂时对此问题的解决办法，便是屯田制度。尤著者如曹操之屯田许下。邓艾之屯田淮南、北。兵队代替农民作了国家的基本公民，管督屯田的典农中郎将，暂时便等于地方行政长官。

这是一个"复兵于农"的伟大运动。在中央首都的附近，乃至中国的腹地，都施行起屯田来。从整个政治问题而论，不得不说是一个绝路逢生的好办法。但专从农民身份而论，却又一个大低落。两汉以来的农民，以公民资格自耕其地，而向政府纳租。现在是政府将无主荒田指派兵队耕种，无形中，农田的所有权，又从农民手里转移到政府去。这一个转变最显著的影响，便是农民的租税加重。经过长期的大骚乱，农民本已失去耕地，现在他们是以国家兵队的身份把屯田来代替吃饷，直到西晋统一，军队状态告终，这个情形实现到制度上来，便成西晋初年之"户调"，同时商业亦彻底破坏。商业不振之主因，在于长期兵争之过分破坏。而因商人阶级之消失，更显明的形成农民与贵族世家之对立。

三　西晋之户调制与官品占田制

晋武帝平吴后，置"户调式"。"调"本是调发之义，故户调仍沿三国以来兵士屯田之旧规。与户调制相附并行者，尚有"官品占田"制。令官品第一者占五十顷，第二品四十五顷，又各以品高卑荫其亲属，多者及九族，少者三世。又得荫人以为衣食客及佃客。这一个制度的用意，并不是授与强宗豪族以私占的特权，乃是要把当时强宗豪族先已私占的户口及田亩括归公有，而许他们一个最高限度的私占额。

四　南渡之士族

东晋南渡，一辈士族，又大批的结集着宗亲、部曲流徙南来。他们在南方未经垦辟的园地上，着手做他们殖民侵略的工作。"擅割林池，专利山海。""富强者兼岭而占，贫弱者薪苏无托。""贵势之流，亭池第宅，竞趋高华。至于山泽之人，不敢采饮其水草。"活是一幅古代封建贵族的摹本画。虽王室颇思裁抑，然力量不够，颓势难挽。相应于此种情势下之赋税制度，则自度田收税转成口税。如此则贵族盛占田地，而无赋税之负担。宋孝武为特设"官品占山"之制。

其用意与西晋官品占田令一样，但效果依然很少。占山封水的士族们，不仅自己借着侨寓名义，不肯受当地地方政府的政令；其附随而来的民众，亦依仗他们逃避课役。所以咸康以下，晋室屡唱"土断"之论。

"土断"是要侨寓的人，亦编入所在地的籍贯，一样受所在地方政府之政令。然咸康土断黄、白分籍，依然有土断之名，而无土断之实。此后桓温、刘裕又屡主其事。然一弊方弥，他弊又起。宋、齐以后，侨寓的特待，似算取消，而因士庶不公平的影响，又引起更纷扰的冒伪问题。只要伪注籍贯，窜入士流，便可规避课役。这一种情形，越来越甚。担当国家课役的，依然尽是些赤贫下户。大规模的伪窜冒改，使黄籍理无可理，究无可究。却告诉我们：那时一般的民众，已不让文酒清谈的贵族们独自安享其特益了。

五　兵士的身份及待遇

军人从三国以来，即已与农民截然分途。此事魏、蜀、吴皆然。大抵"强者为兵，羸者补户"。尤强者隶中央，其次则配私家，更羸瘵者则留南亩。其先入士籍者得优廪，又可免役，其时则兵胜于民。渐次军旅之事，不为时重，则士伍惟以供役，又廪给日薄，其时则农胜于兵。晋武帝平吴，诏悉去州、郡兵，此乃复兵归农之意，惜不久天下即乱。东晋民归豪强，政府对兵役需要，殊感缺乏。于是有所谓"发奴为兵"。又有所谓"料隐为兵"。复有"罪谪为兵"。又强逼世袭兵役。因此有所谓"兵家"与"营户"、"军户"诸称。那时的衣冠士族，既不受国家课役，自然谈不到从军。

另有一部分则受衣冠士族之荫庇而为其佃客、衣食客等，他们亦对国家逃避课役及从军之义务。因此兵卒在当时的社会上变成一种特殊卑下的身份，固与贵族封建时代兵队即是贵族者有异，亦与西汉定制，凡国家公民皆需服兵役者不同。政府亦常常将他们赐给私家。私家亦公然占公家兵户为己有。军人的地位如此，如何可以为国宣劳，担负光复中原的重任？直待谢玄镇广陵，创为招募，号"北府兵"，兵人地位始见提高，遂建淝水奇迹。东晋王位拱手而让于此系军人之手。惜乎刘宋以后，社会依然在士、庶阶级的对立下面，军人依然找不到他们应有的地位。

第二十章　变相的封建势力下之社会形态（下）

北方初起的情形，和南方差不多，又加上一个种族复杂的问题。

一　五胡时代的情况

到元魏时，政治渐上轨道，在南朝无可奈何的情形，在北朝却一一有了办法。

二　北魏均田制

最重要的是北魏的"均田"制度。其议起于李安世。均田诏在孝文太和九年十月。要行均田，必先审正户籍。十年二月，遂立党、里、邻三长，定民户籍。北议本于李冲。此制用意并不在求田亩之绝对均给，只求富者稍有一限度，贫者亦有一最低的水平。尤要者则在绝其荫冒，使租收尽归公上。南方屡唱土断侨寓及厘正谱籍，然他们始终要在保全士族的特权下剥下益上，不如北方政治理论之公平。因此北方的均田制可以作成一个规模,而南方的黄籍积弊,终难清理。这可为北胜于南之显例。据《魏书·食货志》,李冲上言立三长,并定"调"法。此所谓"调",即包举田租在内。此层在农民实为甚大惠泽,因此易见推行。在豪强方面,亦仍有优假。惟在国库则课调骤减,一时颇感其窘。

然豪强荫附,一切归公,政府到底并不吃亏。所以此制到北齐、北周,依然沿袭。这一个制度亦为将来隋、唐所取法。并因租税轻减,社会经济向荣,民间学术文化事业得有长足之进展。这一种政治道德的自觉,南朝亦复少见。继均田而起的新制度有"府兵"。自行"均田"而农民始有乐生之意;自行"府兵",而农民始无迫死之感。必待下层农民稍有人生意味而后世运可转隋、唐复兴,大体即建基于均田,府兵的两个柱石上。

三　西魏的府兵制

北朝军队,一样以鲜卑种人为主体。羽林、虎贲为中央宿卫,六镇将卒为边境防戍,皆系代北部落之苗裔。及孝文南迁,军士自代来者皆为羽林、虎贲。而又诏选天下勇士十五万人为羽林、虎贲,充宿卫。是当时羽林宿卫中,已有非鲜卑人甚多。至北齐则兵队主体渐渐转移到汉人身上。宇文泰用苏绰言,创为"府兵",籍六等之民,择魁健材力之士以充之。自相督率,不编户贯,尽蠲租调。有事出征,无事则岁役一月。府兵制的长处,只在有挑选,有教训;而更重要的,在对兵士有善意,有较优的待遇。

府兵制另一个意义在把北方相沿袭胡人当兵、汉人种田的界线打破了。中国农民开始正式再武装起来。所以自行"均田",而经济上贵族与庶民的不平等取消;自行"府兵",而种族胡人与汉人的隔阂取消。北方社会上两大问题,皆有了较合理的解决。中国的农民,开始再有其地位,而北周亦遂以此完成其统一复兴的大任务。

第二十一章　宗教思想之弥漫

代表魏晋南北朝长时期之中国衰落情态者,有一至要之点,为社会宗教思想之弥漫,同时又为异族新宗教之侵入,即印度佛教之盛行于中国是也。

一　古代宗教之演变

古代的中国人信仰上帝,可说是一种"一神教"。但人民只信仰上帝之存在而对之尊敬,至于礼拜上帝之仪节,则由天子执行。相应于此种宗教信仰,而有地上大王国之建立。"天道远,人道迩",此项观念,渐渐在春秋时代开展,乃产生偏重人道的儒家思想。墨家偏于古宗教之维护。而道家则对于鬼神上帝,为激烈的破坏。阴阳家依然根据实际的政治兴味,来修改古代的宗教观念,而造成他们著名的"天人相应"的学说。

古代的宗教,便利于大群体之凝合,而过偏于等级束缚,一般个人地位不存在。儒家以"仁"济"礼",在大群体之凝合中,充分提高了一般个人的地位。墨家一面注重大群之凝合,一面反对等第的束缚,而其缺点,则在个人之依然无地位。道家则专意要向大群体中解放个人,而结果达于群体之消失。古宗教以上帝、天子、民众为三位一体,儒家则以个人、大群与天为三位一体;墨家并不注重个人,只以大群与天合体。道家则以个人径自与天合体而不主有群;故于历史文化皆主倒演,即返到原始的无群状态。阴阳学家的缺点:第一在由儒家之偏重人道观又折返古代之偏重天道观;第二在由儒家之正面的、积极的观念里,又羼杂进许多道家的反面的、积极的观念,因此遂有神仙思想之混入。

秦、汉方士遂以变法改制、封禅长生说成一套。古代一种严肃的、超个人的宗教观念,遂渐渐为一种个人的、私生活的乐利主义所混淆。古代以王帝代表着上帝,以地上之王国,代表着天上之神国。不必再要另一个宗教。

二 东汉以下之道教与方术

逮乎大一统政府之腐败，人生当下现实的理想与寄托毁灭，群体失其涵育，私的期求奋兴，礼乐衰而方术盛。当此时期的社会，则自然舍儒而归道。光武、明、章虽粉饰礼乐于朝廷，而社会上则方术思想日盛一日。东汉一方面是王纲之解纽，又一方面则是古人一种积极的全体观念之消失。初期佛教输入，亦与此种社会情态相适协，而渐渐占有其地位。逮乎东方黄巾之乱，以及汉中张鲁之亡，方术信仰渐渐在士大夫阶层中失其势力。大的群体日趋腐败毁灭，既不能在政治社会大处着力，希图补救，常自退缩在个人的私期求里，于是只有从方术再转到清谈。相应于此种形势下之佛教，乃亦渐渐有学理之输入。

名士世族在不安宁中的大世界中，过着他们私人安宁的小世界生活，他们需要一种学理上的解释与慰藉。瞿昙与庄老，遂同于当时此种超世俗的学理要求下绾合。东晋名族，并多信持"天师道"。可见当时南方名士，彼辈对国家民族，政教大业，虽尽可捉尘清谈，轻蔑应付，然涉及其个人私期求，则仍不免要乞灵于从来方术之迷信。这一种风气，直要到宋、齐以下，始渐渐消失。而其时则佛教思想遂一跃而为时代之领导者。

三 魏晋南北朝时代之佛教

佛教入中国，远在东汉初年，或尚在其前。惟佛法之流布，则直到汉末三国时代而盛。其时则多为小乘佛法之传译，高僧多属外籍。东晋南渡，佛学乃影响及于中国之上层学术界，其时则僧人与名士互以清谈玄言相倾倒。直到南朝，梁武帝信佛，而佛法遂盛极一时。以前的名士们，感世事无可为，遂由研玩庄老玄学而曲折崇信佛法。现在如梁武帝，则是大权在握，正可展布，却由崇佛而致世事败坏。北方五胡君主，崇佛尤殷。最著者为二石（勒与虎）之于佛图澄。稍后至姚兴迎鸠摩罗什，而北方佛法如日中天。大乘经典之宏扬，亦多出其手。自此以往，佛学在中国，乃始成为上下信奉的一个大宗教。原佛学流行，固由于当时时代之变动，而尚有其内在之条件。第一佛法主依自力，不依他力。第二佛法主救世，不主出世。故佛教在其消极方面，既可与中国道家思想相接近，在其积极方面，亦可与中国儒家思想相会通。而当时佛法之所以盛行，尚有一积极的正因，则由其时中国实有不少第一流人物具有一种诚心求法、宏济时艰之热忱是也。

故当时之第一流高僧，若论其精神意气，实与两汉儒统貌异神是，乃同样求为人文大群积极有所贡献。惟儒家着眼于社会实际政教方面者多，而当时之佛学高僧，则转从人类内心隐微处为之解纷导滞，使陷此黑暗混乱中之人生得宁定与光明；则正与儒家致力政教之用心，异途同归也。

四　北方之道佛冲突

佛教来中国，最先乃依附于庄老道家而生长。但南渡后的学者，则已渐渐由庄老义转向佛教。其后则道教又模仿佛教，亦盛造经典仪范，而逐渐完成为一种新道教。于是道、佛两教遂开始互相竞长，而至于冲突。但在南方，一辈名士世族，本在一个不安宁的大世界中过着他们私人安宁的小世界生活。他们所需要者，乃为一种学理上之自己麻醉、自己慰藉。彼辈在其内心，本无更强的冲动力，所以南方佛学多属"居士式"。即如梁武帝，崇信佛法达于极点，其在政事上亦仅有贻误，并无斗争。故在南方之所谓道、佛冲突，大体仅限于思想与言辩而止。

在北方则不然。当时北方是一个强烈动荡的社会，一切与南方有别。故南方人乃在一种超世绝俗的要求下接近佛法，北方则自始即以佛法与尘俗相纠合、相调洽。而北方高僧，其先亦往往以方术助其义理，遂与北方旧学统治经学而羼以阴阳家言者相纠合。至北魏太武帝时，遂以实际政治问题，而引起道、佛之强烈斗争。相应于此种情势下的北方僧人，亦常在政治、经济上切实自占权地。自此朝廷上下奉佛，建功德，求福田饶益，造像立寺，穷土木之力。僧人亦代有增加。甚至沙门谋叛之事亦屡见。北齐僧众，其势仍盛。而北周则道、佛冲突再起，在武帝时，又有魏太武以来第二次之毁法举动。然其事则实已自道、佛之争，转而为佛、儒之争矣。此后北方的政治情态，慢慢恢复到秦、汉大一统的传统局面，而东汉、三国以下相应于分崩离析而一时崛起的两种新宗教，遂亦渐渐失其在社会上真实的力量，而退处于他们较不紧要的地位。

五　隋唐时期佛学之中国化

隋、唐盛运复兴，其时则佛学亦有新蜕变。教义精神，逐渐中国化；而佛法重心，亦逐步南移。今若以魏晋南北朝佛学为"传译吸收期"，则隋唐佛学应为"融通蜕化期"。而尤以禅宗之奋起，为能一新佛门法义，尽泯世、出世之别，而佛教精神乃以大变。盖当时隋、唐盛世，政教既复轨辙，群体亦日向荣，人心因而转趋。私人之修行解脱，渐退为第二义，大群之人文集业，又转为第一义。杰气雄心，不彼之趋而此之归，则佛门广大，乃仅为人生倦退者逋逃之一境。

继此而开宋儒重明古人身、家、国、天下全体合一之教，一意为大群谋现实，不为个己营虚求。人生理想，惟在斯世，而山林佛寺，则与义庄，社仓同为社会上调节经济、赈赡贫乏之一机关。此下佛、道两教事迹，乃不复足以转动整个政治社会之趋向。

第五编　隋唐五代之部

第二十二章　统一盛运之再临

中国经过四百年的分崩动乱，终于盛运再临，而有隋唐之统一。

一　隋代帝系及年历（略）

二　隋代国计之富足

隋制多沿于周，然周时酒有榷，盐池、盐井有禁，市有税，隋初尽罢之，所仰惟赋调，亦复甚轻。所以府库充盈者则有数端：（一）周灭齐，隋灭陈，均未经甚大之战祸，天下宁一，已有年数；（二）自宇文泰、苏绰以来，北朝君臣大体均能注意吏治。隋承其风而弗替；（三）其尤要者，则为中央政令之统一，与社会阶级之消融。古代之贵族封建，以及魏、晋以来之门第特权，至此皆已消失。全社会走上一平等线，而隶属于一政权之下。故下层之负担尚甚轻，而上层之收入已甚足。惟吏治已上轨道，社会上特殊势力已趋消失，对外无强敌之胁近，此时的统治权所急切需要者，乃为一种更高尚、更合理的政治意识，而惜乎隋文帝说不到此。在其末年，天下储积，足供五六十年，遂以招来炀帝之奢淫。

三　炀帝之夸大狂

炀帝即位，即营建东都，每月役丁二百万。元年开通济渠，引谷、洛水达河，引河入汴，引汴入泗以达淮。遂南游扬州。北巡榆林、开永济渠、通江南河、亲征高丽等等，这是炀帝的夸大狂。一面十足反映出当时国力之充实，一面是炀帝自身已深深染受了南方文学风气之熏陶。隋文平陈，以炀帝为扬州总管，镇江都，置学士至百人，常令修撰，成书万七千余卷。其后常以文学自负。当时北朝虽以吏治，武力胜过南方，若论文学风流，终以南朝为胜。

文帝只知有吏治，并无开国理想与规模。炀帝则染到了南方文学风尚，看不起前人简陋。狂放的情思，骤然为大一统政府之富厚盛大所激动，而不可控勒。于是高情远意、肆展无已，走上了秦始皇的覆辙。能把南方的文学与北方吏治、武力绾合，造成更高、更合理的政权，则是唐太宗。

四　唐代帝系及年历（略）

五　贞观之治

唐太宗是中国史上一个杰出的君主。贞观之治，尤为后世所想望。太宗既英才挺出，又勤于听政。其君臣上下，共同望治，齐一努力之精神，实为中国史籍古今所鲜见。然贞观时代之社会情况，实未必胜于大业。正惟如此，故太宗一朝君臣，每每以有隋相警惕，不敢骄纵荒佚，而成治世。一到唐玄宗时，社会富庶已与隋代相似，而天宝之乱，亦乃与隋炀相差不远。

第二十三章　新的统一盛运下之政治机构

中国经历四百年的长期分裂，而重新有统一政府出现，是为隋、唐。但那时的统一政府，其内容机构又与四百年前不同。举其要者言之，第一是中央宰相职权之再建，第二是地方政治之整顿。

一　宰相职权之再建

君权、相权本为两汉文治政体相辅为治之两面。魏、晋以来，政治意识堕落，政府变成私家权势之争夺场，于是君、相不相辅而相制。权臣篡窃，即剥夺相权，归之私属。然君臣猜忌无已，私属所居，驯为要位。又不得不别用私属以为防。就其时之王室言，则削去相位，似乎便于专制；就其时之士族言，则各成门第，亦复迹近封建。结果则王室亦仅等一私家，政府解体，君权、相权均不存在。君、相仍为相辅成治，而非相克成敌。共同组成一个像样的政府，这便是隋、唐统一之复现。此种转变，无异乎告诉我们，中国史虽则经历了四百年的长期纷乱，其背后尚有活力，还是有一个精神的力量，依然使中国史再走上光明的路。

唐代中央最高机构，依然是魏、晋以来的尚书、中书、门下三省。但他们现在已是正式的宰相，而非帝王之私属。其职权分配，则中书掌定旨出命，门下给事中掌封驳，尚书受而行之；古代的宰相权，现在是析而为三。三者之中，又以侍中、中书令为真宰相。凡军国大事，中书舍人得先各陈所见，谓之"五花判事"，而中书侍郎、中书令审定之。敕旨既下给事中，黄门侍郎复得有所驳正。因此宰相常于门下省议事，谓之"政事堂"。其后政事堂迁至中书省。宰相分直主政事堂笔。尚书仆射加"同中书门下三品"，后称"同平章事"及"参知机务"等名，始得出席政事堂，方为真宰相。

尚书省有都堂，以左、右仆射为领袖。下分六部：东为吏、户、礼三部，左丞主之。西为兵、刑、工三部，右丞主之。共二十四司，分曹共理，全国政务毕萃。诸司官兼知政事者，午前议政于朝堂，午后理务于本司。尚书六官，各有所职，倘无折中，则恐互相推避，互相炫匿，故总摄于宰相。宰相亦虑有未周，见有所偏，乃先之以中舍之杂判，庶得尽群谋而伸公论。又继之以给事之驳正，复得塞违而绳愆。此等制度，可谓宏大又兼精密。

以中书、门下较汉代之宰相，以尚书六部较汉代之九卿，在政制上，不可谓非一种绝大之进步。一则尚书六部，乃政府公职，从九卿转变到六部，正是政府逐步脱离王室独立之明证。二则汉初封建、郡县杂行，中央直辖部分有限。隋、唐则九州岛揽于一握，考试、狱讼、兵财诸端，繁不胜记。总以六卿，分以郎署，中央政府之扩大，为事势演进所逼出。尚书置左、右仆射，分判六部，各治三官，可免上述之弊。而尚书惟在政务之推行，至于出命覆夺，尚有中书、门下。故曰三省之于宰相，六部之于九卿，不得不说是政制上之一进步。如此宏大而精密的政治机构，正好象征当时大一统政府之盛况。从北朝儒学逐步转变，而有唐代政府之规模，此便是中国史在和平中进展一显例。至于隋末群雄扰乱，只加时代以一种不可磨灭之伤痕。

二　地方政治之整顿

隋唐政府与秦汉之不同，其次则在地方政权方面。唐代地方行政最低级为县，全国凡一千五百七十三县。县以上为州或郡。全国州府凡三百五十八。上州刺史只从三品，中、下州刺史正四品。刺史的地位权任，既远非汉比，又掾吏辟署之权亦削，大部均归中央。于是中央政务日繁，地方事权日轻。这又是隋唐大一统政府与秦汉不同一要点。

第二十四章　新的统一盛运下之社会情态

要把握住盛唐的社会情态，最好亦从当时几项制度方面去看。

一　唐代之贡举制

唐代士人出身，可分三途：（一）生徒，由学馆；（二）乡贡，由州、县；（三）制举。州、县贡举又分诸目，最著者有秀才、明经、进士。而尤以"进士科"为盛。贡士得怀牒自列于州、县。集试于中央。这一个制度，亦像上举尚书六部制以及州、县划分制度一般，同为后世所遵用，直到清末，不能改变。此制用意，在用一个客观的考试标准，来不断的挑选社会优秀分子，使之参预国家的政治。在此制度下，可以根本消融社会阶级之存在。可以促进全社会文化之向上。可以培植全国人民对政治之兴味而提高爱国心。可以团结全国各地域于一个中央之统治。这一个制度的根本精神，还是沿着两汉的察举制推进，并无差别。不过是更活泼、更深广的透进了社会的内层。

二　唐代的租庸调制

由北魏之"均田"制演变而成唐代之"租庸调"制。授田者丁岁输粟二石，调之"租"。丁随乡所出，岁输绫、绢、絁各二丈，布加五之一，输绫、绢、絁者兼绵三两，输布者麻三斤，谓之"调"。用人之力，岁二十日，闰加五日，不役者日为绢三尺，谓之"庸"。

这一个有名的租庸调制，所以为后世称道勿衰者，厥有数端：第一个优点，在其轻徭薄赋的精神。以租而言，孟子在战国时，以什一之税为王者之政；而汉制则什五税一，常收半租，则为三十税一。若以亩收一石计，唐制只是四十而税一，较之汉制更轻更宽大。以庸而言，汉制更役一岁一月，唐则只二十天，只有汉三分之二。调输布帛，与汉口赋骤难相比。唯西晋户调，丁男之户，岁输绢三匹、绵三斤，比唐多六倍。北魏均田，一夫一妇调帛一匹，比唐亦多一倍。唐制庸、调并得视田登耗为蠲免。要论轻徭薄赋，中国史上首推唐代的租庸调制。在这一个制度下，农民自可安居乐业。

租庸调制第二个优点，则为税收项目之列举分明。此惟汉代的租税制度差可相比。自租庸调制破坏以后，更找不到此种项目分明之征收制度。因此横征暴敛，可以随时增加，有进无已。更重要的一点，租庸调制的后面，连带的是一个"为民制产"的精神。及丁则授田，年老则还官，"为民制产"与"为官收租"两事并举，此层更为汉制所不及。

三　唐代之府兵制

"府兵"制度，沿自西魏、北周，至隋、唐而大成。唐府兵制定于贞观十年，天下十道，置折冲府六百三十四，而关内共有二百六十一。民年二十为兵，六十而免。每岁季冬，折冲都尉率之习战。府兵皆隶于诸卫。凡当宿卫者番上，兵部以远近给番，皆以月上。府兵制的优点，无事耕于野，番上宿卫；有事命将以出，事解辄罢。兵散于府，将归于朝。既免军人专擅兵队之弊，亦无耗财养兵之苦。尤要者，府兵制并不是"全农皆兵"，而是"全兵皆农"。所以府兵制在一面说来是兵、农合一。而在另一面说则为兵、农分离。府兵和进士，实为农民出身发迹之两条路径。农民中家道殷实而身心武健者，可以加入府兵；有聪明隽秀的子弟，在一家耕种余闲中，亦可读书求学，走入贡举门路。

唐代的租庸调制，奠定了全国农民的生活。唐代的府兵制，建立起健全的武装。唐代的进士制，开放政权，消融阶级，促进了全社会的文化。唐代的政府组织，又把一个创古未有的大国家，在完密而伟大的系统之下匀称的、合理的凝造起来。事实胜于雄辩，盛唐的伟大，已在事实上明确表出。

此种政治、社会各方面合理的进展，后而显然有一个合理的观念或理想为之指导。这种合理的观念与理想，即是民族历史之光明性，即是民族文化推进的原动力。他不必在某一个人的事业上表出，而是在整个民族的长时期的奋斗下，笃实光辉地产生。从北魏到北周以及隋、唐，逐步进展，光明在黑暗的氛围中长养成熟，在和平的阶级下达其顶点。至于社会不时的动乱，只是黑暗与盲目势力给与历史进展的一些波折。要看当时中国民族新生命之复苏，应在此等处着眼。

第二十五章　盛运中之衰象（上）

一项制度之创建，必先有创建该项制度之意识与精神。一项制度之推行，亦同样需要推行该项制度之意识与精神。盛唐的命运，由于当时各项新制度之创建。及此各项新制度日趋崩溃，而盛唐之盛亦遂不可久保。

一　由租庸调制到两税制

租庸调制的精神，不仅在于轻徭薄赋，而尤重于为民制产。推行此项制度，必先整顿籍帐。唐自武后乱国以来，民避徭役，逃亡渐多。田移豪户，官不收授。到玄宗开元八年，乃重颁庸调法于天下。然版籍之不整理如故。朝廷再不注意到民生疾苦，而徒务于追征诛求。创建租庸调制度的意识与精神全不存在，而强欲以法令快上意，终不能有效。其时政府则诛求苛刻，而社会则兼并炽行。及安、史乱后，户籍顿减，更难整理。于是租庸调制乃不得不废弃而以"两税"制代之。

"两税"制始于德宗建中元年，为宰相杨炎所创。其制：凡百役之费，一钱之敛，先度其数而赋于人，量出以制入。户无主、客，以见居为簿；人无丁、中，以贫富为差。税夏、秋两征。租、庸、杂徭悉省。其制简捷明白，可以止吏奸；而未必能惠民生。以此制与租庸调制比，租庸调制税目分明，此则并归一项。授田征租之制，遂变为仅征租不授田。"为民制产"之精意全失，而社会贫富兼并；更因此而不可遏。又此制因出制入，与农业经济之情况亦不合。以货币纳税，亦为妨农利商。

以后的税制，只能沿着杨炎的两税制稍事修改，竟不能再回到租庸调制的路上去。正因一个制度的推行，必有与其相副的一种精神与意识，否则此制度即毁灭不能存在。从北魏到唐初，在中国士大夫心中涌出的一段吏治精神，唐中叶以后已不复有，则相随而起的种种制度，自必同归于尽。

二　自府兵到方镇与禁兵

府兵制度亦在同样命运下消灭。旧制，诸卫将军皆选勋德信臣。武后之世则多以外戚无能及降虏处之。社会和平既久，文治日隆，骄纵日恣，对国家武装，不再有忧勤惕厉之感。非漫不关心，即穷兵黩武，滥用民力。对府兵本身，更没有一种合理的人道观念。从精神的转变，影响到制度，使其不能存在。于是遂有所谓"彍骑"制。

"彍骑"制始于玄宗时张说之建策。其实彍骑与府兵还是大同小异。一样的于农家中挑募富强。一面授田耕种，一面轮番宿卫。惟与府兵制不同者，府兵遍及全国，彍骑则只在京师。府兵兼负征戍，彍骑则专于宿卫。彍骑只是府兵制之缩小范围，正因其精神不够推行之故。自此唐代只有所谓"方镇"的边兵，与中央的禁兵。边兵统于番将，禁兵统于宦官。他们既坐食优俸，吮吸人民的膏血，却并不能对国家社会有丝毫贡献，只促进唐室之乱亡，使中国史再钻入黑暗的地狱中去。

唐代的租庸调制与府兵制，是两个古代社会蜕变未尽的制度，大体精神颇与汉制为近。自唐以下，租税与兵役都走入新方向，和汉、唐绝然不同。租税不整顿，农民生活无法繁荣；兵役不整顿，国家武装无法健全。后世中国遂想望汉、唐之富强而不可几及，这是重大的一种因素。

第二十六章　盛运中之衰象（下）

唐代的租庸调制和府兵制，结束了古代的社会。其政府组织和科举制，则开创了后代的政府。但后两者亦各有其流弊与缺点。

一　政权之无限止的解放

科举制让人自由应考，即是广泛的开放政权。此制度容易引起士人充斥、官少员多之患。而且唐初入仕之途极广，科举还不过是其间的一项。于是"官员有数，入流无限，以有数供无限，人随岁积"。其势循至于为人择官，而非为官择人。其时则"官倍于古、士十于官，求官者又十于士。于是士无官，官乏禄，而吏扰人。"在此情势下，政府的用人，遂至于徒循资格，推排禄位。然而禄位仍有限，资格仍无穷。在政海角逐中，渐渐分成朋党，而使在上者亦束缚困制，无可展布。

以前的弊害，在于社会有特殊阶级之存在，政权不公开，政治事业只操于少数人之手。现在的弊害，则因特权阶级逐步衰落，社会各方面人平流竞进，皆得有参政之机会，而政权一解放，政治事业时有不易督责推动之苦。以上所说，其先并不即是科举之弊病，只是科举制亦在此种政权公开之趋势下存在。此后科举制之推进，入仕之途，逐步集中到科举一门之下，则上述种种病痛，亦全由科举制来保留。照理论，国家一面公开政权，一面便应实施教育，好使两者分途并进。此在贞观初年颇有其意。但一到高宗、武后时,此风凌替。

国家既无教育,而空悬一格以为考试。而考试标准又渐渐趋重于进士科之诗赋。开元以后,成为风气。全国上下尚文之风日盛。尚实之意日衰。诗赋日工,吏治日坏。唐代政治界的风习,大有从北朝经术转向南朝文学的意味。这亦是唐代盛运中衰征之一。

二　政府组织之无限止的扩大

政权无限制解放,同时政府组织亦无限制扩大。唐代的政府组织,其第一可见的缺点,即为重规迭矩,有许多骈拇无用的机关。六部与九寺,职权即多重迭。新机关产生,旧机关不取消,造成冗官坐食,不仅有损国帑,同时还妨碍整个政治效能之推进。贵族门第特权阶级逐步取消,政权官爵逐步公开解放,引起了官僚膨胀的臃肿病。与官员日增相因并起的现象,便是官俸日高。

这一个趋势,愈走愈失其本意,遂致做官只是发财分赃,而不是办事服务。一方面又因用人进退之权,完全集中于中央,欲求精密而反不精密。而授官任贤之事,渐变为挨资得官。中央政府规模扩大,政权集中,官僚充塞,阶资增多;地方官权位日落,希求上进的自然群趋中央,遂连带引起重内轻外之习。中央政府固易趋腐化,而地方政权更难整顿。唐代的地方吏治,因此不易与西汉相比。在这一种繁委丛脞的政治情况之下,很容易叫人放弃了宏纲阔节,而注意到簿书案牍上去。

一面在分别流品,看不起吏胥;一面却把实际的政务,都推放在吏胥手里。这一个情形,自唐以下遂莫能革。政府扩大的现象中,更可诧骇的,是王室生活之奢靡,太常所属乐人有数万员。种种病痛,自贞观以后,经过高宗之懈弛,武后之放恣,历中宗韦后之乱,到玄宗时陆续呈露。然苟有大有为的政府,尽可革新,并非死症。不幸玄宗在盛大光昌的气运之下,始则肆意开边,继则溺于晏安。上述为病痛,反而加甚益厉,遂致终于激起安、史的大变。

第二十七章　新的统一盛运下之对外姿态

一　安史之乱以前

中国在其统一盛运之下，对外理可有相当之发展。唐初强敌，厥为北方之突厥。突厥初臣于柔然，后渐强。周、齐争结姻好、倾府库事之。隋代突厥内侵，为隋所破。嗣突厥内乱，沙钵略归附。后突厥汗染干来求婚，隋使杀千金公主而妻以宗室安义公主。大抵突厥其势骤盛，而政治组织，不能坚凝，自分东西，时生内乱。而中国已趋统一，突厥遂终于屈服。隋末，中国乱离，中国人多往归突厥，始毕可汗遂复盛。

唐高祖起太原，请兵于突厥。曰："若入长安，土地民众归唐，金玉缯帛归突厥。"唐初，突厥遂屡为边患。然突厥势虽张，其内政未臻凝固。贞观元年，颉利又与突利失和。二年，突利请入朝。三年，命李靖出讨。四年，进击定襄，颉利被俘。突厥既破，其部落或走薛延陀，或走西域，而四夷君长，遂诣阙请帝为"天可汗"。贞观十五年，李绩讨破薛延陀。二十年，灭之。十四年，灭高昌，设安西都护府。十八年，破焉耆。二十二年，破龟兹。唐之声威，达于葱岭。高宗时灭西突厥，唐之威力遂逾葱岭，西及波斯。

然国运展扩，亦有其相当的限度。中国以农立国，地兼寒、温、热三带，国内贸易足可自给，国外通商非必需。往往以我日用品易彼奇珍异玩，徒足引起国内之贫富不均，以及风俗之奢华，而于整个国民生计，无大补益。故对外战争，除防止侵略外，常无所利。惟因国力丰盈，往往易于激起君主之好大喜功，而流于穷兵黩武。弊中国以事四夷，已为高宗、武后以来一辈人所不满。至玄宗时，国内益臻安富，而朝廷之对外经营，亦益趋积极，于四边境置十节度经略使。开边太广，则边兵不得不增。而府兵制既坏，此等边兵多出招募。一面形成外强中弱之势，一面又因坐养巨额军队，而影响及于全国之经济。

开元以来，边将久任，十余年不易。乃至朔方、陇右、河东、河西诸镇皆置节度使，以数州为一镇，节度使即兼统此数州，而州刺史尽属之。故节度使多兼按察、安抚、度支诸使，土地、人民、甲兵、财富皆有之。此为地方政制上一大变化。又玄宗相李林甫，嫌儒臣以战功进，尊宠间己，乃请颛用蕃将，于是诸道节度多用胡人，其所带镇兵，间亦杂有大量之胡卒。其先本用兵防胡，其后乃变为豢胡为兵，全失本意。

安禄山本营州杂胡，而玄宗授以大权。安禄山的势力，是唐室用中国财富豢养成的胡兵团。此种胡兵团，只胶吸了唐室的膏血，并没有受到唐室的教育。他们一旦羽翼成长，自然要扑到唐室的内地来。所谓安、史之乱，终于天宝十四年的十一月爆发。安、史之乱，蔓延大河南北，破两京，延及九年。讨平安、史乱的诸将，亦几乎尽是胡人。安、史余孽以及讨安、史有功的将领，全部拥兵割地，造成此后藩镇之祸。而藩镇的籍贯，亦几乎大部分是胡人。唐代的中叶，一面好大喜功，无限止的开边；一面又宽大为怀，全泯种姓之防，宜乎食此恶果。

二　安史之乱以后

唐人以过分的开边，激起内乱，及中国内部发生动摇以后，而其对外情势，遂突然大变。最为中国患者为回纥。安禄山反，肃宗乞兵于回纥，东京惨遭焚掠。自此唐岁遗回纥绢二万匹。回纥再入东京，又肆行杀掠。自此回纥至横行于长安，唐不能禁。每岁和市，无异于行赂。直到德宗时，回纥始稍衰。然而唐代还是不得不与回纥和亲。至文宗开成后，回纥内乱，遂不振。唐中叶以后的外患，回纥以外，尚有吐蕃。安禄山反，潼关失守，尽征河、陇、朔方镇兵入国靖难，边州无备，吐蕃乘间侵蹙。数年之后，凤翔以西，邠州以北，尽为蕃戎之地，湮没者数十州。自此屡为边寇。武宗后，吐蕃始衰。唐中叶以后的外患，大要在西北，

而东北有契丹、奚、室韦、靺鞨诸族，其势亦渐盛。惟因藩镇擅地，务自安，障戍斥候甚谨，不生事于边。故诸族亦鲜入寇。然休养生息，日以繁滋。唐以后中国的外患，遂自西北渐渐转移到东北来。

第二十八章 大时代之没落

盛唐的光辉,终于因安、史之乱而没落。自此以往,唐室政治,常在黑暗与混乱的状态下敷衍或挣扎。

一 唐中叶以后之藩镇

唐自安、史之乱以后,武夫战卒,以功起行阵,列为侯王者,皆除节度使。由是方镇相望于内地,大者连州十余,小者犹兼三、四。自国门以外,几乎尽是方镇的势力。而此等武人中,多半又是归化的胡人。此等胡人,大抵全未受到国家好好的教育,而骤付以极大的权任。他们中间好一点的,是傲慢不受命令,坏的便生心反叛。至于安、史余孽得授节镇者,更不堪问。唐平安、史,本未能捣其巢穴。又以封其降将,遂成河北之藩镇。此即所谓"河北三镇"。彼辈皆拥劲卒,自署吏,不贡赋,结婚姻,相联结。至德宗时而第一次事变起。自此朝廷遂行姑息之政。至宪宗时而朝廷与藩镇之冲突又起。元和号唐室中兴。然宪宗在位十五年,十四年始平李师道,翌年为宦官所弑。宪宗卒未三年,诸镇又乱。自此迄于唐亡,不能复取。藩镇擅权,先后约一百四十年。始于河朔三镇,及其末,则国门以外,皆为强敌。

其第一个最大的影响,厥为藩镇政权下之社会经济的破产。其第二个更大的影响,则为藩镇政权下之社会文化水平之降低。五胡乱华之际,胡酋尚受中国教育,尚知爱中国文化,尚想造出一像样的政府,自己做一个像样的帝王。彼等尚能用一辈中国留在北方的故家大族,相与合作。唐代的藩镇,其出身全多是行伍小卒,本无教育,亦无野心,并不懂如何创建像样的政治规模,只是割据自雄。如是,则大河北岸从急性的反抗中央病,变而为慢性的低抑文化病。从此以下的北方中国,遂急激倒退,直退到在中国史上变成一个不关重要的地位。这全是一百五十年武人与胡人兵权统治之所赐。藩镇跋扈,另一个影响,使朝廷亦不得不竭财养兵。至于动议裁兵,则相聚山泽为盗,利未见而祸已成。禁军粮乏,至脱巾呼于道。而廪赐既优,则遂以营籍为利薮。这全是唐代黩武政策

一九四〇年 庚辰 四十六岁

所招的惩罚。

第二十九章　大时代之没落（续）

二　唐中叶以后之宦官

唐室在统一盛运下，又有一不良习气，则为王室生活之骄奢。因此连带引起宦官之跋扈。唐宦官之盛，兆自武后，而极于玄宗。肃、代以后，宦官寖横用事。及德宗时，宦官遂握兵柄。其后又有枢密之职，承受诏旨，出纳王命。宦寺既握兵权，又外结藩镇，帝王生死，遂操其手。唐室诸帝在某盛运中所表现者，则为女祸。

三　唐中叶以后之朝士与朋党

唐代士人，一面在北朝吏治与南朝文学两种风气转换之下徘徊，一面则在贵族门第与白衣庶族的两种势力消长之下鼓荡。当时门第仕进，亦较进士等科第为易。建官要职，仍多用世家。大臣恩荫，得至将相。可见唐代政权，尚与门阀有至深之关系。此等门第，以累世仕宦，又逢盛世，其生活豪华，亦可想见。而且唐代科举，本备仕途之一格，故一切规程并不甚严。其时有所谓"公卷"与"通榜"之制。故进士乃称"觅举"，所以求延誉。而其卑躬屈节之态，亦已可怜。甚至有走门路，通关节，求必得，而既得则肆意轻薄者。

惟进士因公开考试得官，被视为正路，到底在政治上占到他应有的地位。中唐以后，进士科遂最为荣重。于是进士科举与门第任子之两途，在政治上自然发生冲突。此即形成穆宗以后的一段朋党之争。朋党启端，即由于考试舞弊。门生、座主，遂为朋党标目。李德裕恶进士，他的言论，却代表了门第势力最后的呼声。当时政治上最患者是有资格做官的人太多，因此而朝廷不尊，宰相权不重，政事不易推行。故主张排抑进士者，同时常是主张裁减官吏，而亦带有主张贵族政治的意味，李德裕即其代表。李德裕的见解，虽不免褊狭。然当时进士浮薄，则实为不可否认之事实。至于黄巢、李振等，皆是屡举进士不第的人物，结果进士清流，遂受极祸。但晚唐进士的轻薄，只是一时事象，推不翻以公开考选来代替门荫世贵的理论。宋以后，进士考试遂独占了政治上的崇高地位。

严华、夷之防，重文、武之别，裁抑王室贵族之奢淫，让受教育、讲道理的读书人为社会之中坚，这是宋以下力反唐人弊病的新路径。

第三十章　黑暗时代之大动摇

一　流寇与唐室之倾覆

唐末的中国，用横剖面来说，大体可分为三部：一是大河以北的藩镇所辖地。二是大河以南唐两京及其迤东一带。三是长江以南。

藩镇所辖地，虽则文化、经济逐步破毁，然以极单纯的武力来压制较小的区域，一时不致摇动。中部两京及其迤东一带，经安、史乱后，残破最甚。江南为财赋所出。大时代没落之大骚乱，即在中部发动而蔓延遍及于南部。王仙芝先发。次之为黄巢。又次之为秦宗权。经此十几年的大骚乱，唐代三百年的统一政府，终于倾覆，世袭的节镇，遍及东南，而有所谓五代十国。

二　五代十国

五代为梁、唐、晋、汉、周。后梁凡二主，十七年。后唐凡四主，十四年。后晋凡二主，十一年。后汉凡二主，四年。后周凡三主，十年。五代十国，其实只是唐室藩镇之延续，惟其间有极可注意者数事：（一）关中李茂贞以外，别无割据之雄，此足证西北一带之残破，至是已不够割据建国之资力。（二）不仅陕西如此，即甘陇一带文物已臻破灭。（三）五代中只后唐都洛阳，尚是东周、东汉、西晋、北魏之旧都。其它四代皆都汴，直到宋代不能迁都。此证黄河流域之气运，不仅关中以西不复兴，即中部洛阳一带亦不够再作文化、政治的中心点。中国社会的力量，渐渐退缩到东边来。（四）五代均在黄河流域，十国均在长江以南。五代名义上虽上承唐，下启宋，号为王室递禅之正统，其实前后五代，共止五十四年，而已有八姓、十三君。就其开国之君而言，三位是胡人，一位是流寇，一位是募兵；正可说明那时的北方中国，已到了最不像样的时代。自此以后，南方社会，遂渐渐跨驾到北方社会的上面去。（五）是晋石敬瑭称臣契丹，割赠幽、蓟十六州。自此下至元顺帝退出中国，其间凡四百二十四年，那一带的土地，可以说长受异族的统治。若严格言之，则此十六州中之某几部分，自安、史以来，早已不能直接沾受到中国传统政治与文化之培养。如是则先后几将及六百年之久。

此十六州既为外族所踞，从此中国北方迆东一带之天然国防线，全部失却，大河北岸几无屏障。中国遂不得不陷于天然的压逼形势下挣扎。借援外兵，引入内地，唐代亦屡有其事。后世责石敬瑭不当借援契丹，却忘了石敬瑭自身早是一个胡人。唐代对于民族观念之不重视，流害遂至于此。（六）是中国东北部契丹族之骤盛。

三　契丹之兴起

契丹很早即为一种耕牧兼营的民族。耶律阿保机建国，自始即依仗汉人之归附。及其立皇都，灭渤海，已经是一个规模很像样的国家。其后耶律德光（阿保机子，辽太宗。）又得幽、蓟十六州。袭用唐制三省六部、台院寺监，诸卫东宫之官，藉以招徕中国人。辽廷多用汉人，其后辽国遂备五京之制。要之，辽之立国，与汉初匈奴，唐初突厥均不同。辽国直是一个汉族分化的国家。中国的东北方，为安、史以来长期的藩镇割据所隔绝，久不与中国中央相通。此一部分人遂渐与异部族武力相结合，而形成一个新国家。这一个国家，遂还为中国本部之强敌。这又是此下历史上一个重要的变端。

四　中原民众之疾苦

是当时中国黄河流域民众疾苦之加深。黄河流域的民众，经黄巢、秦宗权大乱之后，继续还是经受武人、胡人的不断争夺，横征暴敛，火热水深，几乎难于想象，难于形容。民生其间，直是中国有史以来未有之惨境。

五　中国之南北分裂

至于北方的辽国，政治比较上轨道，其田制有"公田"、有"私田"、有"在官闲田"之别。辽自初年即称农谷充羡，有振饥恤难之政。耕种之外有盐、有铁冶、有金银矿，因有银币。又有牧畜之饶。冀北宜马，海滨宜盐，自古艳称。铁冶之富，至今尤为全世界所重视。故其国"典章文物，饮食服玩之盛，得尽习汉风，自谓昔时元魏所不如"。而其"法令简易，科役不烦，遂使一时民众绝其南顾之念"。如此一传再传，待宋室起来，再把中国整顿得成一个样子，而那隔绝沦陷在东北方面的民众，早已忘却他们的祖国了。

第六编　两宋之部

第三十一章　贫弱的新中央

在不堪言状分裂与堕落之后，中国又重新建立起一个统一的中央政府来。这一个中央，却以他特殊的姿态出现于历史。与秦、汉、隋、唐的统一相随并来的，是中国之富强，而这一个统一却始终摆脱不掉贫弱的命运。这是宋代统一特殊的新姿态。

一　北宋帝系及年历（略）

二　宋初中央新政权之再建

自唐代镇兵拥立留后，积习相沿，直至五代，造成国擅于将、将擅于兵的局面。宋太祖由陈桥驿兵变，黄袍加身，这是五代兵士拥立皇帝的第四次。由不断的兵变产生出来的王室，终于觉悟军人操政之危险，遂有所谓"杯酒释兵权"的故事。自此节度使把持地方政权之弊遂革。而地方长官遂得重用文臣。继之置诸州通判。县令亦分由朝官兼摄，称为知县。从此地方官吏，又得均由中央任命。各州又置转运使，处理各地方财政，除诸州度支经费外，悉输京、毋占留。从此地方财富亦归中央。

又命诸州县各选所部兵士，才力武艺殊绝者送都下，其老弱者始留州。从此地方兵力亦移归于中央。吏治、兵权、财赋三项，脱离了地方军权之分割，而统一到中央来，中国始渐渐有一个像样的、上轨道的中央政府。

三 宋代对外之积弱不振

宋太祖凭借那一个比较像样的、上轨道的中央政治机构，便可先来平复南方。南方诸国在经济上虽比中原为优，而政治情形并不长进。故宋室政治，稍有头绪，便能将南方诸国逐次收拾。至太宗时，江南统一，再平北汉，而终于不能打倒契丹，这是宋室唯一主要的弱征。宋代建国本与汉唐不同。宋由兵士拥戴，而其建国后第一要务，即须裁抑兵权。而所藉以代替武人政治的文治基础，宋人亦一些没有。

北方的强敌，一时既无法驱除，而建都开封，尤使宋室处一极不利的形势下。藩篱尽撤，本根无庇。这一层，宋人未尝不知。然而客观的条件，使他们无法改计。大河北岸的敌骑，长驱南下，更没有天然的屏障，三四天即到黄河边上，而开封则是豁露在黄河南岸的一个平坦而低洼的所在。所以一到真宗时，边事偶一紧张，便发生根本动摇。幸而寇准主亲征，始得有澶渊之盟。然而到底是一个孤注一掷的险计。此后宋辽遂为兄弟国，宋岁输辽银十万两，绢二十万匹。自是两国不交兵一百二十年。宋都开封，不仅对东北是显豁呈露，易受威胁。其对西北，亦复鞭长莫及，难于驾驭。于是辽人以外复有西夏。从对夏的示弱，又引起辽人的欺凌。富弼使辽，重固和议，岁增银、绢各十万。

四 宋室内部之积贫难疗

宋代对外既如此不振，而内部又终年闹穷。而且愈闹愈凶，几于穷得不可支持。宋室之患贫，则因有几个特殊的原因：第一还是由于养兵。无论秦、汉、晋、隋、唐，每一度新政府创建，在天下平一之后，必随着有一个兵队的复员。只有宋代因事态特殊，兵队不仅不能复员，而且更逐次增加。军队大半来自招募，应募者非游手无籍，即负罪亡命。且募兵终身在营伍，自二十以上至衰老，其间四十余年，实际可用者至多不过二十年。廪之终身，实际即是一卒有二十年向公家无用而仰食。如此的军队，最易流于骄惰。宋兵制以厢军伉健者升禁卫，然卫士入宿，即不自持被而使人持之，给粮不自荷而雇人荷之。那时的军队，沿着五代积习，月廪岁给外，还有各项额外的赏赐。尤著者为三年一次的郊赉。宋室的郊费，亦逐步增涨。其它复杂赐稠叠。所以王安石要大声疾呼的说，倘不能理兵稍复古制，则中国无富强之理也。

为宋代财用之蠹者，第一是冗兵，第二则是冗吏。收复北方失地，此乃宋王室历世相传的一个家训。但是不能再让军人操握政权，亦是宋王室历世相传更不放弃的另一个家训。宋室既不能荡平北寇，自然不能作消兵之想，而同时又不让军人操握政权，故宋王室第三个历世相传的家训，厥为优待士大夫，永远让文人压在武人的头上。宋代进士一登第即释褐，待遇远较唐代为优。而登科名额，亦远较唐代为多。进士应试已遍及全国，遂定三年一试之制。以后进士御试，又例不黜落。状元及第，更为士人无上光荣。宋代如此优奖进士，无非想转移社会风气，把当时积习相沿骄兵悍卒的世界，渐渐再换成一个文治的局面。宋代既立意要造成一个文治的局面，故一面放宽了进士的出路，一面又提高文官的待遇。处处要礼貌文官，使他不致对武职相形见绌。宋室优待官员的第一见端，即是官俸之逐步增添。

官吏俸禄既厚，而又有祠禄，为退职之恩礼。又时有额外恩赏。复有恩荫。荫子荫孙，乃至于荫其亲、荫大功亲、甚至荫及异姓亲，乃至门客。在此情形下，不免官吏日多，俸给日繁。所以当时是冗官冗兵的世界。冗官耗于上，冗兵耗于下，财政竭蹶，理无幸免。虽国家竭力设法增进岁入，到底追不上岁出的飞快激增。宋朝竭力想抑制武人，然而却根本不能去兵。宋朝又竭力想提高文治，然而亦根本不能对文吏有一种教育与培养。结果虽有兵队而不能用。兵队愈不能用，则愈感兵队之少而兵队反日增。文臣虽极端优待，而亦得不到文臣之效力。结果文臣气势日高，太阿倒持，文臣一样像骄兵悍卒般，只来脧吸国家的精血。这是宋朝的一个绝症。

五 宋代政制上的另外两个弱点

宋代政制,大体上沿袭唐规,而亦另自有他的弱点。第一是中央集权过甚,地方事业无可建设。第二是宋代的谏官制度,又使大权揔集的中央,其自身亦有掉转不灵之苦。至宋三省制废,谏议、司谏等官在门下,中书者亦废,遂有谏院。乃脱离宰相而独立。当时称"台谏",几于并为一职。权势气力,乃与宰相等。宰相欲有作为,势必招谏官之指谪与攻击。于是谏垣与政府不相下,宰执与台谏为敌垒,廷臣水火,迄于徽、钦。又文臣好议论,朝暮更张,常为政事之大害。其三尤要者,为宋代相权之低落。宋代政制,虽存唐人三者体制,而实际绝不同。宋初宰相,与枢密对称"两府",而宰相遂不获预闻兵事。又财务归之三司,亦非宰相所得预。宰相之权,兵财以外,莫大于官人进贤,而宋相于此权亦绌。又宰相坐论之礼,亦自宋而废。故宋代虽称中央集权,而其权实不在宰相。人主虽猜忌相臣,加以裁抑,亦不能如明代之直废相臣,集大权于一身。则宋制乃适成其为一种弱征,虽遇大有为之君臣如神宗、王安石者,乃亦束手而莫如何矣。

第三十二章 士大夫的自觉与政治革新运动

一 学术思想之新曙光

宋朝养士经历百年之久,终于要收到他的成效。宋朝对士大夫,并不能有教育指导的能力,只能呕姁涵育,让他们自己发荣滋长,这是一件费时而没把握的事。在真宗时,宋朝文教算是培养到相当程度了,然而一旦强敌侵凌,则相率主张迁都。那时的文学,只是有名的所谓"西昆体"。那时的政治,最高不过养尊持重,无动为大,敷衍场面捱日子。那时稍稍带有教育和思想意味的,只在出世的和尚们,乃至求长生的道士们那里。宋朝的时代,在太平景况下,一天一天的严重,而一种自觉的精神,亦终于在士大夫社会中渐渐萌苗。所谓"自觉精神"者,正是那辈读书人渐渐自己从内心深处涌现出一种感觉,觉到他们应该起来担负着天下的重任。范仲淹为秀才时,便以天下为己任。他提出两句最有名的口号来,说:"士当先天下之忧而忧,后天下之乐而乐。"这是那时士大夫社会中一种自觉精神之最好的榜样。在仲淹同时,尚有有名的学者胡瑗,偕孙复两人,在泰山一个道院中读书。胡瑗投书涧畔的十年,和范仲淹僧寺里"断虀画粥"的日常生活,无疑的在他们内心深处,同样存着一种深厚伟大的活动与变化。他们一个是北宋政治上的模范宰相,一个是北宋公私学校里的模范教师。北宋的学术和政治,终于在此后起了绝大的波澜。与胡、范同时前后,新思想、新精神蓬勃四起。

他们开始高唱华夷之防。又盛唱拥戴中央。他们重新抬出孔子儒学来矫正现实。他们用明白朴质的古文,来推翻当时的文体。他们因此辟佛老,尊儒学,尊六经。他们在政制上,几乎全体有一种革新的要求。因此他们虽则终于要发挥到政治社会的实现问题上来,而他们的精神,要不失为含有一种哲理的或纯学术的意味。所以唐人在政治上表现的是"事功",而他们则要把事功消融于学术里,说成一种"义理"。"尊王"与"明道",遂为他们当时学术之两骨干。

宋朝王室久已渴望着一个文治势力来助成他的统治,终于有一辈以天下为己任的秀才们出来,带着宗教性的热忱,要求对此现实世界,大展抱负。于是上下呼应,宋朝的变法运动,遂如风起浪涌般不可遏抑。晚唐门第衰落,五代长期黑暗,以迄宋代而有士阶层之新觉醒。此下之士,皆由科举发迹,进而出仕,退而为师,其本身都系一白衣、一秀才,下历元明清一千年不改。士之本身地位及其活动内容与其对外态势各不同,而中国历史演进,亦随之而有种种之不同。亦可谓中国史之演进,乃由士之一阶层为之主持与领导。此为治中国史者所必当注意之一要项。

二 庆历变政

由于当时士阶层之觉醒,而促起了在朝的变法运动。宋朝变法,前后共有两次。一在仁宗庆历时,范仲淹为相。一在神宗熙宁时,王安石为相。仁宗时范仲淹提出十项政见,为变法张本。这是有名的所谓《十事疏》。范仲淹的十事,大致可分为三项。前五事属于澄清吏治。后三事属于富强的问题。最后两项,系属前八项的运用。信赏必罚,为使法必行之法。仲淹的意见，大致是欲求对外，先整理内部。欲求强兵，先务富民。而欲行富民之政，则先从澄清吏治下手。要澄清吏治，治标的先务是明黜陟，抑侥幸，让贤能者上升，不肖者下退。"明黜陟"是针对当时"磨勘"的制度而发。"抑侥幸"是针对当时"任荫"的制度而发。"精贡举"，最为根本之事，一时难见成效。"择官长"。则从选各路监司官下手，让每路的按察使来甄别各该路的官吏。

仁宗对仲淹的十事全部的接受了。然而仲淹的政策，到底引起了绝大的反动。宋朝百年以来种种的优容士大夫，造成了好几许读书做官人的特有权利，范仲淹从头把他推翻，天下成千成万的官僚乃至秀才们，究竟能"以天下为己任"的有多少？能"先天下而忧后天下而乐"的有多少？暗潮明浪，层叠打来。不到一年，仲淹只得仓皇乞身而去。仁宗虽心里明白，也挽不过举国汹涌的声势，终于许他卸责。

三　熙宁新法

宋朝事实上变法的要求，依然存在，范仲淹虽失败，不到三十年，王安石又继之而起。然而王安石的遭遇，与范仲淹不同。反对范仲淹的，全是当时所谓小人；而反对王安石的，则大多是当时的所谓君子。就熙宁新政与庆历变法对照，其间亦有差别。熙宁新政之荦荦大者，如青苗、均输、市易、方田、免役、保甲、保马，大抵相当于范仲淹十事之六、七、八诸项。似乎王安石并不十分注重仲淹十事中之前几项。似乎王安石是径从谋求国家之富强下手，而并不先来一套澄清吏治的工作。因此后人说范仲淹是儒家，而王安石为申韩。先重治人而后及于治法；王则似乎单重法不问人。只求法的推行，不论推行法的是何等样的人品。

王安石的新法，不免要为推行不得其人而全失立法的本意。其时招受反对最烈者如青苗，反对派的理论多就实际人事言。而王安石则就立法本意言。此为当时两派相争一要端。即论新政立法本意，亦有招受当时反对处。尤其是安石对财政的意见，似乎偏重开源；而当时一辈意见，则注重先为节流。而安石之开源政策，有些处又迹近为政府敛财。而且宋朝那时已嫌官冗，安石推行新法，又增出许多冗官闲禄。冗官不革，政治绝无可以推行之理。亦有明明可省的费，而安石不主节省。若说再在百姓身上设法括取，则那时的百姓，实有不堪再括之苦。

而熙宁、元丰的财计，居然一时称富，则掊克聚敛，自然难免。安石推行新政的又一缺点，在于只知认定一个目标，而没有注意到实际政治上连带的几许重要事件。而且还带有急刻的心理。安石以神宗熙宁二年为相，至熙宁六年，先后共五年，新法次第成立。此等新法，即谓用意全是，大体上非长时间慎密推行，不易见效。其利弊全看实际吏治的情况。如青苗、市易等；无论立法用意如何，并不是必须激急推行，不可复缓。安石为力持此等新法之推进，至不惜牺牲许多不应放过的人事上之助力，实在是他的失策。而神宗一死，新法即废。所以王安石新法的失败，一部分是行政技术上的问题。安石未免自视过高。而结果为群小所包围。当时批评安石者大致如此。

安石的最大弊病，还在仅看重死的法制，而忽视了活的人事。安石的新政，一面既忽略了基本的人的问题，一面又抱有急功速效的心理。在国内新政措施全无头绪的当日，却同时引起了边衅，对外便觊开疆用武。因此更是加意聚敛，而忽略了为国家的百年长计。但安石新政，虽属失败，毕竟在其政制的后面，有一套高远的理想。这一种理想，自有深远的泉源，决不是只在应付现实、建立功名的观念下所能产生。因此在王安石新政的后面，别有所谓"新学"。安石的新政虽失败，而新学则不断的有继起者。直到朱熹出来，他的《四书集注》，成为元、明、清三代七百年的取士标准。其实还是沿着王安石《新经义》的路子。范仲淹、王安石革新政治的抱负，相继失败了，他们做人为学的精神与意气，则依然为后人所师法，直到最近期的中国。

第三十三章　新旧党争与南北人才

一　熙宁新党与南人

王安石的新法，不能说有成功，然而王安石确是有伟大抱负与高远理想的人。他新法之招人反对，根本上似乎还含有一个新旧思想的冲突。

所谓新旧思想之冲突，亦可说是两种态度之冲突。此两种态度，隐约表现在南北地域的区分上。新党大率多南方人，反对派则大率是北方人。宋室相传有"不相南人"的教戒。然而南方人的势力，却一步一步地侵逼到北方人上面去。真宗时的王钦若，仁宗时的晏殊，都打破了南人不为相的先例。而南方人在当时，显然是站在开新风气之最前线。在野学校之提倡，在朝风节之振厉，文章之盛，朋党之起，皆由南士。司马光与欧阳修为贡院逐路取士起争议，这里便已十分表现出当时南方文学风气已超驾北方之上远甚。

南北两方文风盛衰之比较，后面即反映出南北两方经济状况之荣枯。因此当时南人，颇有北方人政治上待遇较优，南方人经济上负担较重之感。而在北人眼中，则南人在政治上势力日扩，似乎大非国家前途之福。以中国疆域之广大，南北两方因地形、气候、物产等等之差异，影响及于社会之风习，以及人民之性情；双方骤然接触，不免于思想态度及言论风格上，均有不同，易生抵牾。所以王安石新政，似乎有些处是代表着当时南方智识分子一种开新与激进的气味。而司马光则似乎有些处是代表着当时北方智识分子一种传统与稳健的态度。除却人事偶然方面，似乎新旧党争，实在是中唐安史之乱以后，在中国南北经济文化之转动上，为一种应有之现象。

王安石新法，有些似在南方人特见有利，而在北方人或特见为有害的。及元祐新政，王安石一党尽斥，而所斥的即多是南人。其后蔡京擅权，南人又得势。而元祐诸君子，则大多是北方人。他们中间却又分洛、蜀、朔三派。这三派里面，便无闽、楚南方的分。

二　洛蜀朔三派政治意见之异同

熙宁、元祐新旧党争后面带有南北地域关系，而元祐北方诸君子洛、蜀、朔三派分裂，后面也带有政治意见之不同。其中洛派所抱政见，大体上颇有与王安石相近处。他们都主张将当时朝政彻底改革。他们对政治上最主要的理论，是有名的所谓"王霸之辨"。大抵唐、虞、三代是"王道"，秦、汉、隋、唐是"霸道"。他们主张将唐、虞、三代来换却秦、汉、隋、唐。其实所谓唐、虞、三代，只是他们理想的寄托。他们的政治见解，可以称之为"经术派"，或"理想派"。他们主张将理想来彻底改造现实，而古代经籍，则为他们理想辩护之根据。程颢尝言："治天下不患法度之不立，而患人材之不成。人材不成，虽有良法美意，孰与行之?"此乃洛学与安石根本相异处。至于论及识见，尚谓安石"高于世俗"。故洛派于元祐排斥新政，并不完全赞成。

朔派是正统的北方派。他们与洛阳的中原派不同。一主理想（洛），而一重经验（朔），一主彻底改革（洛），而一则主逐步改良（朔）。故一为"经术派"，而一则为"史学派"。故洛学、新学同主"王霸之辨"，而司马光则不信此说，可谓他们中间最显著的区别。惟其不信王霸之辨，故亦不主三代之道与秦、汉、隋、唐绝异。因此他们不肯为复古之高论。他们的政术似乎只主就汉、唐相沿法制，在实际利害上，逐步改良。这一种态度，其好处，在于平稳不偏激，切于事情。而其弊病则在无鲜明之理想，因应事实不彻底，结果陷于空洞与懈弛。元祐力反熙宁，大部即由朔派主持，而操之过激。他们除能免熙、丰设施外，自己却并无积极的建树。财政无办法，更不足以关折主持新政者之口。这两派在政见上本不相近，只为反对王安石只求行法，不论人品的一点上，两派却绾合起来了。

又一为蜀派。蜀派的主张和态度，又和洛、朔两派不同。他们的议论，可以苏氏兄弟为代表。上层则为黄老，下层则为纵横。尚权术，主机变，其意见常在转动中，不易捉摸。他们又多讲文学，不似洛、朔两派之严肃做人。王安石主废科举、兴学校，此事在洛派极端赞成，而蜀派则认为"多事"。王安石又主改诗赋为经义，此层洛学自所赞成，朔派亦不反对。而苏轼仍生异议。又如免役，苏氏兄弟初亦反对。其后司马光复差役，苏氏却又不赞成。他们的学术，因为先罩上一层极厚的释老的色采，所以他们对于世务，认为并没有一种正面的、超出一切的理想标准。他们一面对世务却相当练达，凭他们活的聪明来随机应付，他们亦不信有某一种制度，定比别一种制度好些。但他们的另一面，又爱好文章词藻，所以他们持论，往往渲染过分，一说便说到尽量处，近于古代纵横的策士。但就学术意味言，则洛、蜀两派的裂痕，毕竟最难弥缝。北宋诸儒，不幸同时全在朝廷，他们的学术意见，没有好好发展深细博大处，而在实际政治上，便发生起冲突。既为群小所乘，正人见锄，学术不兴，而国运亦遂中斩。

三　道德观念与邪正之分

宋儒的自觉运动，自始即带有一种近于宗教性的严肃的道德观念，因此每每以学术思想态度上的不同，而排斥异己者为奸邪。这又足以助成他们党争意见之激昂。刘彝、程颢明明是君子，但他们亦赞成新法。王安石主新政，至多亦只能说他学术差了，不能说他人品奸邪。尽目熙宁新党诸人为奸邪，其事在当时洛学一派即所反对。惜乎当时朔派诸人，"忠直有余，疾恶已甚，遂贻后日缙绅之祸"。南方一种奋发激进之气，暂时为北方的持重守旧所压倒。但是不久即起反动，于是有所谓"绍述"之说。元祐诸君子尽见黜逐，嗣是遂有所谓"建中靖国"。蔡京用事，新旧相争的结果，终于为投机的官僚政客们造机会。相激相荡，愈推愈远。贫弱的宋代，卒于在政潮的屡次震撼中覆灭。

第三十四章　南北再分裂

一　金起灭辽

宋、辽在长期和平过程中，两国内政乃至国防均趋懈弛而腐化。金人突起乘其隙，两国乃继踵覆没。金起于混同江、长白山之间。其始抗辽，兵不满万。及其吞辽取五京，前后不出九年。自金始起至辽灭，前后不出十二年。宣和七年二月，金获辽主延禧，辽亡。

二　辽帝系及年历（略）

三　金灭北宋

辽亡，金氛遂及宋。于是有靖康之难。金自灭辽至灭宋，前后不出二年，自始起至灭宋，前后不出十四年。

四　南宋与金之和战

金既骤灭北宋，其唯一政策，厥为在黄河南岸建立一个非赵姓的政权，而黄河北岸则归自己统治。于是有张邦昌之拥立。逮南宋高宗既立，金人彻底消灭赵姓政权之计划失败，他们一面仍想在黄河南岸留一非赵姓的政权做缓冲，故张邦昌之后，继之以刘豫。金人一面拥立刘豫，让他做缓冲，一面却还试探与南宋进行和议。因此九月刘豫立为齐帝，而十月秦桧自金放归。同时高宗亦畏金，久想乞和。而刘豫则与宋势不两立。又不能独力对宋。豫为宋败，自然只有乞援于金。如是则刘豫并不能为宋、金交兵之缓冲，而实做了宋、金言和之障碍。这一层不久便为金人所了解，于是便毅然废弃刘豫。而直接与宋言和。当时宋臣对和议一致反对。只有秦桧，一方知道金国之内情，一面窥破高宗之隐私，遂出来力主和议，因此再登相位。南方一致反对和议的空气，好容易为秦桧所压下，而北方对和局的政策忽然变了。

绍兴九年，金兀朮毁成约，执宋使，分道南侵，再取河南、陕西州郡，宋亦出兵。宋兵在这一次战事中，得到如几回胜利。金人主战派锐气已挫，于是重伸和议。就当时国力言，宋兵并非不能抗金。两国情势，不能以靖康为例。纵说宋军一时不能恢复中原，直捣黄龙，然使宋室上下决心抗战，金兵亦未必能再渡长江。强敌在前，正是策厉南方奋兴振作的一个好材料。惜乎高宗自藏私心，一意求和。对内则务求必伸，对外则不惜屈服。岳飞见杀，正士尽逐，国家元气伤尽，再难恢复。这却是绍兴和议最大的损失。

金人得此和议，可以从容整理他北方未定之局。一面在中原配置屯田兵，一面迁都燕京。中间休息了二十年，结果还是由金人破弃和约，而有海陵之南侵。南方自和议后，秦桧专相权十五年，忠臣良将，诛锄略尽。人才既息，士气亦衰。高宗不惜用严酷手段，压制国内军心士气，对外屈服，结果免不了及身再见战祸，亦无颜面再临臣下，遂传位于孝宗。孝宗颇有意恢复，然国内形势已非昔比。仅得稍改和约。孝宗抱志未伸，亦不愿老做此屈辱的皇帝，遂禅位于光宗。光宗又禅宁宗，乃闹出韩侂胄的北伐。结果宋兵败求和，杀韩侂胄自解。侂胄兵败议和之年，即蒙古铁木真称帝斡难河之岁。此后宋、金皆衰,只坐待着蒙古铁骑之来临。

五　南宋之财政

宋之南渡,对金既不能伸其挞伐,屈膝求和,则惟有敲脂剥髓,以奉岁币;而其国内,又仍不得不养军以自守;于是财用遂陷绝境。当时学者至谓:"自有天地,财用未有如今日之比者"。若以追比唐代,征敛之目,所增且十倍。然此犹曰正供也。其它杂取无艺,更不堪言。举其尤着,有曰"经、总制钱"者。又有曰"月桩钱"者。其尤无理者曰"折帛钱"。州郡上供钱亦逐年增升,极朘削之能事。南宋政府,所以取于民者如此,其民乌得而不困,其国亦乌得而不亡!

六　南宋金帝系及年历（略）

第七编　元明之部

第三十五章　暴风雨之来临

一　蒙古之入主

南宋代表的是中国的传统政权,他渐渐地从北方迁到南方,而终于覆灭。蒙古民族入主中国,中国史开始第一次整个落于非传统的异族政权的统治。中国的政治社会,随着有一个激剧的大变动。蒙古入主,对中国正如暴风雨之来临。蒙古的兵力,震铄欧、亚两洲。在蒙古骑兵所向无敌的展扩中,只有中国是他们所遇到的中间唯一最强韧的大敌。他们分着好几个步骤,才把整个中国完全吞并。自成吉思汗即位,至忽必烈灭宋,凡历五世,七十四年。那时中国本分三部:一宋、一金、一夏。而元人用兵,亦分三大步骤。先取金黄河以北地,灭夏。再取金黄河南岸。再得长江流域及南方,灭宋。而每一阶段,皆费了不少的力量。至蒙古与宋启衅，亦用大迂回的战略，先从西康绕攻大理，再回攻荆襄。自襄阳陷后至宋灭，又六年。

中国疆境辽廓，到处崇山大水。天然的形势，既极壮伟，又富变化。而且列城相望，百里之间，必有一城。以此蒙古兵虽横行全世界，宋、金虽均已积弱，而就蒙古兵队征服的各地而言，只有中国是最强韧、最费力的一处。蒙古人既得中国，遂把他主脑部分迁来，造成中国史上一种新的统治阶层，绵历一百余年之久。

二　元代帝系及年历（略）

三　元代之政治情态

在此百有九年中，世祖的三十余年，几于无岁不用兵。甫定南宋，又规海外。内用聚敛之臣，外兴无名之师，嗜利黩武，并不能在文治上树立基础。且蒙古恃其武之优越，其未入主中国以前，已有本部及四大汗国，疆土跨亚、欧两洲。故其来中国，特惊羡其民物财富之殷阜，而并不重视其文治。故元之诸帝，多不习汉文，甚至所用官吏，有一行省之大而无人通文墨者。因此其政治情态，乃与中国历来传统政治，判然绝异。第一最著者，为其政治上之显分阶级，一切地位不平等。元代以种类分四等。（一）蒙古。（二）色目。（三）汉人。（四）南人。此四阶级在政治上之待遇，显分优劣。汉人南人不为正官。丞相平章政事、左右丞诸职，汉人不得居。参加政事，中叶后，汉人为者亦少。顺帝时，始诏："南人有才学者得依世祖旧制，中书省、枢密院、御史台皆用之。"地方行政长官，其先均由世袭。

直至至元二年，始罢州县官世袭。四年，又罢世侯，置牧守。创为中书省，以便其分区宰割之私意。汉人、南人既不得为台省要官，亦惟有谋为州县卑秩。后有纳粟、获功二途，富者以此求进。蒙古人既看不起汉人、南人，因此也不能好好的任用汉人、南人，而只用了他们中间的坏劣分子。要之，他们欠缺了一种合理的政治理想，他们并不知所谓政治的责任，因此亦无所谓政治的事业。他们的政治，举要言之，只有两项：一是防制反动，二是征敛赋税。

四　元代之税收制度与经济政策

因此元代税收有"扑买"之制。虽以世祖为开国贤主，亦专用财计之臣，务于聚敛。各种商税课额，日增月涨，靡有所已。常赋外，复有"科差"，其额又极重。惟元世祖初有中原，方经兵燹之后，又多用中国士人，故以注意税收之故，而尚能留心及于民间之农事。至元七年立司农司，专掌农桑水利，仍分布劝农官及知水利者巡行郡邑。又于农村设"社长"。而开浚水利之功，颇可称道。丧乱溱臻后之民生，赖以稍苏。惟自灭宋以后，他们意态即不同。设官分职，财务重于民事。而贪污乃为元代政治上一寻常之事件。又元代专行钞法。其先民间尚称便。至其末，则钞料十锭易斗粟不得。明起，钞法竟不能复行，而银币代起，亦为中国史上一重要之变更。

五　元之军队与禁令

他们的军队，亦分为各等级。正相当于蒙古、色目、汉人、南人之四级。兵籍守秘密，汉人莫之知。而文武分途之弊制，遂为明清两代所沿袭。蒙古长于战阵，而不善于理财，故赋敛之事则多委之色目、回人。其先军队所至，多掠人为私户。奴隶的献赐、鬻卖、投靠，成为一时常态。他们一面盛拥奴隶，一面又广占田地。牧场与农田杂糅，屡起冲突。政府又盛行赐田。

蒙古以军人而兼贵族，既享有政治上种种特权，又多用回人为之经营财利，剥削生息。回民相率殖产卜居于中原，尤以江南为盛。而汉、回待遇亦种种不平等。大抵回民地位，大体是代表商人，而汉人则代表了佃户与农民。汉人地位中较高者为工匠。匠人特籍为户，得不与平民伍。蒙古人的统治，在大体上说来，颇有一些像古代贵族封建的意味。只是春秋时代的贵族阶级，自身有一种珍贵的文化修养，而蒙古人无之。

六　元代之僧侣

在蒙古的政治局面里，僧侣占到很高的位置。皇室佛事，占国家政费之泰半。寺庙亦拥有盛大之产业，与贵族王公等，同样为封建势力之一种。而僧侣之为患于社会，更难尽述。顺帝父子竟以亡国。元代社会上的上层阶级，大体言之，有皇室、贵族、军人、僧侣、商人、地主、官吏，而一般平民之政治地位则甚低。大概当时的社会阶级，除却贵族军人外，做僧侣信教最高，其次是商人，再其次是工匠，又次是猎户与农民。而中国社会上自先秦以来甚占重要位置的士人，却骤然失却了他们的地位。

七　元代之士人与科举制度

最初的士人与普通平民一样的被俘掠为奴隶。他们对士人的观念，似乎亦是一种彷佛的工匠。而终于在这些俘虏中间，偶然把南宋的儒学流到北方去。结果于国族勋旧之外，亦有科举取士之制。然此仅有名无实，在实际政治上极少影响。可见元代入主中国，经历一百余年，中国自秦汉以来传统的文治政权的意识，始终未接受过去。他们的政治，始终不脱古代贵族封建、武装移殖的气味。然而当时一般社会文化、经济的水平，却比春秋时代在贵族封建下的农民，高出百倍。蒙古人的倒退政治，到底不能成功，因此社会变乱百出。蒙古人震铄亚、欧两洲的武力，终于在汉人的蜂起反抗下，退让出他们的统治。

第三十六章　传统政治复兴下之君主独裁（上）

除却汉高祖，中国史上由平民直起为天子的，只有明太祖。这是说明蒙古人的政权之下，绝没有汉人的地位。因此在蒙古政权被推翻的过程中，没有让政权之自身酝酿出权臣或军阀来操纵这个变局。

一　明代帝系及年历（略）

二　传统政治之恶化

明代是中国传统政治之再建，然而恶化了。恶化的主因，便在洪武废相。太祖是一个雄猜之主。洪武十三年左丞相胡惟庸诛，遂废宰相。自秦以来辅佐天子处理国政的相位，至是废去，遂成绝对君主独裁的局面。第二个恶化的原因，在于明代不惜严刑酷罚来对待士大夫。此亦起于太祖。鞭笞捶楚，成为朝廷士大夫寻常之辱。终明之世，廷杖逮治不绝书。其惨酷无理，殆为有史以来所未见。而监杖用内官，行杖用卫卒，遂使士大夫悬命其手。而尤甚者在使内监审狱。

宋太祖惩于唐中叶以后武人之跋扈，因此极意扶植文儒。明太祖则觉胡元出塞以后，中国社会上比较可怕的只有读书人。但是所谓传统政治，便是一种士人的政治。明太祖无法将这一种传统政治改变，于是一面广事封建，希望将王室的势力扩大。一面废去宰相，正式将政府直辖于王室。既不能不用士人，遂不惜时时用一种严刑酷罚，期使士人震慑于王室积威之下，使其只能为吾用而不足为吾患。这是明太祖一人的私意。一人的私意，不足以统治一个天下，只有使明代的政治，走上歧途。

三 废相后之阁臣与宦官

明代废相以后，析中书政归六部。以尚书任天下事、侍郎副之。六部之上，更无领袖，而天子总其成。另设内阁大学士，为天子襄理文墨。洪武时，大学士特侍左右备顾问，奏章批答，皆御前传旨当笔。成祖以后，始有"内阁"之称。永乐、洪熙两朝，每召内阁造膝密议，然批答亦出自御笔，不委他人。仁宗后，阁权渐重。至宣德时，始令内阁用小票墨书，贴各疏面以进，谓之"条旨"。中易红书批出。然遇大事，尚犹命大臣面议。其后始专命内阁条旨。皇帝深居内殿，不复常与大学士相见。而世宗、神宗则并二十余年不视朝，群臣从不见皇帝之颜色。

独裁的皇帝不问政事，最著者自推神宗。自然有权臣应运而生。世宗时，夏言、严嵩遂弄大权。于是实际相权一归寺人。因此明代司礼监，权出宰辅上。因此宦官逐渐骄横跋扈。而阁臣中想实际把握政权者，最先便不得不交结内监。其次又须倾轧同列。国家并未正式与阁臣以大权，阁臣之弄权者，皆不免以不光明之手段得之。此乃"权臣"，非"大臣"。权臣不足服众。故虽如张居正之循名责实，起衰振敝，为明代有数能臣，而不能逃众议。黄梨洲谓："有明一代政治之坏，自高皇帝废宰相始。"真可谓一针见血之论。

内寺之权，极盛于熹宗时之魏忠贤。在一种黑暗的权势下面，鼓荡出举世谄媚之风，而同时激起名节之士之反抗，而党祸于此兴。直待全国正人都卷入党祸，而国脉亦遂斩。

第三十七章　传统政治复下之君主独裁（下）

一　明初的几项好制度

但明初政治，亦有几点特长处：

（一）明初之学校贡举制度：明祖一面废宰相，用重刑，一面却极看重学校。洪武八年，颁行学校贡举事宜。其学科有经、史、礼、律、乐、射、算等项。其考试分按月考验，及三年大比。学校之盛，为唐宋以来所不及。至国子监有"历事监生"之制。出身优异。布列中外，一时以大学生为盛。明代国学，即至后来，亦比唐宋较见精神。

（二）明代之翰林院制：明制中尤堪称述者，在其翰林院。规模益臻崇宏，经筵官、史官均归入翰苑，翰林院更明显的变成一个中央政府里面唯一最高贵的学术集团。这一个集团，与王室在在保有很紧密的关系。内阁学士，即从翰林院分出。而明代翰林院一个更有意义的创制，则为庶吉之增设。翰林院有庶吉士，正如国子监有历事生，以诸进士未更事，俾先观政，候熟练然后任用。大率进士第一甲得入翰林，而二甲、三甲则得选为庶吉士。自有庶吉士而翰林院遂兼带有教育后进之性质。其先庶吉士命进学于内阁。并时经帝王御试。其间有经长时期之教习。学成每得美擢。翰林院本为储才养望之地，明初尤能不断注意到社会上的名儒耆俊，网罗擢用。皇帝以及储君，时时与翰林学士接近，即可受到一种学术上之熏陶，又可从他们方面得到很多政治上有价值的献议或忠告。而一辈翰林学士，又因并不负有行政上实际的责任，而望荣地密，从容中秘，得对古今典章沿革，制度得失，恣意探讨，以备一旦之大用。而庶吉士以英俊后起，亦得侍从台阁，受一种最名贵而亲切的教育，实在是国家培植候补领袖人才之一种好办法。在贵族门第的教育消失以后，在国家学校教育未能切实有效以前，此种翰林院教习庶吉士的制度。实在对于政治人才之培养，极为重要。

（三）其他：明初又厉行察举之制，拔用人才，不拘资格。又俾富户、耆民皆得进见，奏对称旨，辄予美官。又奖励人民上书言事。有六科给事中掌封驳，谓之"科参"。位虽低而权重。故洪武以来，吏治澄清者百余年。

其它又如明初卫所制度，颇得唐府兵遗意。黄册、鱼鳞册整顿赋役，清代因之不能革。明初武功亦足方驾汉、唐。故明代的政治设施，虽论其用心，未得为当，而亦与两汉、唐、宋诸朝并为中国史上之一段光昌时期。

二　明代政制之相次腐化

惟承平日久，科举进士日益重，而学校贡举日益轻。英宗天顺以后，非进士不入翰林，非翰林不入内阁。翰林人才亦为科目所限。而教习庶吉士渐渐变成有名无实。庶吉士散馆，则资格已成，便可坐望要职。翰林为贮才之地，吏部为抡才之所，此两官特为明世所重。及翰林院既不能培养人才，而吏部选举，又渐渐有拈阄、掣签之法，而选举遂不可问。至于科举方面，经义渐渐变成八股。昔人谓："八股之害等于焚书，而败坏人才，有甚于咸阳之坑。"学问空疏，遂为明代士人与官僚之通病。掌握独裁权的皇帝，往往深居渊默，对朝廷事不闻不问，举朝形成群龙无首之象。而明代风习又奖励廷臣风发言事。于是以空疏之人，长叫嚣之气，而致于以议论误国。谄媚与趋附，奋发与矫激，互为摩荡，党祸日烈。至于地方生员，则有养无教，日益滋增，徒蠹公帑。又在地方仗势为恶，把持吞噬，实做土豪劣绅。士习官方，至于万历之末而极坏。而承平既久，武备亦弛。"本兵"高踞在上，武臣气折。

明室政治之支撑点，上面靠有英明能独裁的君主，下面靠有比较清廉肯负责的官僚。逮至君主不能独裁，则变成宦官擅权。官僚不能负责，则变成官僚膨胀。于是政治、教育破产之后，兵制、田赋等相继崩溃，而紧接着的便是一个经济破产。明室财政，自英宗后即告绌。其弊端之大者，一曰内府。二曰宗藩。三曰冗官，而尤冗者则在武职。王府久缺禄米，卫所缺月粮，各边缺军饷，各省缺俸廪。此后文、武官益冗，兵益窜名投占，募召名数日增，实用日减。积此数蠹，民穷财尽。于是明代便非亡不可。

第三十八章 南北经济文化之转移（上）

唐中叶以前，中国经济文化之支撑点，偏倚在北方。唐中叶以后，中国经济文化的支撑点，偏倚在南方。这一个大转变，以安史之乱为关捩。

一 经济方面

（一）论漕运：以漕运一事而言，汉初只言漕山东粟给中都官。隋炀帝大开运河。他把北齐、北周与南朝三分鼎足的形势打通一气。东南、东北，均兴水运，并不是北方要仰赖南方粟。开元二十五年，始用"和籴法"，令江南诸州租并回纳造布。可见当时中央赖北方粟已够。宋都汴京，主要原因，即为迁就漕运。元代建都燕京，米粟依然全赖江南，当时遂创始有海运。明漕运凡五变：（1）河运。（2）海陆兼运。（3）支运。（4）兑运。（5）改兑。

（二）论丝织业与陶业：耕、织为农事两大宗，粟米与布帛亦为国家租、调两大类。蚕桑事业，中国发明甚早，其先皆在北方。汉代丝织物，在黄河流域，已有几个著名的中心地点。汴宋锦织，尤为有名。宋、金分峙以后，宋岁币以银、绢分项。是丝织品又渐渐地要北仰于南之证。又如陶瓷，亦是北方农民很早就发明的一种副业。唐代河南府有贡瓷，至宋，精美著名的陶业，尚多在北方。至元明则最精美的瓷业，全转移到江南来。再以商业情况而论，亦是南方日见繁荣，北方日见萎缩。

二 文化方面

这一种趋势，反映在社会文化上，亦可见北方人物在逐渐减少，而南方则在逐渐增多。唐代晚年，南方地位已高，但并不能跨驾中原之上。北宋则南人考进士，人数又多；北人考明经，人数又少；显分优劣。不得不限定南北名额以求平衡。明代亦定南北取士额。洪武二十年，以北方学校无名师，生徒废学，特迁南方学官教士于北，复其家。再就宰相籍贯言之，唐宰相世系多在北方。宋中叶以后，南方便多，北人便少。明宰辅一百八十九人，南方占了三分之二强。

三　南北政治区域之划分及户口升降

社会南北文化经济之升降，还可以政治划分区域的大小繁简来看。开元州郡等级，所谓"六雄"、"十望"，皆在北方。时望县八十五，而南方只有二十县。宋代北方户口，即远逊南方。唐初十道，南北各半。明十三布政司，南得其九，北仅得四。南占一倍以上。即此已见南北经济文化轻重之不平衡。明代北方情形较佳，但依然赶不上南方。而明代西南诸省之开发，以及南海殖民之激进，尤为中国国力南移之显征，而为近世中国开新基运。

第三十九章　南北经济文化之转移（中）

中国社会文化之重心，何以有自北移南之倾向，此事论者不一。

一　黄河与北方之水患

殷代之文化，孕育长成于黄河下流。西周的文化，脱离不了河、渭流域的灌溉。春秋中原一、二百个诸侯国的田邑城郭，都错落散布在大河两岸。黄河水患，始见于周定王五年。第二次的河徙在汉武帝元光三年。直到东汉王景治河成功，此后又九百年未见河患，黄河为中国患，其事始于宋，历元、明、清三代千年不绝，却正是北方社会经济文化已在逐渐落后的时期。可见水患由于人事之不尽。而运河的开浚，其目的既专在通漕，对于北方原来水利，亦有损无益。隋炀汴渠，沟通河、淮，说者已谓利害不相掩。至元、明会通河，直贯南北，更逆自然之地形。

二　北方社会所受外族及恶政治之摧残

北方水利之逐步变坏，即如上述。而北方社会之叠受摧残，犹不止此。始见于唐中叶以后藩镇之长期割据，再见于五代之兵争。此两期间的政治黑暗，盖达极点。中国北方社会，自安史乱后，直至明兴，五六百年内，大体上在水深火热下过日子。明代三百年统一，北方稍得回苏。然亦承袭元制，盛行赐田，皇室乃至勋戚之庄园，为害于北方农业进展者犹甚大。大体上可以说，北方是中国史上前方一个冲激之区，而南方则是中国史上的后方，为退遁之所。

第四十章 南北经济文化之转移（下）

三 南方江浙一带之水利兴修

南方的发展，最显著的在长江下游，江浙一带。自三国乃至东晋、南朝时，江浙虽已有很大的进步，但是那时的财富，主要还是靠商税，米粮则赖荆襄接济。唐中叶以后的南方，渐渐有他自己的生命，水利农业亦开始发展。有大规模的圩田以及河塘。宋代南方文化日高，自有人出来不断注意和提倡。仁宗时，有有名的至和塘之计划和修筑。神宗时，又有有名的昆山人郏亶详论苏州水利。三吴水利，成为宋以来中国一千余年经济文化之重要营养线。宋以前一千余年中国经济文化之营养线，则在北方。可见北方在当时，亦应有过同样类似的人力之经营。

南方水田之美，既渐渐受人注意，同时南人在政治上的地位，也渐渐增高；于是政府在江南特置提举官董其事，而南人之有大力者，亦在此盛事殖产，开置大批水田。宋室南迁，江南更急激开发。那时大批北方难民，都参加了开发南方的工作。其时至于数百年不见水灾。遂有"苏常熟，天下足"之谚。由此遂有公田制之产生。元代多以官田分赐臣下。蒙古、色目群趋江南，视为乐土。回回人家江南者尤多。北人就食来江南者，亦踵相接。明代籍没土豪田租，一依租额起粮。天下的租赋，江南居其十九。浙东、西又居江南十九。而苏、松、常、嘉、湖五府，又居两浙十九。而苏州尤甚。苏州一府皆官田，民田不过十五分之一。稍次于苏州者则为松江。此种赋税不均，直到清代固仍不革。

唐中叶以前北方的财富，到明代已全转移到南方来。但是明代南方民众的生活，却较之唐中叶以前的北方民众苦得多。这是明代国运不如唐代一绝好说明。但是政府的重赋与富豪之兼并，虽使江南一带之小民水深火热，而巨家富室依然发荣滋长。亦正因为江南为财富所集中，所以人物日盛，仕官日达，而他们对于社会兴革事宜，到底还有几分心力顾到，农田水利人事方面，不时有所进修，得久维不坏。至于北方，渐渐从国家的重任下逃离，而民智民力，亦逐渐隳窳萎缩，终至于担负不起国家重任来；而社会事业，亦遂败坏于日常堕退之中。

第四十一章　社会自由讲学之再兴起

（摘要见本年一月《总论宋元明学术》，兹略。）

第八编　清代之部

第四十二章　狭义的部族政权之再建（上）

明太祖驱除蒙古后三百年而满洲入主，为中国近代史上狭义的部族政权之再建。

一　满洲兴起至入关

满洲民族其先曾建渤海国与金国。明代分为三部，满洲族为建州女真，初耕牧于牡丹、松花江之合流点而统率于明之建州卫。其祖先为明将李成梁所杀，遂与明为仇隙。嗣合并傍近诸部，创后金汗国。兴师犯明，宣布告天七大恨，取抚顺，时步骑有二万。明四路出兵讨之。败于萨尔浒。于是有熊廷弼经略辽东之命。廷弼专务守御备，未一年，去任。袁应泰代之，于是遂失辽阳。应泰死之，金遂迁都辽阳。明再起熊廷弼，建三方布置策。时王化贞为广宁巡抚，与熊意见不合。以经、抚不和而影响及于战略。广宁遂陷。乃派大学士孙承宗为蓟辽经略使，而以袁崇焕守宁远。承宗在关四年，罢归，以高第代之。时后金已都沈阳，乘机西犯，为崇焕所败，努尔哈赤负创死。金太祖第四子皇太极立，是谓太宗。先出兵破朝鲜，再攻宁远又败。明人谓之"宁锦大捷"。明廷又劾罢袁崇焕，以王之臣代之。复议撤锦州，守宁远。会熹宗崩，毅宗立，袁崇焕复起。而其时明内部流寇亦发。满洲兵以间道入关，袁崇焕受反间下狱死。时始改国号曰清。又汉奸降附者渐多。洪承畴为蓟辽总督，兵败降。流寇陷北京，吴三桂开山海关迎清兵入。

清自努尔哈赤至皇太极，以一小部落两代近三十年，遽得入关破北京，盖有数因：（一）明万历中年以下，政治极端腐败。（二）其先以承平日久，武备废弛，又复轻敌。（三）其后如熊廷弼、袁崇焕、孙承宗等，皆以一人支持边事有余，乃明廷或诛或罢，既不顾惜，又无定策。（四）因盈廷纷议误事。（五）汉奸之外附。（六）流寇之内溃。

二　明末流寇

流寇起于陕西。又值荒年。于是叛卒、驿夫、饥民，结伙群起。最先，其魁酋曰高迎祥，窜扰秦、晋、豫、鄂四省。李自成、张献忠继之。所过悉掳壮丁为兵，亦有号令法律。攻襄阳为襄京。是年，清太宗卒，第三子福临立，年仅六岁。而流寇直从山西扑北京，吴三桂召清兵入。

三　南明之抗战

明北都既陷，南方争事拥立。不到二十年，相继破灭。惟清人所以得吞灭南明，其最重要原因，厥为汉奸之助。清既入关，以洪承畴经略江南五省，孔有德徇广西，尚可喜、耿仲明徇广东，吴三桂徇四川、云南，而三桂功尤大。四方精兵猛将，多归其部下。清既赖汉奸得占全中国，事定酬庸。吴三桂封平西王，居云南。尚之信封平南王，居广东。耿精忠封靖南王，居福建。"三藩"不自安，于康熙十二年自请撤藩，竟得许，遂反。然不久即败。明清之际的转变，大部分是明代内部自身的政治问题，说不上民族的衰老。

第四十三章　狭义的部族政权之再建（下）

一　清代帝系及年历（略）

二　清代对汉人之态度

清室对待汉人，无论其为怀柔或高压，要之十分防猜。努尔哈赤极端排汉。太宗则改用怀柔政策。对汉奸尤刻意利用。世祖入关，初则重用降臣，开科取士，继则一转而用高压。直至康熙初年，其势有增无已。及吴三桂起事，清廷乃又一转其面目。逮雍正嗣位，固由其天性刻薄猜忌，亦因中国已俯首帖耳不复反侧，遂又重施高压。至乾隆朝，清室已臻全盛，汉人反动心理，殆亦消失净尽，清廷乃益肆高压，达于极点。

三　清代政制

清代政制，沿明代不设宰相，以大学士理国政，以便君主独裁。命官则沿元代，满、汉分别，而实权多在满臣。君尊臣卑，一切较明代尤远甚。雍正时别设军机处，自是内阁权渐轻，军机处权渐重。然军机处依然非相职。并有所谓"廷寄谕旨"，最高命令以军机性质行之，更无外廷参预意见之余地。六部仅为中央行政长官，其权任亦大削。虽仍设给事中，然其性质，转为御史官之一部，对朝廷诏旨，无权封驳。用人大权，则全出帝王意旨。既不属之宰执，亦无所谓"廷推"。政权既集中于中央，而各省又总督、巡抚常川监临，殆于常以兵政凌驾于民政之上。而国家有大兵役，又必特简经略大臣、参赞大臣，亲寄军要，督、抚仍不过承号令，备策应。及其承平无事，各省皆用满人为驻防将军。甚至绿营亦多用满员。国家收入，尽以养兵。"三藩"乱后，各省钱粮，扫数解京，地方绝无存留，更不必言建设。雍正以后，并以"火耗"归入正项，地方更无余款，更说不到实济。虽内如翰林编、检，外如道、府长官，亦不得专折言事。又严禁士人建白军民利病。清廷又划山海关以外称东三省，其政制不与内地同。其对蒙古、西藏、青海，则一以旧俗羁縻。其用刑残虐，则亦沿袭元明之制。以清代与元代相比，清代汉化之程度特高，而其为狭义的部族政权则一。

四　清代之武功

至言清代武力，其得久踞辽河两岸并以入关，胥由明政黑暗，又获汉奸之助。及平"三藩"，亦全用汉将。绿营正式代旗兵而起。及至中国内部统一，则对外例可有一段武功。其时有名大将，实以汉人为多。至于乾隆十全武功，已成强弩之末，徒为粉饰，自耗国本。此种不健全的统制，到底要维持不下去，而清代自乾隆以后，遂走入不可挽的颓运中。

第四十四章　狭义的部族政权下之士气

一　明末遗民之志节

清人入关，遭遇到明代士大夫激昂的反抗，尤其是在江南一带。中国人的民族观念，其内里常包有极深厚的文化意义。能接受中国文化的，中国人常愿一视同仁，胞与为怀。清人则并无真可恃的武力，一进中国，即开科取士，公开政权。依照着中国传统政体的惯例作实际的让步。但清室煞有手段，一面公开政权作实际的让步，一面厉行薙发令，要中国士大夫内心承认一个文化的屈服。因此激起了南方的反抗。当时南方士民拥护明政权之热心。远不如其拥护衣冠制度之甚。

民族文化正统的承续者，操在读书人的手里。而读书人所以能尽此职责，则因其有政治上的出路。使他们的经济生活，足以维持在某种水平线之上。明末遗民，虽则抱有极强烈的民族观念，到底除却他们自身以外，他们的亲戚朋友以至他们的子孙，依然只能应举做官；这样便走上与异族政权的妥协。亦惟有如此，他们还可负荷他们最重视的民族文化。明末遗民的生活状况，大体可如下列：（一）出家。（二）行医。（三）务农。（四）处馆。（五）苦隐。（六）游幕。（七）经商。社会机构不能激剧变动，则"遗民不世袭"的话，很容易在当时人口中吐出。若埋头从事反抗工作，则遗老们多半是从反抗工作中退身下来，才致身于学术文化事业的。

中国社会，实已走上了一条比较和平而稳定的路，而适为狭义的部族政权所宰制。然明末遗民，他们虽含荼茹蘖，赍恨没世，而他们坚贞之志节，笃实之学风，已足以深入于有清一代数百年来士大夫之内心，而隐然支配其风气。直到清末，还赖藉他们人格之潜力，来做提倡革命最有效的工具。而清廷虽因势乘便，以一时的兵力，攫夺到中国全国的疆土，亦终不能不顾忌到社会上文化的和平势力，而公开解放其政权。清初诸帝努力汉化的程度，亦相当可赞美。而屈膝清廷的中国士人，因遗民榜样摆在一旁，亦足使他们良心时时发露，吏治渐上轨道。清初的政治情况，所以比较明中叶以下犹算差胜者在此。然言世运物力，则实在清不如明。

二　乾嘉盛时之学风

那时的学术文化，却渐渐与政治事业宣告脱节。江、浙一带，本为南宋以下全国经济文化最高的结集点，亦即是清初以来对满清政权反抗思想最流行的所在。他们以鄙视满清政权之故，而无形中影响到鄙视科举。又因鄙视科举之故，而无形中影响到鄙视朝廷科举所指定的古经籍之训释与义训。因此宋、元、明三代沿袭下来对于古经籍的义训，一致为江、浙新学风所排斥。因有所谓"汉学"与"宋学"之目。当时江、浙学者间，有不应科举以家传经训为名高者。亦有一涉科第，稍经仕宦，即脱身而去，不再留恋者。要之，在清代这一辈学者间，实远有其极浓厚的反朝廷、反功令的传统风气，导源于明遗民，而彼辈或不自知。所以他们反朝廷、反功令的思想不至露痕迹者，一因顺、康、雍、乾历朝文字狱之惨酷，使学者间绝口不谈朝政时事。二因清代书院全成官办性质，以廪饩收买士气。一时名儒硕望，主书院掌教务者，既不愿以八股训后进，惟有趋于笃古博雅之一途。三则江、浙一带经济状况，继续发荣滋长，社会上足可培植一辈超脱实务的纯粹学术风气。四则自印刷术发明，书籍流通方便之后，博雅之风，自宋迄明，本已每展愈盛。故江、浙考证汉学，其先虽源于爱好民族文化，厌恶异族统治，带有反抗现实之活气；其后则变为纯学术之探讨，钻入故纸堆中，与现实绝不相干。

三　政治学术脱节后之世变

江、浙学风这一种的转变，虽于古经典之训释考订上，不无多少发明；但自宋以来那种以天下为己任的"秀才教"精神，却渐渐消沉了。至少他们只能消极的不昧良心，不能积极的出头担当，自任以天下之重。清代虽外面推尊朱子，但对程朱学中主要的"秀才教"精神，则极端排斥。他们只利用了元明以来作八股应举的程朱招牌，他们绝不愿学者认真效法程朱，来与闻他们的政权。清代统治中国的传统政策，一面箝制士大夫，而一面则讨好民众。但到士大夫腐化了，吏治振作不起来，则民众只有受苦，绝对沾不到惠泽。因此待到士大夫阶层反抗清代的意志渐渐消灭，即下层社会反抗清廷的气焰渐渐炽盛。这是狭义的部族政权不可避免的一种厄运。

第四十五章　狭义的部族政治下之民变

一　乾嘉之盛极转衰

清康、雍、乾三朝，比较过的有秩序承平的日子，然到乾隆中叶以后，清室即入衰运。乾隆末叶，民变之事已数见不鲜。尤大者则为川、楚教匪，直延至嘉庆七年始平。嗣是复有浙、闽海寇，山东天理教，更互迭起。至道光末年，乃有洪、杨之大乱。

二　洪杨之乱

洪、杨先起，亦以"官逼民变"、"天厌满清"、"朱明再兴"等语为号。农民骚动主因，必由于吏治之不良，再促成之于饥荒。在官逼民变的实况下，回忆到民族的旧恨，这是清中叶以后变乱的共通现象。饥荒可以促动农民，却不能把农民组织起来，要临时组织农民，便常赖于宗教。为要在短期唱乱而临时兴起的宗教，决无好内容。这是农民革命自身一个致命伤。洪、杨起事的第一因，在其有一种宗教性之煽惑；而将来所以招惹各方面反对，限制其成功，而逼到失败路上去的，便是这一种宗教。洪、杨因地理的关系，开始附会采用西洋的耶教。洪秀全"天父、天兄"的造托，一面攫到广西深山中愚民的拥戴，一面却引起传统的读书人之反感。其起事即利用上帝之团结，其扩大依然是恐怖裹胁政策的效用。然而他们已与乾嘉以来屡次的变乱不同，他们能在中国近代史上留下一更重大的影响，正因他们能明白揭举出种族革命的旗号。他们在政制上及军事上，亦略有规模。在政治上亦有几点比较纯朴的理想，如天朝田亩制度等是。他们并禁缠足、禁买卖奴婢、禁娼妓、禁畜妾、禁吸鸦片。他们有一部分确是代表着农民素朴的要求。然而一到南京，距离事业的成功尚远，而内部便禁不住内讧起来。他们前后倡乱十五年，踞金陵十二年，蹂躏及十六省，沦陷六百余城。而到底没有成事。

三　湘淮军与咸同中兴

削平洪、杨的，并不是满清政府及其朝臣，而是另外一批读书人和农民。洪、杨的耶教宣传，激动了一辈传统的读书人之反感。洪、杨的骚扰政策，惹起了一辈安居乐业的农民之敌意。曾国藩的湘军即由此而起。

粤军的领导人，对于本国文化，既少了解；对于外来文化，亦无领略。他们的力量，一时或够推□满清政权，而不能摇撼中国社会所固有的道德信仰以及风俗习惯。这是洪、杨失败最主要的原因。而且洪、杨最先用以愚民的旗帜，他们并未悟到早已向全民族传统文化树敌；而他们军事上的实际活动，却又并没有一个预定的全盘计划。湘军虽系地方团练，而一起即有荡平天下之整个准备。其用兵次第，亦始终牢守一个计划，按步推进。曾国藩虽在军中，隐然以一身任天下之重。网罗人才，提倡风气，注意学术文化，而幕府宾僚之盛，冠绝一时。至于洪、杨，自东、北、翼三王内哄以后，天王惟用兄弟、戚属为亲信。文治制度方面，在南京十二年，可算绝没有些微上轨道的建设。亦不能搜罗原来团体以外之人才。却妄想以天父、天兄之欺妄深山愚民者，欺尽天下。如此何得不败？

东南洪、杨始平，西北捻、回又炽，清廷一无能力，依然仰赖于湘军。曾、左、胡、李号称同治中兴功臣。然此等人物，仅能平乱，却不能致治。一因清政府种族观念太深，不能推诚大用。二则因胡既早卒，曾、左诸人皆驰驱军旅，效命疆场，未得为中央大吏，于朝政少可献替。因此军事上虽足平乱，而吏治官方，依然腐败。酿乱之源，依然存在。只为社会元气大损，一时再鼓不起乱来。急病不死，变成慢病，而其病亦成绝症，不可救药。

第四十六章　除旧与开新

一　晚清之政象

清代狭义的部族政治，虽经所谓"咸同中兴"，苟延残喘，而终于不能维持。第一，是外患之纷乘。东西势力初次接触，中国昧于外情，因应失宜。主和主战，翻覆无定。而内政腐败，百孔千疮，更说不上对外。第二，是内政之腐败。首为财政之竭蹶，其次则为官方之不振。照当时的政象，绝对抵不住当时的外患，于是遂有当时之所谓"变法自强"。

二　晚清之变法自强

变法自强，本属相因之两事。而当时人则往往并为一谈。一则清廷以专制积威统治中国，已达二百年，在满洲君臣眼光里，祖法万不可变。二则汉人在此专制积威政体下亦多逐次腐化。当时政府里真读书明理，懂得变法自强之需要与意义者亦少。在这一种政治的积习与氛围中，根本说不到变法自强。纵有一、二真知灼见之士，他们的意见，亦浮现不到政治的上层来。一时言富强者知有兵事，不知有民政；知有外交，不知有内治；知有朝廷，不知有国民；知有洋务，不知有国务。即仅就兵事、外交、洋务等而论，亦复反对之声四起。在此情形下，遂使当时一些所谓关于自强的新事业之创兴，无不迟之又迟而始出现。外患刻刻侵逼，政事迟迟不进，终于使当时人的目光，转移到较基本的人才和教育问题上去。

三 晚清之废科举兴学校

当时兴学沿革,略可分为两期。自同治初年以迄光绪辛丑为第一期,辛丑以后迄清末为第二期。首先创设之学校,大抵不外乎以养成翻译与军事之人才为主。渐次乃有普通学校之创立,其目光亦稍稍扩大及于法政、经济诸门。然要之仍不脱于为一时之实用,而以学校为附属于政治之一机构。其时进新式学校乃至于被派出洋的,其目的亦只为在政界乃至于社会上谋一职业、得一地位,因此近人讥之为"洋八股"与"洋翰林"。在此情形下,乃发生学校与科举之冲突。隋、唐以来沿袭千余年的科举制度,终于废绝,而以学校为替代。于是乃有"中学为体,西学为用"之理论出现。

一个国家,绝非可以一切舍弃其原来历史文化,政教渊源,而空言改革所能济事。则当时除却"中学为体,西学为用",亦更无比此再好的意见。惜乎当时已届学绝道丧之际,学术之培养与成熟,非短时间所能期望。学校教育之收效,因此不得不待之十年、二十年之后。而外患之侵逼日紧,内政之腐败依然,一般人心再不能按捺,于是对全部政治彻底改革之要求蓬勃四起。

四 戊戌政变与辛亥革命

晚清全部政治彻底改革之运动,亦可分两节:第一节是戊戌变法,第二节是辛亥革命。二者同为对于当前政治要求一种全部彻底之改革。惟前者尚容许清王室之存在。后者续起,连清王室一并推翻。戊戌政变,又称"百日变政"。前后只有九十八天。这一个变政之失败,第一原因,在于他们当时依靠皇帝为变政之总发动,而这个皇帝,便根本不可靠。第二原因,在于他们鼓动变法,一切超出政治常轨,而又并不是革命。第三原因,由于一时政令太骤,主张"速变"、"全变",而无一个按部就班切实推行之条理与方案。第四原因,由于当时政治上旧势力尚相当浓厚,足以阻碍革新运动之进展。紧随着戊戌政变而来者,为庚子拳乱。

庚子拳乱,虽挟有不少可笑的迷信,然其为中国上下不能忍受外侮压迫之情感上之爆发则一。所以继续于辛丑和议以下的,还是国内一片变法维新的呼声。然而满洲狭义的部族政权,还想挣扎其固有之地位。在狭义的部族政治下,乃惟有革命爆发之一路。

五　辛亥革命以后之政局

辛亥革命之爆发,这是告诉我们,当时的中国,由政治领导改进社会之希望已断绝。不得不转由社会领导来改进政治。前者牺牲较少,进趋较易;后者则牺牲大而进趋难。然而为两百多年满洲狭义的部族政权所横梗,当时的中国,乃不得不出此途。旧政权解体后紧接着的现象,便是旧的黑暗腐败势力之转见抬头,而新力量无法加以统制。袁世凯误认此种状态之意义而帝制自为,康有为又误认此种状态之意义而参加复辟。政局在此几度动荡中益增其阢陧,而旧的黑暗腐败势力益见猖獗。此种旧的黑暗腐败势力之活动,大率以各省的军权割据为因依。辛亥以后的各省军权割据,远则导源于元、明以来行省制度之流弊。近则导源于洪、杨以后各省督、抚离心态度之演进。于是由清末督、抚之变相,而有民国初年之督军。旧中央既倒覆,新中央又摇动,经过帝制、复辟两事变,此辈乃生心割据。各地军阀,纷纷四起。其时全国各地军队之多,至少当逾二百万以上。不断的兵变与内乱,遂为民国以来唯一最常见之事态。代表旧政权之最后恶态者,为此辈军阀之腐化与恶化。而代表新政权之最先雏形者,则为议会与政党之纷扰。当时的政党,似乎误认分党相争为政治上最高之景象。分党相争的胜负,不能取决于民众,转而各自乞援于军人。一般党员,则凭借党争的美名,来公开无忌惮的争权夺利。国家民族之元气,又在此种纷扰中损伤了不少。直到一九二八年国民革命军再度北伐,而上述两种情况,始见摧廓。

六　文化革命与社会革命

在此国家社会继续震荡与不断损伤中,过激思想亦逐步成长。康有为的"速变、全变"两语,可算是海通以来中国过激思想之最扼要的标语。同、光之际,所变在船炮器械。戊戌以后,所变在法律政制。民国以来,则又有"文化革命"与"社会革命"之呼号与活动。文化革命之口号则有"礼教吃人"、"非孝"、"打倒孔家店"、"线装书扔毛厕里"、

"废止汉字"、"全盘西化"等。社会革命则以组织工、农无产阶级攘夺政权，创建苏维埃政府为职志。政治不安定，则社会一切无出路，社会一切无出路，则过激思想愈易传播流行，愈易趋向极端。要对此加以纠正与遏止，又不知费却国家民族多少元气与精力。继续此种国内政治之不安定、社会之无出路，而引起更严重的外患。自一九一五年"五九"对日屈服，直至一九三一年"九一八"沈阳事变。东四省被占，以至一九三七年"七七"卢沟桥事变，开始全国一致之对日抗战。

七　三民主义与抗战建国

在此艰巨的过程中，始终领导国人以建国之进向者，厥为孙中山先生所倡导之三民主义。三民主义主张全部的政治革新，与同、光以来仅知注重于军备革命者不同。三民主义自始即采革命的态度，不与满洲政府狭义的部族政权求妥协，此与光绪末叶康有为诸人所倡保皇变法者不同。三民主义对于当前政治、社会各项污点、弱点，虽取革命的态度，而对中国以往自己文化传统、历史教训，则主保持与发扬；此与主张全盘西化、文化革命者不同。三民主义对国内不主阶级斗争，不主一阶级独擅政权；对国际主遵经常外交手续，蕲向世界和平；此与主张国内农、工无产阶级革命，国外参加第三国际世界革命集团者不同。三民主义之革命过程，分为军政、训政、宪政三阶段，仍主以政治领导社会；此与偏激的急速主义，专求运用社会力量来作推翻政治工作者不同。

可惜三民主义之真意义与真精神，一时未能为信从他的一般党员所切实了解。因此三民主义在建国工作上依然有不少顿挫、不少歧趋。然而辛亥革命、一九二八年之北伐，以及当前之对日抗战，全由三民主义之领导而发动。将来三民主义之充实与光辉，必为中华民国建国完成之唯一路向。

八　抗战胜利建国完成中华民族固有文化对世界新使命之开始

本节诸项，为中国全国国民内心共抱之蕲向，亦为中国全国国民当前乃至此后共负之责任。不久之将来，当以上项标题创写于中国新史之前页。

当代学者对《国史大纲》的评论

（一）顾颉刚先生在《当代中国史学》下编第一章第二节《通史的撰述》中说："中国通史的写作，到今日为止（复智按：顾著此书于一九四七年出版），出版的书虽已不少，但很少能够达到理想的地步。本来以一个人的力量来写通史，是最困难的事业，而中国史上须待考证研究的地方又太多，故所有的通史，多属千篇一律，彼此抄袭。其中较近理想的，有吕思勉《白话本国史》、《中国通史》，邓之诚《中华二千年史》，陈恭禄《中国史》，缪凤林《中国通史要略》，张荫麟《中国史纲》，钱穆《国史大纲》等。其中除吕思勉、周谷城《中国通史》、钱穆宾四先生的书外，其余均属未完之作。钱先生的书最后出而创见最多。"（复智按：顾著于民国五十多年由台北某家书局印出，即未印出著者之名，也没有出版者。此种情形，在当时极为普遍。盖政治情况使习也。）

（二）吕思勉先生盛赞《国史大纲》中"论南北经济"一节。又谓："书中叙魏晋'屯田'以下，迄唐之'租庸调'，其间演变，古今治史者，无一人详道其所以然。此书所论，诚千载只眼也。"（见《师友杂忆》，页四九。）

（三）严耕望先生在《钱穆宾四先生与我》上篇里写道：

> 先生在北平讲授"中国通史"四年，及来昆明复讲两年，每星期四晚间开课，校外旁听者争坐满室，先生上讲坛，须登学生课桌，踏桌而过。盖时在九一八、七七事变后，国人民族意识高涨，先生学养深厚，史识卓拔，才思敏捷，亦擅讲演天才，加以自幼民族情怀热烈，并又正当壮年，精力充沛，词锋所扇，动人心弦，故诸生折服，争相听受，极一时之盛。六年讲授既毕，《国史大纲》亦已成书。……

其时《国史大纲》刚出版。此书多具创见，只观其章节标题，点出每个时代之动态及其特征，已见才思横溢，迥非一般刻板僵化死气沉沉者可比。尤极难能可贵者，往往能以数语，笼括一代大局。如论春秋战国大势云："文化先进诸国逐次结合，而为文化后进诸国逐次征服；同时文化后进诸国，虽逐次征服先进诸国，而亦逐次为先进诸国所同化。"此数语切中事机，精悍绝伦。吾人可伸而论之，前世如商之灭夏、周之灭商，后世如北魏南牧，辽金侵宋，清之灭明，其结果影响皆可作如此观。在此进展中，华夏文化疆域逐次扩大，终形成疆土一统、文化一统之广土众民大国局面。其它胜义纷陈，不能尽列。而《引论》一篇，陈寅恪先生谓为近世一篇大文章。陈先生为文虽在专业，但具通识，宜有此论！[台湾商务印书馆，一九九二年三月初版，页十八、二十~二一。]

严先生在书中又述及钱先生在一九七二年十一月二十二日写信给他，商谈校订《国史大纲》的事。他说："……我此时再次通读史纲一过，对于先生才识，益加惊佩。二月五日校毕全书，曾作一条日记说：'此次校阅，比较仔细的看了一过，得益不少，益惊佩宾师思考敏锐，识力过人。早年我即钦服宾师境界之高，识力之卓，当上追史迁，非君实所能及。再读此书，此信益坚。惜当时未能好好的写，只将讲义草草改就付印，不能算是真正的史著！（下文追忆三十年前赖院建议，前文已说过。）……然即此讲义，已非近代学人所写几十部通史所能望其项背，诚以学力才识殊难兼及！'"

今又十八年，我的看法，依旧未变。只惜自七七抗战军兴，扰攘数十年，先生健壮的中年时代，一直不安，只成就一间新亚书院，造就不少青年，自己却未能专注学术工作，致天赋奇才未能尽量发挥，继史迁、君实成就通史大业。此实中国史学上不可弥补之重大损失，不知何日再出奇才，思之慨然！

（四）余英时教授指出：《中国近三百年学术史》特"严夷夏之防"，正是因为这部书在抗战前夕写成功。这时中国又面临另一次"亡国"的危机。因此书中"招魂"的意识表现得十分明显。但"招魂"意识全幅呈露的绝大著作必推《国史大纲》为第一。由于这是今天在海外依然畅销的一部书，便不用我多作介绍了。至于《国史大纲》的内容复杂，论据隐而不露，因此不易通读，……这部书的"引论"最初曾在昆明的报纸上单独发表过，而引起巨大的反响。同情的读者如陈寅恪称许它是近来年来少见的大文章,反对者也以它为驳论的根据。前面提到闻一多骂钱先生"冥顽不灵"的文字似乎便是读了"引论"以后写的。……钱先生关于中西文化与历史的对比成为集矢之所在。其实,从钱先生个人的思想发展上看,"引论"正是对他早年所承受于国粹学派的种种问题一一提出了自己的答案。……几十年来他的用心一贯,"引论"则是他对于"中国魂"的新诠释。为了说明中国史的独特精神,他不能不以西方作为对照,这也是百年以来中国史学的共同倾向。〔氏著《犹记风吹水上鳞——钱穆与现代中国学术》,台北,三民书局,一九九一年十月初版,页二六～二七。〕

（五）翟宗沛先生的《评钱穆先生〈国史大纲〉》一文,刊于《文史杂志》第二卷第四期、全文共分为五段。其中有关于对作者历史教育价值观的赞述。其次,评述《国史大纲》的宗旨和近代新派的史学一样,但《国史大纲》的内容及其结论,却和一般新派完全不同。翟先生在第四段中指出:"我民族文化,当于和平中得进展。"这是作者认为我国家民族独特精神之所在,永久生命之泉源,亦为全部历史所由推动之精神所寄;至于"民间大动乱,则往往只有倒退别无长成。"（页二八一）。……这样,所以"我国家民族之前途,仍将于我先民文化所贻自身内部获得其生机;"而其先决的条件,则"有待于吾国人对我先民国史略有知。"钱先生在引论中,既两次坚决地说:"吾言可悬国门,百世以俟而不惑;"在本书开头又请读者先具下列诸信念:（此略）。这不是牧师的传道,而是研究国史者极诚挚的呼声。

一九四一年　辛巳　四十七岁

一　国内大事

四月、五月间，于右任、冯玉祥、郭沫若、王统照、田汉等五十三人发起将每年的端午节定为诗人节。

九月六日至十月八日，日军动员十二万人再攻长沙。为我守军击退，日军伤亡四万余人，为长沙第二次会战。

十二月七日，日本偷袭美国在太平洋的海军基地珍珠港，又袭击美国的战略基地新加坡，于是太平洋战争爆发。日军进攻香港，英、美相继对日本宣战。我国也对日、德、意宣战。

二　事略

先生于齐鲁大学国学研究所任教，并兼齐鲁大学课。居不半岁，嘉定武汉大学邀请先生去讲学，函电频促。又得家讯，老母病亡，心中日夜伤悼，遂决应允其请。所住校长王星拱城中寓邸，隔邻为文学院长朱光潜寓。先生中晚两餐，皆至其寓与之同餐。二人畅谈甚相得。

马一浮创办之复性书院，邀去讲演。餐后二人纵谈过晡而别。

先生晚年回忆说："余之读英文书，仅在苏州一年，获得读西洋通史一部，此后遂辍。及去嘉定，重读英文之念犹存怀中，临行只携中英对照本耶稣《新约圣经》一册，朝夕得暇，时加披览，逐条细诵，一字不遗。及离嘉定，此册幸得完卷。转青木关教育部后，此业又辍。犹幸此《西洋通史》与《圣经》之两部，对余影响实深，精力未为白费耳。"（同上书，页二四八）

在青木关开会，讨论有关历史教学问题。会后，与徐炳昶讨论《国史大纲》等问题。

三 著述

一月,《齐鲁学报创刊号发刊词》,收入《文化与教育》。二〇〇〇年台北素书楼文教基金会·兰台出版社整理新版印行,页一一〇~一一一。摘其大要如下:

夫学问研讨,本属平世之业。然兵燹流离、戎马仓皇之际,学术命脉,未尝无护持赓续之望。姑就本国近世事言之,则有如满清之入关,又如洪杨之崛起,其所加于国家社会之破坏皆甚大,而学术不为中歇。乃其间亦有辨。

当明之晚世,士风颓弊极矣。思宗殉国,吴三桂开关揖盗,群奸拥立福王于南中,此何时耶?然留都防乱揭中诸名士,方征妓选歌于秦淮河畔。《燕子笺》、《桃花扇》,正夕阳黄昏交界候矣。惟梨洲老人得度此黄昏,重对朝曦。同时南方如亭林、桴亭、船山;北方如蒿庵、二曲、习斋,寥落若晨星,交耀互映于积阴久霾后之晴空者,方其蒙难蹈变之际,则皆三十、四十壮年人也。此皆亲睹夕阳,苦熬黄昏,于沉沉长夜中延此一脉,转此一机,而开有清以来之三百年学术之新运者也。至于洪杨之际则不然。

嘉道学者,稍稍悟经学训诂考据之非,转而究微言大义,转而务经世致用。而去轸已远,来輈方新。虽洪杨之起,如平地春雷,亦足震聋聩而发视听。而朝廷未改、衣冠如昔。譬之春蚕作茧,虽缚未死。蜡炬已残,余烬犹炷。湘乡以一身系天下之重,而文章推桐城,小学尊高邮,考据则宗师金匮,此皆抽未尽之丝,流未干之泪,非至于蚕死炬灰而不止者也。于时则身历围城如汪梅村,避地转徙如俞曲园,奔进锋镝而不获永其天年如戴子高,邵位西之徒,凡此毕精撰述以传贻后人者,类皆嘉道以来之余丝残泪也。虽有咸同之中兴,而无补于光宣之忽亡,亦职此之由矣!

兹值国步之艰,虽未若晚明,而创痛之深,亦已过于洪杨。窃闻之:"风雨如晦,鸡鸣不已。"而大厦非一木所支,全裘乃众腋所成。作始虽简,将毕也巨。将伯之呼,嘤鸣之求,岂得已哉!

一月，《古今南北产铁量》，刊于《齐鲁学报》第一号。收入《读史随札》，联经《全集》第三十二册，页三九~四四。摘要略。

一月，《汉初侯邑分布》，刊出同前学报。收入《古史地理论丛》，联经《全集》第三十六册，页三七一~三七五。摘要略。

一月，《苍梧九疑零陵地望考》，刊出同前学报。收入同前书，页三五五~三六〇。摘要如下：

史称舜葬苍梧之野。司马相如曰："独不闻天子之上林乎？左苍梧，右西极。"是苍梧在汉上林东，并不指湖南零陵为苍梧也。《方舆纪要》："河南内乡县西南百二十里，有丹水城。南去丹水二百步。"范汪《荆州记》曰："丹水县，尧子朱所封，亦曰丹朱城。"《山海经》谓舜与丹朱葬相近，则苍梧当近丹水。《淮南修务训》："舜南征有苗，道死苍梧。"《文选注》引《六韬》："尧与有苗战于丹水之浦。"是古谓三苗在丹水。舜征有苗，留葬苍梧，必与丹水相近。后人谓有苗在今湖南洞庭境，已误。然亦岂有南征洞庭，而道死道州零陵之理？

史又称舜崩苍梧之野，葬于江南九疑，是为零陵。若如后人传说，九疑山在今湖南宁远县南六十里，试问此岂得曰江南乎？又汉零陵县，在今广西全县北三十里，岂得曰是为零陵？而苍梧郡治广信，距宁远更远，尤不得谓在苍梧之野也。按扬雄方言："窑、遥也。九疑荆郊之鄙，谓遥曰窑。"是扬子云尚犹知九疑与荆郊同地，岂得谓此荆郊，亦指今湖南广西之交界乎？据是论之，亦可知九疑地望之确近荆山，在汉北矣。盖九疑、苍梧之类，本非南方地名。自楚亡鄢郢，其遗民之远拓而南者，遂以北方故土雅名、移名南服，因而苍梧、九疑、零陵，各散一方，本属邻近之地，乃隔为遥远之区。

所谓舜冢在零陵者，此零陵亦别有指；特后人昧失本真，遂以今湖南零陵说之耳。《水经沔水注》："夷水又东南流，与零水合，零水即涔水也，其水东径新城郡之涔乡县，县分房陵立，谓之涔水。"汉有涔陵侯。今按：零陵即涔陵也。涔乡废县，今湖北保康县南。屈原放居汉北，造为《离骚》，多及虞舜。秦始皇至云梦而望祀虞舜于九疑山，亦以云梦与九疑零陵，同在今湖北西北部汉水流域也。

一月，《说邢》，刊出同前学报。收入同前书，页三六一～三六二。摘要如下：

史称祖乙迁于邢。《水经注》："汾水西径耿乡城北，故殷都也。祖乙自相徙此。"《索隐》、《正义》皆本之为说。今河津县南十二里有故耿城是也。疑殷都不远迁及此。祖乙所都，当在河内平皋邢丘。《水经沁水注》："朱沟径怀城南，又东径殷城北。"窃疑殷城之名即起祖乙。《郡国志》："河内平皋有邢丘，故邢国。"及邢国既迁，其故地乃称邢丘。《左传》昭公五年："晋侯送女于邢丘。子产相郑，会晋邢丘。"邢迁于夷仪，《郡国志》："东郡聊城有夷仪聚。"故城在今聊城县西南十二里。邢之所迁，与卫正近，故卫复灭之。其后地入晋。《左传》定公九年："齐伐晋夷仪，晋车千乘在中牟"是也。徐广曰："邢丘在平皋。"平皋者，以其在河之皋，斯为殷都，更无疑义。故城在今河南温县东。

一月，《说滇与昆明》，刊出同前学报。收入同前书，页三六三～三六七。摘要略。

三月，《改革大学制度议》，刊于重庆《大公报·星期论文》。收入兰台版《文化与教育》，页一七六～一八四。摘要如下：

今日大学教育有一至要之任务，厥为"政术"与"学术"之联系。抗战期间，后方政治之重要，不亚于前线之军事，其理尽人所知。而抗战结束以后，百孔千疮，万端待理，政治事业之重要与其艰巨，更将十百倍于今日。而政治事业之推动与支持，则首赖于"人才"。人才之培养，綮惟大学教育之责。抑政治事业，就广义言之，不仅于居官从政。社会各方面各部门种种事业之推动支持，均有赖于适当之人才。

概括言之，今日国家社会所需者，"通人"尤重于专家。而今日大学教育之智识传授，则只望人为专家，而不望人为通人。吾国今日大学制度之渊源，袭自欧美。然欧美政治社会与中国未能尽同。欧美社会政治各方面比较已有一粗粗安定像样之局面，而中国则否。故中国大学教育所当着意植培之人才，自当与欧美稍异其趣。且就学术而论学术，一门学术之发皇滋长，固贵有专家，而尤贵有大师。大师者，仍是通方之学，超乎各部专门之上而会通其全部之大义者是也。

私意以为现行大学制度，实有根本改革之必要。而改革大纲不外两端：一、缩小规模。二、扩大课程。请先言缩小规模。窃谓将来之新大学，应以单独学院为原则。其主干曰文哲学院、理工学院，其它如农学院、矿学院、森林、畜牧、纺织、渔业等诸学院，不妨各就需要，择地设立。其年限不妨较文哲理工学院稍短。惟法律学院与医学院，应以毕业文哲理工学院或肄业二年以上者入之，与其它学院不平行。每一学院之学生数，以二百人至四百人为限，最多不得超过五百人。

次言扩大课程。窃谓每一学院之课程，应以共同必修为原则，而以选课分修副之。更不必再为学系之分别。以文哲学院言，其课目应包括现有文学、历史、哲学、政治、经济、教育等各系之主要课目，而设立略通大义之学程。如中外名著研读、中国文学史、中西通史及文化大纲、中外人文地理、中西圣哲思想纲要、政治学经济学大纲、教育哲学及教育方法等。并应兼习科学常识，如天文、地质、生物、心理学各门之与文哲学科相关较切者。此项共通必修之学程，应占大学全学程二分之一以上。同时亦得各就性近，分习选科。各学科之课程不必求备，各学者之选习，亦不必求专。要之大学教育之所造就，当先求其为通人而后始及专家。

若就鄙见所及，创立不分系之学院制，其学成而去者，虽不能以专门名家，然其胸襟必较宽阔，其识趣必较渊博。其治学之精神，必较活泼而真挚。若论人格之锻炼，品行之陶冶，此亦学业进行中应有之一项目。依鄙论，大学有教授，即不必再有导师。若大学教育能有造就通才之师资，则其人格之锻炼与夫品行之陶冶，亦已一以贯之矣。

今国难方殷，大学教育之缺陷，方更彰著。学校于播迁流离之余，亦莫不因陋而就简。学课之其细已甚者，渐不足以餍学者之望。窃谓来日之大学，贵乎艰苦卓绝，而不贵乎铺张扬厉。贵乎实事求是，而不贵乎粉饰门面。贵乎澹泊宁定，而不贵乎热闹活动。规模不压其小，而课程务求其大。所以作人才而培邦本者，其影响于建国前途实非细鲜。粗发鄙愚,窃愿邦人君子一商讨之。

四月,《改革中等教育议》,刊出同前《大公报》。收入兰台版,页二二六～二三二。摘要如下:

昔人论学,每言"博约"。博不即是通,专不即是约。故约以博为本。而今之专业,则偏寻孤搜,或不待于博。就此言之,倡导通学,无宁是提高程度。

或主中学教育应主通,大学教育应主专,此亦不暸通学难企,误谓略具常识即为通,是又浅之乎视通矣。且学校教育与私人学问,判属两事。私人学问当各就性业,毕生从事;学校教育则为青年壮年人树立一共同基础,俾可由此上进。今谓中学修其通,大学务其专,是欲以学校教育包办私人学问,代大匠斲,希不伤手。

各阶段之教育,本各有独特之任务,中学校非专为投考大学之预备而设。中等教育本与大学有别。知识学业之传授,并不当占最高之地位。青年期之教育,大要言之,应以"锻炼体魄"、"陶冶意志"、"培养情操"、"开发智慧"为主,而传授知识与技能次之。

今日国内有一至可悲观之现象,厥为知识分子体魄与精力之不够标格。社会政、军、商、学各界领袖,大体年龄,较之欧美各国,比数相差几有二十至三十年之巨。大抵中国人一过三十,便无勇猛精进可言。一过五十,便无强立不返可言。精神意气早熟早衰,社会活力日以沦澌。

窃谓今日中学教育,当痛惩旧病,一变往昔偏重书本之积染,而首先加意及于青年之体魄与精力。当尽量减少讲堂、自修室、图书馆工作时间,而积极领导青年为户外之活动。自操场进至于田野、自田野益进至于山林,常使与自然界清新空气接触。使青年一入学校,恍然于一种新生命新境界之降临。

孙中山先生领导革命,深感时弊,而唱"知难行易"之教。其用意在励国人之起而行,非奖国人之坐而知。今日国人大病,不在知之不足,而在行之无实。知贵乎个别之钻研,行贵乎共同之协调。故务知者其群涣,励行者其体凝。然尚知尚行,特教育精神畸轻畸重之间,非谓其截然划然如鸿沟之不可逾越。以旧教育拟之,尚知乃"诗书"之教,尚行则"礼乐"之教。大抵初级中学应以乐为主而礼副之。高级中学则以礼为主而乐副之。苟其人体魄完固，精神充健，意志定而情趣卓，则智能自开敏，知识技能虽粗引其绪，他日置身社会，自能得路寻向上去。

今日中学课程之改进，惟有二道：曰"精"，曰"简"。庶使学者精力充沛，神智自生。又近制中学分高、初两级，课程多一周环。谓宜仍旧贯，后期小学增一年，而高初中并合为五年制。又宜多设各项补习学校、职业学校、专修学校等，与普通中学并行，一如大学之例。

上之所陈，颇多乖背时风。惟事关国家民族复兴百年大计，心之所蓄，终不敢默。倘得于大、中两级，妙选人才，各办试验学校一二所，俟成效确著，再谋推布，或亦稳健之一法。

四月，《思亲强学室读书记序》，刊于《责善半月刊》第二卷第一期。收入联经《全集》第三十二册《读史随札》页五～六。摘要如下：

穆早孤失学，年十八即为童蒙师，不自意以姓名稍稍见知于世。自任教国立北京大学，居北平，署其读书之室曰未学斋。论语曰："贤贤易色，事父母能竭其力，事君能致其身，与朋友交言而有信。虽曰未学，我必谓之学矣。"自惭未能事父，而事母亦未能尽力，因署吾室曰"未学"，非谦也。既以道其实，亦欲于此数者自勉尔。今年春，先慈弃养，不肖长为天地间无父母人矣。虽欲以未学鸣谦，亦复无此福佑。自今以往，吾其以思亲毕我之余生乎？旬月以来，既不获奔丧回籍，又不克成礼尽哀，饮泣野哭，茹痛无地，计惟有勉力强于学，虽不足以报深恩于万一，亦姑以寄孤儿荼蘖之心。继自今当署吾室曰思亲强学之室。他日稍有成就，万有一可以传世者，当编四十七岁以前诸作为"未学集"，四十七岁以下为"强学集"。此则日课所得，姑备遗忘，以资他日著书之采摭耳。

四月，《罗念庵年谱》，刊于《责善半月刊》第二卷第一、二、三期《思亲强学室读书记》之一。收入《中国学术思想史论丛》（七），二〇〇〇年台北素书楼文教基金会·兰台出版社整理新版印行，页二〇七～二三四。摘要如下：

一九三七年之冬，避居湖南南岳衡山。每周六，必下山至南岳市图书馆借阅宋、明诸家集。既为《龙溪略历》，又为《念庵年谱》。山风甚厉，又值迁室，草草成稿。

武宗正德十三年戊寅，十五岁。

闻阳明讲学虔台，心即向往。比《传习录出》，夺假手钞，玩读忘倦。

世宗嘉靖四年乙酉，二十二岁。

师事同邑李谷平。

按：谷平受学于杨玉斋。其学、自传注溯濂、洛。谷平有《朱学问答》，谓："朱子之学，圣人之学也。"故念庵论学，亦必上溯之宋儒。有曰："孔、孟之后千余年而有濂、洛。"又曰："后生小子，敢为高论，蔑规宋儒，窃虑贻祸斯世不小。"此与当时王门，独尊其师之良知学即以为直接孔、孟者大异。

世宗嘉靖七年戊子，二十五岁。

计偕至京师。途遇零都何善山、秦黄洛村。时阳明门评，江有何、黄，浙有钱、王。

按：《洛村黄公墓铭》有云："宋儒穷理，理实心虚。虚与实合，匪学弗居。"王门言心即理，不好言宋儒，又不尚学。念庵乃异帜也。

又《答刘汝周》云："自阳明公破除即物穷理一段，学者多率意任情以为良知。不知心感事而为物，感之之中，须要委曲尽道，乃是格物。理固在心，亦即在事。事不外心，理不外事，无二致也。近时执'心即理'一句，于事上全不委曲，既非所以致知，却与'在格物'一句正相反。"此等处，皆征何、黄与钱、王相异。亦征江右与浙中有歧。

又按：是年冬，阳明卒。

世宗嘉靖九年庚寅，二十七岁。

见聂双江于苏州。念庵少双江十有八岁。今集中与双江书札最多，每自称"生"，称双江则曰"公"。

世宗嘉靖十八年己亥，三十六岁。

召拜春坊左赞善。冬，如京师，以家随。《冬游记》有云："十月抵镇江，王龙溪在南京，约相晤。"请问"善与人同"之旨。龙溪曰"善与人同，是圣凡皆是平等。如今才说作圣，便觉与人异。若看圣人与愚夫愚妇稍有不同，即非圣人之学矣。"

按：是年，距阳明卒十年矣。然念庵对龙溪尚多请益之意，其显持异见乃在后。

《与唐荆川书》云："近日与龙溪商量何如。夫多学而识，圣门以为第二义，然博学又孔门之训也。"此书在《冬游记》前，故龙溪讥念庵以"凑泊"，正指其不忘情于博学也。

念庵又有《良知辨》，乃记与龙溪相辨语，有曰："学任性而不知辨欲，失之妄。谈学而不本真性，失之凿。言性而不务力学，失之荡。吾惧言之失于荡也。"按：念庵力诫龙溪讲学之流弊，曰肆曰荡，而念庵则自居为一质鲁战兢人。其引阳明言："求于心而是，虽不出孔子，不敢以为非。"而龙溪诸人则谓："求于心而非，虽出孔子，不敢以为是。"于是肆而无所止，荡而无所归，瞿昙、老鳅，遂与孔子并列，而惟吾心之进退同异之。王学末流，其弊至此，念庵固早已言之。

世宗嘉靖二十九年庚戌，四十七岁。

念庵又论及绪山。绪山曰："知无体，以人情事物之感应为体。"念庵则曰："人情事物感应之于知，犹色之于视，声之于听也。固有视于无形者，而曰色即为视之体可乎？固有听于无声者，而曰声为听之体可乎？"

按：阳明《传习录》有云："目无体，以万物之色为体。耳无体，以万物之声为体。心无体，以天地万物感应之是非为体。"此条正是绪山所录。念庵驳绪山，不啻驳阳明矣。

《答李中溪》有云："仆自己西以后，幸亦稍觉。以为知识之与良知，感中有寂与随物流转，皆似是而非。漫有所论。世之谈学者闻之，谓与良知之说不类。"是念庵此年后，始多立说，而与王门流传宗旨多未合。

世宗嘉靖三十三年甲寅，五十一岁。

龙溪候先生会海天，遂同舟西归。谓龙溪曰："往年见谈学者，皆曰知善知恶是良知，依此行之即是致知。予尝从此用力，竟无所入，久而悔之。夫良知，言乎不学不虑自然之明觉。吾心之善，知之。吾心之恶，知之。善恶交杂，岂有为主于中者乎？中无所主。而谓主本常明，恐未可也。知有未明，依此行之，而谓无乖戾于既发之后，能顺应于事物之来，恐未可也。"

又谓龙溪曰："阳明先生之学，其为圣学无疑。惜也速亡，未至究竟，是门下之责也。公等往来甚密，受锻炼最久，得证闻最明，今年已过矣，犹不能究竟此学，以求先生之所未至，是公等负先生矣。"

按：念庵明谓阳明讲学未至究竟，乃此篇不载于其门人胡直所序，即《四库》所收之本，亦可怪也。

世宗嘉靖四十一年壬戌，五十九岁。

王龙溪来访，信宿语别，作《松原志晤》。有曰："余以专提良知，不拈学问为学者忧。"

按：阳明学之最值商讨者，在其言良知心体问题上。念庵又曰："尧、舜功业不外乎孝悌。孝悌不待学而能，功业必待学而有。"此为性情与功业之辨。功业本于性情，却不尽于性情。此后东林学派起，始再注重到功业行事，而后龙溪、绪山，即所谓"水间林下，三三两两，相与讲求性命，切磨道义，而念头不在世道上"者，即无所骋其辞。此一转变，实不得不谓自念庵启之。

五月，《记三国至五代北方丝业盛衰》（思亲强学室读书记之二），刊于《责善半月刊》第二卷第五期。收入联经《全集》第三十二册《读史随札》页四五～五三。

编者按：本文大要已见《国史大纲》，摘要略。

五月，《新时代与新学术》，讲于金陵大学学术励进会。刊于六月重庆《大公报·星期论文》。收入兰台版《文化与教育》页八八～九六。摘要如下：

学术随时代为转移。新时代之降临，常有一种新学术为之领导或推进。大体言之，承平之际，学尚因袭。变乱之际，学尚创辟。前者大体乃以学问为出发点而使用学者。后者大体则是以学者为出发点而使用学问。然所谓新学术，亦是温故知新，从以往旧有中蕴孕而出。并非凭空翻新，绝无依傍。

若以此意看中国史，如春秋晚期以迄先秦，如北朝周隋之际以迄初唐，如北宋庆历、熙宁以下迄于南宋之高孝，如明清之交嬗，莫不有此一番景象。他们一面追寻到古代旧传统，而另一面则远搜及于外邦异域。孔子自称"好古敏求"，同时跨出鲁国曲阜的小圈子，遍历诸邦，一代名贤耆硕，无不奉乎请业。其它先秦诸子，大率皆然。

今日我人之新时代，诚已呼之欲出。而我人之新学术，则仅如电光石火，闪烁不定，尚未到灿烂通明之候。然火种已着，风狂则火烈，不患不有烧天之势。平世所重，不妨即在学术自身，故人务献身于学问而止。乱世所重，则在"人才"与"事业"，故学术亦以能造人才兴事业者为贵。

乾嘉时代，学术与人事脱节，循至政荒于上，民乱于下，其时学风亦渐萌变动。如经学之自校勘训诂考据渐变而为微言大义经世致用，一也。又变而为史学之典章制度民生利病，二也。向使道咸而下，暂不与外来西洋潮流相接触，中国社会仍必乱，满清政权仍必倒，学术思想乃至政治制度社会风俗仍必变。

不幸鸦片战争已占洪杨发难之先著，中国内部尚未寻得一变的方案与变的机会，而欧美新潮已如惊涛骇浪，排山倒海，汹涌而至。使中国人立脚不稳，倒栽入漩涡中。其时中国人遂欲一面自变旧学，而一面开迎新学。梁启超、张之洞皆主以"中学为体西学为用"，彼辈所谓"中学"，决非乾嘉校勘训诂考据之遗绪。彼辈之意，殆欲从传统历史中求一道路，来创建政治改革社会，自本自根，而副以西方科学兴实业图富强。而欧美新潮，乃如飘风骤雨，挟其万马奔腾之势，蹴踏横扫而前，中国自本自根之新学术，急切不易变出，而时代则急转直下。

"戊戌政变"之后，继以"辛亥革命"。孙中山先生之《三民主义》，虽涵蓄深广，上承远古，旁采外国，亦主以旧历史新世界交织至灌，自辟新境。然其党徒已多所不憭，于是群议众论，率求以民国政体全部推本之于外国。如是则中学为体之壁垒，已为外面洪流撞一大洞，不可久守。如是而再从政体进一步追寻其根柢，而及于学术思想与社会组织，乃至一切文化之全部，继变政之后而有"新文化运动"，以及"社会革命"，乃至"全盘西化"诸理论。至是则"中学为体西学为用"八字，乃不敢挂于唇吻,亦不敢藏之心胸。中国人至是已为西洋潮流疾卷而趋,翻翻滚滚,头出头没,再不能挺身站起。对此澎湃洪流,正面一看。

道咸时代的中国人,神智尚清,有意为浚源疏流的工作。不幸源不畅,流不壮,而欧美新潮如浐水逆行,冲决堤防,倒灌而入。民国以后人,受此冲击,神智转迷。则常怪塞源不密,流堵不尽。故道咸时人尚知反向历史自寻出路,而民国以来人则重斩此萌芽初茁之新史学,强抑为乾嘉经学之陪台附庸,而美其名曰"以科学方法整理国故"。而不幸西洋新潮,其末流亦复万壑竞泻,众流争趋。斗啮不已。使人回惶摇惑,骤不得其宗主。即以政制言,或主英美民治,或主苏俄共产,或主德意独裁。不知溯其渊源,三者貌异而神同,其本仍出于一。民国以来之中国人,一面既压弃昧失其自本自根之旧历史,故一面虽面对新世界,而亦不能认识其真相。所遭受世界外力之缠缚愈紧,中国问题与世界问题纽成一团,如连环不独解。此为中国人近百年来虽有酵素火种而终不发酵起火之又一因。

中国经此长期抗战,民族争存乃至文化争存之意识,激涨渐至最高潮,适值欧美狂澜转为回波,冲荡之力松缓,中国人得以爬出漩涡,立定脚跟,再清神智,来做道咸时代人欲做未做之工程。

新时代已面临于整个世界之前,此新时代之得救,无疑的只有乞灵于世界以往东西两大民族之文化洪流。中国问题将在世界问题之解决下得解决。同样,世界问题亦将在中国问题之解决下得解决。中国学者急当廓开心胸,放宽眼界,一面是自己五千年深厚博大之民族文化历史世界,一面是日新月异惊心动魄的欧、亚、美、非、澳全球新环境。向内莫忽了自己诚实的痛痒的真血性,向外莫忽了民族国家生死存亡的真问题。在此交灌互织下,自有莫大前程。

六月,《东西文化学社缘起》,未发表。收入兰台版《文化与教育》页四四~四五。摘要如下:

旷观世界各民族文化大流,求其发源深广,常流不竭,迄今犹负支配世界指导人类之重任者,在东方厥惟我中华,在西方厥惟欧美之两支。近百年来,中华人士虽多醉心西化,远渡重洋,虚怀从学者,接踵相继,前后无虑千万数。然以正值吾族衰颓之际，而骤然彼邦隆盛之象，以救急图存迫不暇择之心理，而杂以急功近利羡富慕强之私念，因此其对于西方文化之观感与了解，乃仍不能脱净三百年来商业军事上习俗相沿之气味。而欧美学者之对于中国，亦不免以一时贫富强弱之相形见绌，而未能虚心探讨中华传统文化之优美。此在双方，同为至可悼惜之事。

夫各民族文化进展，常需不断有去腐生新之势力，一面当不断从其文化源头作新鲜之认识，一面又当不断向外对异文化从事于尽量之吸收。今我中华文化，在此积贫积弱之后，其有需于一番去腐生新之工作，既已为吾中华有识之士所共认。而最近三十年来，世界大战争已两度激起，实为西方文化亦需要急速有一番去腐生新之努力之强有力之启示与证明。

罗君忠恕游学海外，有心此事，曾于一九三七年之冬季，两次在英伦牛津、剑桥两大学发表其对东西两大民族应对双方文化各作更进一步之发挥与相互融贯之工作之演讲，颇获彼中有识者之同情。此外国际知名学者，如爱因斯坦、杜里舒、怀特黑、杜威、罗素诸氏均通函问，颇赞斯举。罗君返国，因发表中国与国外大学学术合作建议一小册，略道其梗概。同人等对罗君意见，甚表赞同，因感有共组学会共同努力之必要，遂发起一"东西文化学社"，草拟简章，将本此广征国内同志集力进行。际此全世界东西两方正在共同流血苦斗之境地中，而吾侪忽倡斯举，似为迂缓。惟人类文化事业，乃为千百年根本大计。孟子云："三年之病，而求七年之艾。"同人等窃附斯义，谅国内外学者当不吝于赞助。

六月，《东西人生观之对照》（原题《两种人生观之交替与中和》），成都青年会讲演辞，刊于八月《思想与时代》月刊第一期。收入兰台版《文化与教育》页四六~五八。摘要如下：

人类对于自己人生的观念，虽说千差万别，不胜诡异，然似乎大体上可以只分成两类。在暂无恰当名称以前，我们不妨暂呼第一种为"现实"的人生观，第二种为"理想"的人生观。大体说来，比较偏向渺小方面者，是现实的；偏向伟大方面者，是理想的。现实的常以"自我"为中心，为自我而奋斗；理想的常依"宇宙"为归宿，为宇宙而牺牲。

换言之，前者偏向"肉体"，其认识宇宙，主张亲验与实证，常易走向物质自然环境,为科学与艺术之起源。后者偏向"心灵",其认识宇宙,则常从事玄想与推理,则走向精神文化环境,为宗教与历史之前导。前者喜欢自我的知识与自由,后者着重对宇宙之信仰与崇拜。

因此,前者主张"小我"独立,可称为"自依"的,往往被视为俗的,即"入世"的,其口号常是"满足欲望"。后者想望"大群"之团圆,可称为"依他"的,常被目为道的,即"出世"的,其口号则为"服从理性"。是故前者所发展的是人间世的现实的权力、财富、地位、名声等等;后者所发展的是非俗世的理想的天理、良知、人格、道德等等。他们的态度,影响于对人。前者常注重辩论,奖励聪明,积极企慕成功,社群方面,常趋于阶段与斗争;后者则注重感化,提倡慈悲,提倡同情,社群方面,则趋于平等与和协。

以上所举两派人生,其显著的对比,可举西洋史上希腊文明与希伯来文明来作例证。希腊属第一派,希伯来属第二派。希腊人在一个美丽舒服的环境下成长,自始便不感觉大自然之威胁,亦不感觉大群社团之嘈杂与麻烦,过着快乐的个人主义的小我自由之现实生活,为智识之探究,种下了科学与艺术之嫩芽。

希伯来人处于沙漠地带之单调与沉闷,不得不感到自然之伟大与人生之渺小。又兼长期的民族流亡,西至埃及,东至巴比伦,转徙播迁,含辛不吐,更感到人类大群的复杂力量与夫自己祖先民族历史之深远的追溯。所以便产生了他们创世纪一类的历史,与夫耶稣的《新约》。他们所想望者,在使自己的社群如何融洽于宇宙;不惜牺牲渺小的自我来贡献于宇宙与大群。

然而好景不常,欢娱难再,人生到底还是渺小,宇宙到底还是伟大。希腊人的跳跃与歌唱,终于在马其顿骑兵队的铁蹄下停歇。西方罗马继希腊而起,罗马文化依然导源于希腊。罗马的人生,还是一个现实的自我伸展,创造一个震古铄今的大帝国。然而依然是好景不常,耶稣教徒一种沉重的脚步,连带一种愁叹的声息,早已在罗马帝国的下层大众劳苦贫穷的集团里面飞快散布。北方蛮族入侵,帝国瓦解。从此欧洲人走上他们别一天地的中古时期。由第一种人生观转向而至第二种人生观,为两种人生观之交替。其文化亦已渐渐自希腊罗马滨海商业城市的活动,转向北方大陆土著农业的一种自然环境之转变。

他们称中古时代为"黑暗",把这一种转换叫做"文化再生"。科学的唯物论,是他们的新宗教。生物的进化论,是他们的新历史。这又是欧洲人在两种人生观上第二度的交替。然而依然似乎是好景难常。最近三十年间连续两次大战争,对欧洲人地上享乐小我自由的人生观,已是够打击了。

现在让我们回转头来看一看我们的祖国。我们的处境,自始即没有希伯来人那般干燥与寂寞;我们民族的命运,亦没有像他们遭遇的沉痛。然而我们亦没有希腊人那般秀丽的山海与景色。亦没有像他们那样地歌唱高兴;但亦没有像希伯来人那样悲叹失望。我们有希伯来人一般的历史回溯,但是没有发展成他们的宗教。我们有希腊人一般的艺术欣赏,但是没有发展成他们的科学。

我们是以崇拜历史、崇拜古代圣贤代替了崇拜上帝的宗教。崇拜古代圣贤,可说是一种"人文教"。崇拜天国上帝,可说是一种"神道教"。中国人一面崇拜历史,超乎现实,带有极浓厚的严肃性。但一面又相当看重现实、歌咏人生、接受享乐。因此诗歌、文学、艺术、建造,在中国亦高度发展。中国人仍不失其一种活泼性。

但中国人对宇宙到底不脱其虔敬的心理。虽说"利用厚生","尽人之性以尽物之性",而到底还是先要"正德",最后还是要"赞天地之化育"。因此中国人没有像希腊人般想纯从人类智慧上去窥探宇宙之秘密,而毋宁说是像希伯来人般却纯从人类性情上去体认宇宙之伟大。因此中国虽有尽物性与利用厚生的主张,而却只走上艺术的路,没有走上科学的路。是故中国人生有其比较近于"中和性"的历史与艺术,而舍却比较偏于极端性的宗教与科学。理想现实相互兼顾,绝没有像西洋史上那般的各向极端相互冲突与相互交替。

中国史只似一部西洋史之中和。儒家精神代表了中国文化之最高点。儒家精神之礼乐,便是希伯来式的礼拜与祈祷,糅和着希腊式的歌唱与跳跃。孔子曰:"不如富而好礼,贫而乐。"孔子对于现实人生,既没有像耶稣般痛斥富人,亦没有如希腊人般一意货殖。

九月，《大学格物新释》，刊于《思想与时代》第二期。收入《中国学术思想史论丛》（二），二〇〇〇年台北素书楼文教基金会·兰台出版社印行，页一七八～一九三。摘要如下：

汉儒所辑《小戴礼记》中《大学》一篇，以不到两千字之短文，三纲领、八条目，规模之开拓，工夫之层累，大小兼举，先后明备，实不失为古代儒家理论中一篇重要文字。无怪程朱以来一千年，群然尊奉以为宝典。独惜其八条目中最后一条，即为学者下手工夫之最先一步，所谓"致知在格物"者，其"格物"一义，在《大学》本篇之内，若未有详细说明，遂引起此千年间学者之种种争辨。本篇重提旧公案，虽若仅为古书字句作训诂诠解，然实为两千年儒家思想解决一重要疑题。读者幸勿以为陈古董之拱玩而忽之。

朱子《大学章句》为《格物补传》，谓："《大学》原文传之第五章盖释格物、致知之义，而今亡矣，闲尝窃取程子之意以补之。"《补传》陈义虽高，乃引起后人种种之争议。窃谓其间有两大别：一则《大学》原文是否有缺而有待于为之补传。二则朱子《补传》是否有当于《大学》之本意。而后一事尤为重要。

惟朱子《大学章句》明明注曰："物，犹事也。"朱子乃为每一人每一事言，终生当下此工夫，非谓第一步是此工夫，此下乃有诚、正、修、齐、治、平种种工夫也。至于自然物理，自亦包举在内。大匠诲人必以规矩，不得以《补传》陈义之高病朱子。

王阳明继起，确然有志圣贤之学，亦依《补传》即凡天下之物而格，遂疑圣人非可学。此后屡经转变，乃疑朱子格物说未可信，始主张《古本大学》。抑阳明对《大学》"格物"二字，亦并不能明白作解释。朱子《补传》，心知、物理两面分说，阳明则打成一片说之，谓："格物者，格其心之物，格其意之物，格其知之物。正心者，正其物之心。诚意者，诚其物之意。致知者，致其物之知。岂有内外彼此之分？"此只可谓阳明自发议论，与《大学》原义无涉。今《大学》本文，既不作心、物问题之讨论，则阳明之论心物、内外异同，岂不更较朱子为纡回？

窃谓《大学》一篇，既辑入《小戴礼》，格物"物"字，虽在《大学》本文中未有详说，宜可于《小戴礼》其它篇中寻求旁证。今试举

《乐记篇》言之。《乐记》有曰："人生而静，天之性也。感于物而动，性之欲也。物至知知，然后好恶形焉。好恶无节于内，知诱于外，不能反躬，天理灭矣。夫物之感人无穷，而人之好恶无节，则是物至而人化物也。人化物也者，灭天理而穷人欲者也。"

《乐记》此两条，明明提出了"心"与"物"，及"物"与"知"之问题。"物至知知"四字，尤与《大学》"物格知至"四字可以互相发明。人心之知，即是知此外来之物。孟子亦曰："耳目之官不思而蔽于物，物交物，则引之而已矣。心之官则思，思即得之，不思则不得也。"是在《戴记》以前，孟子已提出了物与心、物与知之问题。朱子注此章有云："凡事物之来，心得其职，则得其理而物不能蔽。失其职，则不得其理而物来蔽之。"窃谓《大学》，《乐记》与《孟子》此章，其实皆一义。

《大学》三纲领曰："大学之道，在明明德，在亲民，在止于至善。"何谓至善？《大学》又明言之，曰："为人君止于仁，为人臣止于敬，为人子止于孝，为人父止于恶，与国人交止于信。"在我能明其明德，则在外自然有亲民之效。故《大学》三纲领，实只一事，即"止于至善"是也。故《大学》首重"止"。若训格为止，物为所止处，此即《论语》所谓"君子思不出其位"。格于物，即不出其位也。

阳明曰："见父自然知孝。"此固是人之明德。然如曙光乍现，非大明中天。孝亦尽有层次节目，亦尽有曲折艰难。"见父自然知孝"，此人天性所禀赋，即所谓"明德"也。然人子行孝，未必即得父母之欢心，此人事之遭遇也。世皆以人事遭遇为命，而不知禀赋之为命。不知"遭遇之命"可改，而"禀赋之命"则不可改。人莫不有孝心，而终归于不孝者，在彼以为是遭遇之不良，以《大学》之道论之，则是知之未致，意之不诚也。

阳明言"诚意"，然依《大学》之序，必先致知乃能诚意。阳明则言"致良知"。然孟子言："所不学而知者，其良知也。"朱子言穷格物理，始是致知工夫，亦即学也。阳明仅言诚意，仅言致良知，不言致知，则何事而复有孔子之"学不厌"而"教不倦"？抑且孟子言所不学而知者是"良知"，则良知人所固有，亦不待于"致"。抑且孟子言"尽心而知性，尽性而知天"，尽心亦必有工夫。朱子言"格物穷理"，是即尽心工夫也。不格物，不穷理，斯此心即不尽，岂可徒恃良知而不务尽心？说者谓阳明以孟子说《大学》，不知阳明之说孟子，亦未为当。故朱子言格物穷理，既包有人文事为之理，亦兼有自然万物之理。

或疑《大学》明言："物有本末，事有终始，知所先后，则近道矣。"又曰："此谓知本，此谓知之至也。"则《大学》格物致知，明是格此"物有本末"之"物"，致此"知所先后"之"知"，何有缺文待补？然"知止"与"知之至"不同。"知止"可谓即"知本"，乃是起步处，"知之至"始是歇脚处。然则纵谓《大学》无阙文，亦必有阙义。朱子《格物补传》，至少补出了《大学》之阙义。读《大学》，不得不读朱子《补传》，其义抑甚显。

十月，《王龙溪略历及语要》，刊于《责善半月刊》第二卷第十五期。收入兰台版《中国学术思想史论丛》（七）页一八三～一九四。摘要如下：

龙溪略历

二十六年冬，避难衡山，读《王龙溪先生集》，略谱其年历，并识其讲学之大要。

弘治十一年戊午，先生生。

嘉靖二年癸未，先生年二十六。

试吏部不第，叹曰："学贵自得耳！"立取京兆所给路券焚之，归卒业师门。文成为治静室居之。逾年大悟，尽契师旨。

嘉靖五年丙戌，先生年二十九。

复当会试，文成命往，曰："吾非欲以一第荣子，顾吾之学疑信者犹半，及门朴厚者未尽通解，颖慧者不尽敦毅，能阐明者无逾子。今当觐试，仕士咸集，子其往焉。"是岁，同门钱绪山亦在选，时阁部大臣多不喜学，相语"此非吾辈仕时也"，不就廷试而归。

嘉靖七年戊子，先生年三十一。

天泉证道，龙溪始创"四无"之论，得阳明印可。谓四无为上根人立教，四有为中根以下人立教。上根者，即本体便是工夫，顿悟之学也。中根以下者，须用为善去恶工夫，以渐复其本体也。此处阳明分说顿、渐，显然承袭禅义。

又按：后人论王学，率辨天泉证道；不知同年稍后，尚有严滩送别。《传习录》卷下，先生起征思、田，德洪与汝中追送严滩。汝中举佛家实相，幻相之说。先生曰："有心俱是实，无心俱是幻。无心俱是实，有心俱是幻。"汝中曰："有心俱是实，无心俱是幻，是本体上说工夫。无心俱是实，有心俱是幻。是工夫上说本体。"先生然其言。今按：此谓"有心俱是实"，乃指先天之心言。"无心俱是实"，则指后天之心言。本体属先天，工夫属后天。此证阳明晚年，天泉桥及严滩两番话，皆发挥禅义，亦惟龙溪得其心传。

万历三年己亥，先生年七十八。

新安旧有六邑大会，每岁春秋以一邑为主，五邑同志士友从而就之。有《新安斗山书院会语》。龙溪曰："天生蒸民，有物有则，良知是天然之则，物是伦物所感应之鲜。感应之鲜上循其天则之自然，而后物得其理，是之谓格物。非即以物为理也。人生而静，天之性也。物者，因感而有。意之所用为物。意到动处，便流于欲，故须在应鲜上用寡欲工夫，寡之又寡以至于无，是之谓格物。非即以物为欲也。物从意生，意正则物正，意邪则物邪。认物为理则为太过。训物为欲则为不及。皆非格物之原旨。"此可谓之是龙溪格物说。龙溪承阳明，亦主极端唯心论，认为心外无物，物因感而有。

今龙溪谓欲出于意。阳明主诚意，龙溪殆承师说，主寡欲以至于无欲，乃是格物。伊川、朱子则曰居敬穷理，是无欲乃可格物也。大抵阳明、龙溪皆主以己意说古书，训诂考据皆非重视。大体龙溪此处之意，乃欲说"本来无一物"，须"无所住而生其心"也。

龙溪语要（略）

十月，《晋代之民族自卑心理》（《思亲强学室读书记》之四），刊出《责善月刊》。收入联经《全集》第三十二册《读史随札》页二九～三一。摘要如下：

拙著《国史大纲》，极论晋代之民族自卑心理，列举帝王如晋怀帝等以为证，顾犹未及方外。实则当时中国人民族观念之薄弱，及其民族自卑心理之表现，方外僧人固与俗世一例，抑尤过之。如东晋法显《历游天竺记传》，称中天竺为"中国"。记云："道整既到中国，见法门法则，众僧威仪，触事可观，乃追叹秦土边地，众生戒律残缺，誓言：'自今已去，至得佛，愿不生边地。'"故遂停不归。

法显亦自伤生在边夷，又自称为边人。而印度人当时亦殊轻视中国，法显云："毗荼国佛法兴盛，见秦道人往，乃大怜愍，作是言：'如何边地人能知出家为道，远求佛法？'"

双方心理情况如此。至唐义净作《大唐西域求法高僧传》，即远不同。称彼为"西国"，而自称"大唐"。双方对举，较之以边夷自居者要异矣。即印土诸国王，率敬礼唐僧，殆亦知东方有大唐，与法显当时，情亦大异。

而释道宣《广弘明集》驳蔡谟，谓其："局据神州一域，以此为中国；佛则通据阎浮一洲，以此为边地。此洲四周环海，天竺地之中心，夏至北行，方中无影，天地之正国，故佛生焉。"彼生值大唐盛运，犹欲强守晋、宋衰世之病见，真所谓迷而不返者矣。

十月，《中国传统政治与儒家思想》，刊于《思想与时代》第三期。收入《政学私言》，二〇〇一年台北素书楼文教基金会·兰台出版社整理新版印行，页一一一~一三一。摘要如下：

一国家一民族之政治，乃其国家民族全部文化一方面之表现。苟非其国家民族传统文化可以全部推翻彻底改造，否则其传统政治之理论与精神，势必仍有存在之价值。

我国自辛亥革命前后，一辈浅薄躁进者流，误解革命真义，妄谓中国传统政治全无是处，盛夸西国政法，谓中西政治之不同，乃一种文野明暗之分，不啻如霄壤之悬绝。彼辈既对传统政治一意蔑弃，于是有"打倒孔家店"、"废止汉字"、"全盘西化"诸口号，相随俱起。然使其国家民族数千年来传统文化，果能快意毁灭，扫地无存，则国家民族之政治事业亦将何所凭依而建树？

今之言政制者，或拥英美，或祖德意，或护苏联，诚各言之成理。然此皆依傍门户，桀犬吠尧，未必桀是而尧非。近人言政，盛夸西洋"德谟克拉西"。"德谟克拉西"远源，当溯自希腊之城邦。此实一种小国寡民之政制。其得预闻城中政事者称市民，亦称公民。然若衡以希腊当时实况，则民主乃指市民言，不主居民言，政治属此少数市民所组成，亦为此少数市民而营谋。依柏拉图所拟议，一国公民，仅可在一千乃至五千零四十人之间，亚里士多德则谓适宜于民主国家之全体公民，必在一个讲演者之声音所能传达之范围以内，此实为欧洲民主政体一个最早之剪影。

罗马建国，遥为恢宏，然罗马乃以一核心征服其四围。就其核心言，则依然希腊一市府也。罗马建国亦犹希腊，非以全部居民建设之，仍由全部公民建设之。其被征服各地之居民，并不能为罗马之公民，仅为罗马帝国之臣仆俘虏，以待罗马公民之宰制与剥削。

泰西政治，远溯不出希腊、罗马两型。此两型者，有一共同之特征，即是皆以一小范围为中心而向外发射。希腊以商货贸易，罗马济之以军队。而此小范围中心，又自有其中心为之主宰，此即所谓"民主政治"，故民主政治实以"个人主义"之权利思想为出发点。所谓民有、民治、民享，即若干个人共有此种权利，因共同管理之，为此共同体谋乐利，无他义也。既为一种"个人主义"，故政治事业亦不啻为各个人各以其自身力量营谋自身福利之一种活动。故面对此种政治而起者，常不免有两大冲突，对外则有"民族之争"，对内则有"阶级之争"。再换辞言之。此种政治常含有一种"对抗性"与"征服性"，而绝少教育与感化之意味。因此"民族"与"阶级"间之罅缝，常愈演愈深，而终不免于破裂。

卢梭《民约论》，为近世民治思想之宗主。卢氏生于瑞士之日内瓦，时为瑞士一小省，其最高行政机构，即为全体公民大会，与古希腊雅典无异。此为近世欧洲民治思想导源古希腊小国寡民城邦政体之显证。然论近世欧洲民主政体之楷模，则在英不在法。试一浏览英伦七百年宪政进展大体，则明是一阶级势力之斗争消长史。试推广而看欧洲各国之政党，其背后亦几无不代表各种阶级之权利。其有政党而不代表阶级利益者，则必代表民族界线。则宜乎欧洲"阶级""民族"之争，终相寻于无已矣。

试返而观吾国家民族数千年来所传统独擅之政制为何如。若就大体较量，吾传统政治有与西方截然不同者两大端：一曰吾国自古政体，开始即形成一种广土众民大一统的局面。乃由国家整部全体凝合而形成一中心，与罗马帝国之由一中心放射而展扩及于四围者又不同。故罗马帝国之创建，由于"向外征服"，而汉唐政府之完成，由于"向心凝聚"。此中西之不同一。二曰吾国自古政治，即抱有一超阶级超民族的理想，以及对人类全体大群尽教导督率之责任。不以小己个我之乐利为心，而以大群全体文化进向之大道为心。盖吾国自古政治，即已兼尽宗教教育之任。故西国政教两剖，有政治不可无宗教。中国则政教一治、政治即已尽宗教之职能。此又中西之不同二。

西人论中国政制，每目之曰专制，国人崇信西土，亦以专制自鄙。今若谓中国政体为专制，试问此巍然一王孤悬孑寄于广土众民之上，将如何而专制之？若为与宗亲近戚专制之，则自秦以下诸王室之宗亲近戚例不得预政事。若谓拥强兵悍卒而专制之，则自唐以前之军队，皆由国民义务充役，不私拳于王家。自宋以下，军队虽出招募，而政府别有管军之部，亦不由王室统领。若为与官僚群吏专制之，则此官僚群吏之察举、考试、进退、黜陟，在政府又自有主者，非帝王私意所能指挥。然则此孤悬孑寄之皇帝，终以何道而得专制？盖中国帝王本以民众信托而居高位。而天下之大非可独治，故物色群贤而相与共治之。若依卢梭《民约论》，谓西国政治权之理论来源为由于民众之契约，则中国传统政权之理论来源乃在民众之信托。

然若为之君者未必贤，又所谓物色群才以共治天下者，其群才之陶铸培养又如之何？曰此胥赖于"教"。无君无臣，无不待于教，中国政治之终极责任在教，中国政治之基础条件，亦在教。故学校与教育，其地位意义，常在政府行政之上。中国传统教育，常主于超民族超阶级而为人类全体大群文化进向辟康庄示坦途，而政府亦受其指导。任其职者，则为"士"，自孔子以来谓之"儒家"。故欲明中国传统政治之理论与精神，必先从事于儒家思想之探究。

近人既目中国传统政治为专制，因疑儒家思想导奖君权。若谓儒家思想导奖君权，则毋宁谓是提倡臣权为更得。盖儒家思想之在政治，重心在臣不在君，臣之领袖曰相。孔子曰："我久矣不复梦见周公"，周公即相权之代表。自秦以下，百官之长为丞相，丞相乃副贰义。以今语译之，丞相即副天子也。天子世袭不尽贤，而丞相为百官选，以贤不贤为进退，可以救天子世袭之敝。天子为一国之元首，而丞相乃百官之表率，天子诏书非丞相副署不得行下。因天子之世袭而有王室，丞相百官不世袭而有政府。天子拥其尊位，政府掌其实权。政府百官之推选，则一本于学校、学校之教一本于道。人道之至中大极溯于天。宗教、政治、教育一以贯之，而世间出世之障隔亦不复存在。此儒家论政理想之大端。

中国传统政治，有与人共见之效果二：一曰可久。一曰可大。何以谓之"可久"？中国四千年来有三代，有秦汉，一部《二十四史》，虽朝代更迭，要之由中国人操握中国政治而不失其传统。常此持续，与西土之彼仆此起先后为传递者不同。此可久之效一。

何以谓之"可大"？中国三代建国，大率在黄河中流之两岸。秦、汉以下，国土日宏，历代建都，或在长安，或在洛阳，或在燕京，或在金陵。盖中国者，由中国人创立之，东北自龙江，西南达滇池，西北自天山之外，东南达粤海之滨，凡中国人所生息安居于是者，其风俗教化皆从同，其在政治上权利义务之地位亦相等。盖中国乃由四方辐辏共成一整体，非自一中心伸展其势力以压服旁围而强之使从我。其四邻之风俗教化不能尽同者，中国人亦常愿被以惠泽，感以德意，常务相安并处，以渐达悦化之境，如安南、朝鲜之朝宗于我。此可大之又一效。

然中国传统政治，亦非无流弊。一、即鄙斥霸术，不务于富强兼并，乃时为强邻蛮族所乘。二、民众不获直接预政，士大夫学术不常昌，乃时有独夫篡窃，肆其贱志。中西政理，各有渊源，此皆全民族整个文化之一部。文化更新亦需自本自根，从内身活力发荣滋长。

然则欲完成建国大业，端在自本自根，汲出政治新理论，发挥政治新精神，使政局有安谧之象，而后凡百改进有所措手。而儒家思想之复活，中国传统教育精神之重光，尤当为新政导其先路。

十月，《中国文化与中国青年》（华西大学文化讲座演讲辞），刊于《大公报·星期论文》。收入兰台版《文化与教育》页一～一〇。摘要如下：

国人对于中西文化之讨论，已历有年矣。或主文化无分中外，惟别古今。若就世界现存文化类别分型，则断当以中国、印度、欧西为三大宗，时贤主其说者以梁漱溟氏之《东西文化及其哲学》一书为最著。夫文化不过人生式样之别名，举凡风俗、习惯、信仰、制度，人生所有事皆属之。盖论文化首当重二义：一、文化当为大群众所有。二、文化必具绵历性。文化之通则，必在其大群有以泯其内部小我个己之自封限、自营谋、一切自私自利心；而能相互掬其真情以为群，而后其群乃可大、乃可绵历而臻于久。此人类内心本性所固有，而以泯其小我封限营谋一己私利之心者，在孔门儒家则谓之"仁"。非仁无以群；非群无以久；非久无以化；非化无以成文。是为人类文化之大源，亦即人类文化之通性。

大较言之，青年少年则常见于"孝"，壮年中年则常见于"爱"，老年晚年则常见于"慈"。曰孝、曰爱、曰慈，皆仁也。中、印、欧三方文化大流，莫不汲源于此，而各有其所偏。大抵中国主孝、欧西主爱、印度主慈。故中国之教在青年，欧西在壮年，印度在老年。我姑锡以嘉名，则中国乃"青年性"的文化，欧西为"壮年性"的文化，而印度则"老年性"的文化。又赠之美谥，则中国为"孝的文化"，欧西为"爱的文化"，而印度为"慈的文化"。各得仁之一面。见其独，可以会于通，固未有舍人心之仁而可以博大群而演永化者。

孟子曰："人少则慕父母。知好色则慕少艾。有妻子则慕妻子。仕则慕君。大孝终身慕父母。五十而慕者，予于大舜见之。"夫必如是，而后其群乃得以永生而成化。今之青年，闻孝悌则颦蹙而咒诅、闻恋爱则倾倒而讴歌，安在其不为羔羊之迷途？

中国民族起于黄河两岸之大平原，此大陆农业乡村文化之征。农村之特征，生于斯、长于斯、老于斯、聚子孙于斯、筑坟墓于斯，安土而重迁，效死而弗去。故农业民族之生命，常带青年性。何以谓之青年性？以其为子弟之时间也特久。大舜五十慕父母，是大舜五十而不失其为子弟之心境，则五十而青年也。故曰："大人者，不失其赤子之心"。即大人而青年也。

滨海商业民族之情则异是。商人轻别离，而滨海商人为尤甚。吾尝游于闽海之涯，问其渔村之习俗，夫出三月而不返，妻即别嫁。此非农村人情之所堪。航海驾涛者不必返，乃使其妻别嫁不终待。夫妇之伦既别，父子之情亦异。故其青年之与老人，皆有自由独立之概，皆壮年也，其一生之为壮年期者独久，故曰商业民族常带壮年性。中国与西欧之异在是。

而印度复不然。地居热带，民性早熟，十五、六即抱子女为父老，三十、四十称寿考焉。当净饭王子以二十九岁一青年幽居宫廷，而其意想已臻老境。故曰："我见一切世间诸行，尽是无常。"其人生观如是，故舍一切世俗众事，远离亲族，以求解脱，舍家而去。此全是老人态也。然则印人之一生，独以老年为特久，故曰其带老年性。

孔子，中国之大圣，"其为人也，发愤忘食，乐以忘忧，不知老之将至"，是孔子终身常带一种青年气度。《论语》，中国之大典，二十篇首《学而》，子曰："学而时习之，不亦悦乎？有朋自远方来，不亦乐乎？"是孔门师弟子教训皆主为青年发。苏格拉底之教，主怀疑，尚对辩，此壮年人平等相与之态度。亚里士多德之名言曰："我爱吾师，我尤爱真理。"此壮年人自信自立之气概。

孔子问皋鱼之泣，其门弟子之辞归而养亲者十有三人。耶稣门徒愿归葬其亲，耶稣曰："汝自随我，且俾死者自葬其死。"耶稣传教于沙漠海滨之商民与渔人，非奖其离父母，不足以作其壮往之气。故耶稣以离弃父母恋爱配偶为教，终为欧西一大教主。释迦以离弃父母并离弃其配偶为教，而亦成为印度一大教主。然此皆不足以推行于大陆农村之民族。然则中国人不言孝，何来有中国五千年绵历不断之文化？

由是言之，中、印、欧三方文化之各异其趣，乃天地自然之机局，而非一二人之私智所得而操纵。故欧土不重孝、佛徒不言爱。是中国得其全，而印、欧得其偏。中国如新春，前望皆生成也；欧土如盛夏，前望则肃杀矣！印度如深秋，前望则凝寂矣！故中国居其久，而印、欧居其暂。孔子，青年之模楷；《论语》，青年之宝典。此吾先民精血之所贯注，吾国家民族文化之所托命。迷途之羔羊，吾谨洁香花美草荐以盼其返矣。

十一月,《蜀中道教先声》(《思亲强学室读书记》之五),刊于《责善半月刊》第二卷第六期。收入联经《全集》第三十二册《读史随札》页一七、一八。编者按:此为先生就《东汉书》所录条目数则,未为发挥,摘要兹略。

十一月,《张道陵与黄巾》(《思亲强学室读书记》之六),刊于同前。收入同前书页一九~二七。摘要如下:
《神仙传》:"张道陵,沛国人。本太学诸生,博通五经。晚乃叹曰:'此无益于年命。'遂学长生之道。闻蜀人纯厚可教化,且多名山,乃与弟子入蜀。住鹤鸣山,著作《道书》二十四篇。"据此,似道陵之学,本成于东土。《御览》六百七十一引《上元宝经》:"太清正一真人张道陵,沛国人,本大儒。汉延光四年始学道。"

今按:延光四年,乃汉安帝末年,明年始为顺帝永建元年。各书记张陵客蜀在顺帝时,则似道陵未入蜀前,固已先事研修矣。《后汉书·刘焉传》谓:"鲁祖父陵,顺帝时客于蜀,学道鹤鸣山中,造作符书,以惑百姓。"

至张角与张道陵,虽一起巨鹿,一起蜀中,而为术颇相似。《魏志张鲁传注》引《典略》云:"熹平中,妖贼大起,光和中,东方有张角,汉中有张修。角为太平道,修为五斗米道。"而《魏志》亦谓张鲁之道"大都与黄巾相似"。然张鲁既自其祖道陵相传,则道陵远在张角前,应是张角仿袭道陵;非张鲁仿袭张角,亦非张角、张鲁一在巨鹿,一在汉中,自相冥合,亦可知矣。

《魏志》、《后汉书》皆仅称张鲁为"米贼"、"黄巾"之名则若为张角一系所专。而《广弘明集》卷八释道安《二教论》,乃云:"张鲁戴黄巾,服黄巾褐。"又曰:"张角、张鲁等因鬼言汉末黄衣当王,于是始服之。曹操受命,以黄代赤、黄巾之贼至是始平。"张鲁之道,既"大都与黄巾相似",则其亦戴黄巾无可疑。惟鲁在角后,不知黄巾之制究是创于道陵,抑始自张角耳。

今按：《三国志张鲁传》："鲁据汉中，以鬼道教民，自号'师君'。其来学道者，初皆名'鬼卒'。受本道已信，号'祭酒'。各领部众，多者为治头大祭酒。皆教以诚信不欺诈，有病自首其过。"据此则治头、鬼卒远始张陵，陵既本有代汉而起之野心，以土德代火德，早戴黄巾，弥有可能矣。

十一月，《东汉人之养生率性论》（《思亲强学室读书记》之七），刊于同前。收入同前书页一三～一六。摘要如下：

学术思想有开必先，桓谭《新论形神篇》谓："余尝过故陈令同郡杜房，见其读《老子》书，言：'老子用恬惔养性，致寿数百岁，今行其道，宁能延年却老乎？'余应之曰：'爱养适用之，直差愈耳。精神居形体，犹火之燃烛矣。'"

是则西汉季世已颇多修道却老之士、君山形神之喻，即王充《论衡》之前茅，而两晋"神不灭"之辨亦多本之，其谓"爱养适用之差愈"，即嵇叔夜《养生论》大意也。又其书有与刘子骏辨方士养生及土龙求雨等，皆为《论衡》导先路。

道家"养生率性"之论，其流则为"乐志"。仲长统有《乐志论》，欲"逍遥一世之上，睥睨天地之间"，即已有阮嗣宗"大人先生"之致。余考唱为乐志之说者，其先尚有马融。其言曰："古人有言，左手据天下之图，右手刎其喉，愚夫不为。所以然者，生贵于天下也。今以曲俗咫尺之羞，灭无赀之躯，殆非老庄所谓也。"

融称大儒，然"善鼓琴，好吹笛，达生任性，不拘儒者之节。居宇器服，多存侈饰。常坐高堂，施绛纱帐，前授生徒，后列女乐"。先附梁氏，后忤旨，遂为梁冀劾其贪浊，则其操行之污可知。西汉杨王孙学黄老之术，家业千金，厚自奉养，则已早有此风矣。

自养生任性乐志之论既昌，则必流而为狂荡失检，《后书逸民戴良传》，居丧食肉，则俨然一阮籍也。后人论嗣宗，每谓其不得已而有所激，是固然矣；若戴良之徒，非有如阮氏之不获已，然亦放而至此，可知循道家之论自然所臻，固不在其有激否耳也。

十一月，《中国文化与中国军人》（成都空军军士学校讲演辞），刊于《大公报·星期论文》。收入兰台版《文化与教育》页一一~至一九。摘要如下：

中国文化，无疑为世界现文化中最优秀者。取证不在远，请即以中国文化之"扩大"与"绵延"二者论之。中国文化拥有四万万五千万大群，广土众民，世莫与京，此即其文化伟大之一征。

学者常以中国汉代与西方罗马相拟，然二者立国形势实不同。中国汉代乃一组织的国家，罗马则为一征服的国家。汉王室虽起于丰沛，实系中国全国民众之共同结合，组织一中央政府，设首都于长安，明由全国各地人才，操使全国之政柄。不仅服官从政之机会公开于全国，他如教育、兵役、赋税各项权利义务，莫不举国平等，彼此一致。故知中国汉代之大一统，乃由一大平面向心凝结，此乃一种行使人才政治之"文化国家"。

罗马建国则绝不同。彼乃以罗马一城当中心，向外放射，征服各地。由罗马人征服各地而统治以军队，又朘吸此各地之财富，以为此庞大军队之供养。此乃一种行使武力统制之"侵略国家"。罗马与中国汉代，实世界人类建立大群国家之两型，亦即现世界中西两大文化性质互异一特征。

中国为一行使人才政治之文化国家，此自两汉以来，隋、唐、宋、明迄于今兹莫不然。故中国民族之创建其国家，有一特性，即"对内曰团结，对外曰和平"。中国民族之和平伸展，骎骎乎有自文化国家渐趋而达于"文化世界"之境之势，治国平天下，此固中国民族自古已有之理想抱负。中国民族所创建之国家，不仅在其一时之平面，而尤在其表现于悠久历史上之立体之伟大。故中国文化，不仅有其展扩，而尤有其绵延。自两汉、隋唐、宋明，有持续，无替代；有顿挫，无交换。

盖中国文化虽尚和平，而同时又富弹性，不易制压。以汉唐中国北部边境言，西起河湟，东迄辽海，横亘数千里。然匈奴、突厥之凶锋，不能逞于吾，乃西向欧陆而肆其蹂践。此中国民族和平文化中，自有一番奋斗精神之壮旺不衰之显征。

尤可惊异者，蒙古崛起，挟其震古铄今之武力，铁骑所至，靡不摧枯拉朽，如秋风卷残叶，无足当其锋。而其时中国已为宋、金、西夏三分之局，而蒙古独自成吉思汗至忽必烈，积五世七十八年之战斗，乃始得志。至于今日之抗战，尤为中国民族和平文化中一段奋斗精神壮旺不衰之当前显征。试问中国文化既尚和平，乃何得而有此？曰此其背后，盖有中国军人一种特有的战斗心理焉。此种战斗心理，乃为支撑中国和平文化重要一柱石。

见可而进，知难而退，此兵争之常律，欧人莫能外。而中国军人乃不然。见可有不进，知难有不退。于是中西双方之战斗心理乃大见其相异。见可不进，斯其气力常蓄藏而有余；见难不退，斯其气力之蓄藏于平日者，乃奋发一时，而见为不可胜。故在彼以至强而可以骤变为至弱，在我以至弱而终坚持为至强。何以见可即进，见难即退？曰其所重乃在"利"。何以见可有不进，见难有不退？曰其所重在"义"。

中国民族之和平文化，乃一种尚正义的文化。中国军人之战斗心理，乃一种仗义之心理。古兵法有之，曰："先为不可胜，以待敌之可胜。"又曰："后之发，先之至。"此中国之军事哲学之最高理论，亦即中国和平文化之最坚壁垒。凡中国文化之所以绵延展扩以迄今兹，盖胥赖中国军人此种战斗精神之配合。当国力充之盈，常以文化护养武力而不使之浪费；当国步之艰难，乃以武力捍卫文化而不使之摧折。文化国家之常弱而常强者亦在此。

中国军人既重正义，故以大伐小，虽见为可胜，而鄙之曰"不武"。中国文化曰仁孝、曰忠义。"仁孝"，天地之盛德；"忠义"，天地之尊严。此二者，交染互织以成中国之文化，亦交辉互映以成中国之天地。

今日者，强寇凭陵，国步方艰，忠义严凝之气乃蕴积感发于吾前线数百万浴血苦战之将士。目击大难，缅怀前烈，窃愿吾国人皆知所以蹶然兴起，以无负吾民族传统可爱之文化，以无负吾国家当前可敬之军人，以共赴此忠义严凝奋斗救国之大业。庶乎仁孝与忠义相配合，温厚与严凝相调剂，将见吾国家民族传统和平文化永永辉耀于天壤之间，与人类以并存，与日月以齐光。

十一月，《中国社会之剖视及其展望》，刊于《思想与时代》第四期。

收入同前兰台版《政学私言》页一三二~一五一。摘要如下：

政治与社会互为因果，中国以大一统国家行使信托政权，其政治与欧洲不同，其社会形态之演化，亦与欧洲异趣。近二十年来，国内学者好谈社会，鄙视政治，其对中国社会之诠释，又好以西史为比附。或谓中国自秦以下，二千年依然是一封建社会，或谓秦以后之中国，乃一前期资本主义之社会，各持一见，比拟西说。而中国社会之根本精神及其特性，则殊不在是。此当就中国历史自身内部探究之。

以政制言，中国自秦以下，国家一统，郡县行政直隶中央，并非诸侯割据各自为政。历代政治之为中央一统，而非封建，彰灼甚明。

以贵族阶级之特权言，秦代似绝无贵族，汉自武帝以下，宗室功臣之势力皆衰绌，各方平流竞进，亦绝无所谓贵族。惟东汉以下渐有门第，因缘世乱，其在社会上之势力与地位，益形增高。魏晋南北朝不啻为一门第之世界。下逮盛唐，流风未歇。此辈俨然一古代封建贵族之遗蜕。大体言之，中国中世门第形成，源于东汉孝廉察举之制度者为大。时惟士人始得从政，家世传经。彼辈特以学业承绪，在政治上独得尊显，在社会上亦独得崇重而已。唐以后科举之制兴、仕途大辟，士族门第遂尔绝迹。

若就经济状况言，中国社会固以农业经济为主体，然农业经济非即封建。然不患寡而患不均之制产思想，以及传统之悯农观念，则固常浮现于政治之上层，土地兼并，不断为政府所裁抑。小户自耕农始终为中国农村之主要元素。农民在国家法律上之地位受到保护，不得谓与欧洲中古时期之封建等同。

或谓中国社会既非封建，则必为商业资本主义之社会。此亦同样为比附之论，非能抉发中国社会之特殊面目。中国商业之发展，当远溯诸战国。其时如齐之临淄，楚之郢，魏之大梁，赵之邯郸，东周之洛阳，南阳之宛，曹、卫间之陶，皆新兴之商业都市。然西洋中古时期以下商业城市之兴起，乃在封建势力之圈外，故商人城市与贵族堡垒为敌体而代兴。而中国之商业城市，往往同时即为国家之首都，否则亦受其国政治之卵翼。

中国地大物博，然而商业资本终不发达，则由中国传统政治对之常加裁节故。试读《史记货殖传》，当时商人资本之势力，亦已灼手可热矣。然自武帝推行盐铁官卖、榷酒酤、立平准、均输、算缗诸法，而商人之气焰大削。凡民生日用必需而可以操纵牟大利者，历代政府莫不有统制。以言工业，则中国常采一种委托工业制，由政府集中经营，视需要为生产，以极有限之剩余供贩卖。西方工场制度则异是，此其所不同者。《左传》言"通商惠工"，孟子主"关市讥而不征"，儒家固无抑商之论。大抵贱视商业，乃在道、法两家。汉代学者力主重农抑商者为晁错。晁错治申、韩，其主移民殖边以制匈奴，即农战政策。一般中国传统政治意见，于国内商业未尝不主保护，惟于资本膨大则绝所反对，所谓"不患寡而患不均"是也。

故中国社会有特殊之点三：一、特有士之一流。二、士常出于农民之秀者，后世之所谓耕读传家，统治阶级不断自农村中来。三、工商与士农分品，故中国传统政治常重农，而工商资本常不能发展。汉代之所谓孝悌、力田、茂才、贤良，此即古者农民之秀才为士而立于朝之旨也。官吏不得经商牟利，此即古者士农与工商分乡之意。

然则中国社会之传统精神及其理想目的，有可得分析历举者：一、常求农村经济之活泼繁荣，常使有秀民出乎其间。二、国家常重视教育与考选制度，使秀民常得成材以立乎朝而主政。三、通商惠工，常使四民乐业，而社会勿有过贫过富之判，又常使行政者与牟利之途隔绝，使政治常保其清明。汉自宣帝以下，非儒生明经学，即不获入政治，亦无以见尊于社会。自是而儒林独行代货殖、游侠而起。

先秦百家之兴起，汉之察举，唐之科第，两宋之书院讲学，此四者，盖赋与中国传统社会以生命而又营养之者也。盖西方乃阶级对立之社会，而中国则融和阶级之社会，乃超阶级而泯之之一社会也。

十一月，《历史教育几点流行的误解》，刊于《教育杂志》第三十一卷第十一号。收入《中国历史研究法》，二〇〇一年素书楼文教基金会·兰台出版社印行，页一六四～一七一。编者按：本文要义，大抵已于前四篇论文中述及，摘要兹略。

十一月，《罗君倬汉十二诸侯年表考证序》，刊于《责善半月刊》第二卷第十六期。收入联经《全集》第五十三册《素书楼余瀋》页八一～一〇〇。摘要略。

十一月，《历代绢价杂考》（《思亲强学室读书记》之八），刊出同前《半月刊》第十七期。收入联经《全集》第三十二册《读史随札》页五五～六八。编者按：本文为补《国史大纲》申论未足，摘要兹略。

十一月，《唐代南方茶山之经济形态》（《思亲强学室读书记》之九），刊出同前《半月刊》。收入同前书页七五～七七。摘要如下：

"茶"字始见于王褒之《僮约》，所谓"武都买茶"即为茶茗。《吴志韦曜传》："孙皓赐曜茶荈以当酒。"则饮茶之习源起甚古。然至唐之中世，榷茶之利始与煮酒相抗。宋、明以还，茶利遂为国计所系。

据《唐书食货志》，德宗贞元九年正月，初税茶。先是诸道盐铁使张滂奏请于出茶州县及茶山外商人要路，定三等，时估每十税一。穆宗时，盐铁使王播增天下茶税，率百钱增五十。盖唐代社会茶业，其兴发之盛，亦与时而俱进耳。

十二月，《五代时之书院》（《思亲强学室读书记》之十），刊于同前《半月刊》第十八期。收入同前书页一三三～一三六。摘要如下：

五代之际，真所谓"天地闭，贤人隐"，极乱离黑暗之时矣。然有为后世中国文化大贡献者二事焉：一曰雕版术之推行，二曰书院制度之萌芽是也。此二事虽远溯其源皆始唐代，然当五代时之演进，要不可谓其无功于后起。

言书院者必先及白鹿洞及应天书院，而应天书院曹诚之与戚同文，尤为言宋代学术者所必举。而余读当时载籍，书院制之演进，尚有可得而略指者。如《欧史》载："石昂，青州临淄人，家有书数千卷，喜延四方之士，士无远近多就昂学问，食其门下者或累岁。"

至如《厚德录》记："窦禹钧，范阳人，于宅南建书院四十间，聚书数千卷，礼文行之儒，延致师席。凡四方孤寒之士，无供须者，公咸为出之。无问识与不识，有志于学者，听其自至。由公之门登贵显者前后接踵。"此则明有"书院"之称矣。

亦有称"学院"者，如《洛阳搢绅旧闻记》载："安中令长子守忠，温和多礼，善接下，广延儒士，厚以衣食奉之，由是宾客学院中常有数十人。守忠在洛下，畜马数十匹，有时欲出，左右以后槽无马对。问之，曰：'早来被一队措大乱骑去。'守忠敛容曰：'不得无礼称他诸秀才'措大'，如此即吃杖。待秀才回来有马到即报。'广聚书籍，有西斋之数焉。"此称"学院"，其实即书院也。

亦有称"书楼"与"家塾"者，如马令《南唐书》载："有五代同居者七家，其尤者江州陈氏，建书楼于别墅，以延四方之士，肄业者多依焉，乡里率化。"而《湘山野录》则谓："江州陈氏长幼七百口，不畜仆妾。别墅建家塾，聚书延四方学者，伏腊皆资焉。江南名士，皆肄业于其家。"

亦有称"书堂"者，如《江表志》载："元宗名景，父烈祖在吴朝为太子谕德，后累居丞相，常于庐山构书堂，有物外之意。"此李升之"书堂"，要之亦书院之一体矣。

然则当时书院制度皆属私家事，分别言之，则有两端：一曰"藏书"，一曰"好客"。其家既多聚书籍，又乐延纳宾客，使得渔猎游息于其间，则即当时之书院矣。观于上述，五代虽黑暗，社会文化传统未绝，潜德幽光，尚数数见，宜乎不久而遂有宋世之复兴也。

十二月，《唐代雕版术之兴起》（《思亲强学室读书记》之十一），刊于同前《半月刊》。收入同前书页一〇九～一一〇。编按：本文系补《国史大纲》之不足，摘要略。

十二月，《记唐文人干谒之风》（《思亲强学室读书记》之十二），刊于同前《半月刊》第十九期。收入同前书页九一～一〇三。摘要如下：

唐代士人干谒之风特盛，姚铉《唐文粹》至专辟《自荐书》两卷，而韩昌黎《三上宰相书》，乃独为后世所知。隋唐以降，科举进士之制新兴，穷阎白屋之徒，皆得奋而上达。其先既许之以怀牒自列，试前又有公卷之预拔，采声誉，观素学，若不自炫耀，将坐致湮沉。

且唐代进士及第，仍未释褐，先多游于藩侯之幕。诸侯既得自辟署，故多士奔走，其局势亦与战国相近，不如西汉掾属之视乡评为进退。此有以长其干谒之风者一矣。且门第承荫袭贵之风既渐替，其先我而达者，方其未显，潦倒犹吾，凡所以激其竞进之气而生其攀援之想。此有以长其干谒之风者二矣。

其言之尤坦率而倾渴者，则有如王泠然之《论荐书》（文略）。此已胁挟谄媚兼用，无所不致其极矣。而其《与御史高昌宇书》，言之尤浅迫而无蕴（文略）。观王氏此等文字，其意气状态，何异乎战国纵横之策士？惟战国诸侯分疆，而今则大唐一统。战国重兵谋国策，今则惟文翰诗赋，仅此为异耳。至其欲富贵而尚术数，高自炫鬻，不羞陈乞，而必期于一得，则正二世之所同似也。

其尤恢奇自喜，直模仿战国策士为文者，则有如袁参之《上中书姚令公元崇书》（文略）。以及任华《告辞京尹贾大夫书》（文略），此则其胸襟吐属，全肖战国策士，无怪乎安史一起，割据河朔，番将擅制，而中国谋士文人，驰骋服事其间，而恬不以为耻矣。

至韩昌黎《上宰相书》，既一既二而不得意，乃至于三上，其书曰："愈之待命四十余日矣，书再上而志不得通，足三及门而阍人辞焉。古之士，三月不仕则相吊，故出疆必载贽，……今天下一君，四海一国，舍乎此则夷狄矣。故士不得于朝，则山林而已矣。山林者，不忧天下者之所能安也；如有忧天下之心，则不能矣。"（《全唐文》卷五五一）昌黎以安天下自负，又不肯事夷狄，此其所以异于人。然昌黎之笔端心头，则亦依然一战国耳。此必下及赵宋，学者既严《春秋》夷夏之防，又盛尊师道，以圣贤自居，然后豪杰之士乃始有以自安于田野。故昌黎虽魁伟，犹不为宋贤所许。

唐人干谒，其主既曰求禄仕，其次则曰求衣食。盖唐代门荫之制，将堕未堕，寒士负家累，门庭食口，往往有多至数十百人以上者。苟非仕宦，冻馁不免，此亦助进唐人干谒之一端也。《全唐文》卷六八三郑太穆《上于司空頔书》谓："太穆幼孤，二百余口，饥冻两京，小郡俸薄（太穆官至金州刺史）尚为衣食之忧。沟壑之期，斯须至矣。伏维贤公赐钱一千贯、绢一千匹、器物一千事、米一千石、奴婢各十人。分千树一叶之影，即是浓荫；减四海数滴之泉，便为膏泽。"时太穆已为刺史，尚作衣食之乞，此在当时亦未为少见，则毋怪寒士干谒请乞于贵达之门矣。

且唐代门第之制虽云渐替，而盛族衣冠之荫，尚有存者。彼等皆以豪奢相尚。唐之官俸亦颇优饶，故贫富之相形尤显。此等贵门豪奢，贫富悬绝，又为激进干谒之风一端也。干谒请乞既成风尚，乃有公然称人为丐，而施者受者皆夷然不以怪者。杜牧《送卢秀才赴举序》谓："卢生客居于饶，年十七八，即主一家骨肉之饥寒。常与一仆，东泛沧海，北至单于府，丐得百钱尺帛，囊而聚之，使其仆负以归。年未三十，尝三举进士，以业丐资家。今之去，余知其成名而不丐矣。"（《全唐文》卷七五三）

然唐人之丐，固不因得举成名而即止。尚有以乞丐谋官职者也。唐人此等风气，盖至宋犹存。直至仁、英以下，儒风大煽，而此习遂变。其后学风既盛，谈道日高，学者退处，以束修自给，以清淡自甘，以骛于仕进为耻，更何论于干谒之与请乞矣。

至于宋代科举考试规则之谨严，与夫及第即释褐得禄仕，又政权集于中央，地方幕僚自辟署者亦少，此亦唐人干谒不得再行于宋世之诸缘也。

一九四二年　壬午　四十八岁

一　国内大事

一月五日，同盟国宣布，蒋委员长任盟军中国战区（包括泰、越两国）最高统帅。英、美宣布放弃在华特权。

自去岁十二月，日军集结兵力七万人第三次攻长沙，经我军抵抗与反击，至今年一月十五日，日军尽退，伤亡五万余人。

二　事略

先生离青木关返成都国学研究所。是岁春，赴遵义浙江大学，作一个月的讲学，系由张晓峰力邀成行。秋，蒋委员长亲来成都，获两次召见。陈布雷面告先生："闻委员长有意明年召君去重庆复兴关中央训练团讲演，君及早作准备。"翌年，果然来召。

三　著述

一月，《论古代对于鬼魂及葬祭之观念》（《思亲强学室读书记》之十三），刊于《责善半月刊》第二卷第二十期。收入《灵魂与心》，二〇〇〇年台北素书楼文教基金会·兰台出版社，页五四~六〇。摘其大要如下：

余读古朗士所著《希腊罗马古代社会研究》（李玄伯译本），于彼邦古代迷信，言之綦详。其首章论古代希腊、意大利人，信人死后其魂不离肉体，而与之同幽闭于坟墓中。余因念此等观念，古埃及人先已有之。又如耶教复活传说，此亦西方人相信死后灵魂可来再附肉体之一证。据是言之，自埃及、犹太、希腊、罗马诸邦、古代西方有其共同的灵魂观、永生观乃及复活观，都和我们东方人想法不同。

今考春秋以来，中国古人对于魂魄之观念。《易·系辞》有云："精气为物，游魂为变。"《小戴礼记·郊特牲篇》谓："魂气归于天，形魄归于地。"此谓人之既死，魂魄解散，体魄入土，而魂气则游扬空中无所不属。而中国古人所谓之"魂气"，亦与西方人所谓之"灵魂"有不同。《小戴礼·檀弓篇》有曰："延陵季子使齐而返。其长子死，葬于嬴、博之间。既封，曰：'骨肉归复于土，命也。若魂气则无不之也。'"则古人谓人既死，魂既离魄而游，其事岂不信而有征。

人之生命，主在"魂"，不在"魄"。"魂"既离魄而去，则所谓"魄"者，亦惟余皮骨血肉，亦如爪发然，不足复重视。孟子曰："盖上世尝有不葬其亲者。其亲死，则举而委之于壑。他日过之，狐狸食之，蝇蚋姑嘬之。其颡有泚，睨而不视，盖归反虆梩而掩之。"据孟子之说，亦谓其人不忍见其亲之尸为狐狸蝇蚋所攒食，非谓其亲之魂犹附死体，非葬埋则亲魂永不安。盖葬者所以尽人事，非以奉鬼道。

《淮南子·斋俗篇》："葬薶足以收敛盖藏而已。"故《易》曰："古之葬者，厚衣之以薪，葬之中野，不封不树，后世圣人易之以棺椁。"因此中国古人绝不赞成厚葬之事。厚葬之事始见于《左传》。惟其不如西俗，信人之既死，其魂犹附随于尸体。故厚葬之在中土，其风终不大盛。

春秋以后，尸体废而像事兴。主也，尸也，像也，皆所以收魂而宁极之也。故古者不祭墓。顾亭林《日知录》亦谓："体魄则降，知气在上，故古之事其先人，于庙而不于墓。"

然若谓死后有魂，魂虽不随尸，苟有魂，即有鬼，而鬼并有知。惟儒家之说则并此而疑之。故孔子曰："祭如在，祭神如神在，吾不与祭，如不祭。"又曰："未知生，焉知死。"孔子之言见于《论语》者已极明白。

殉葬之风，古虽有之，然其风似亦不盛。秦穆公以子车氏之三子殉，见讥于《左传》。自此稍后，则反对殉葬之思想，日见有力。《檀弓》载："陈乾昔寝疾，属其兄弟而命其子曰：'我死，则必大为我棺，使吾二婢子夹我。'陈乾昔死，其子曰：'以殉葬，非礼也，况又同棺乎？'弗果杀。"此则据礼而违父之遗命，其人盖亦深知儒礼者。

秦汉以后，贤达之士又屡唱薄葬之论，尤著者如杨王孙之《嬴葬令》，谓："死者，终生之化，而物之归。归者得至，化者得变，是物各反其真也。吾闻之，精神者天有之，形骸者地有之，精神离形，各归其真，故谓之鬼。鬼之为言归也。且尸块然独处，岂有知哉。"此则明言无鬼，又言尸无知。

凡此所言，皆为达识。较之西土往古之沉迷执着，相胜远矣。及印度佛教流传，重有"三世轮回"及"地狱"诸说；然士大夫间染于古训者已深，迷信之说，每不易入。因此宗教之在中土，亦不发展。因读古朗士书，弥觉东土古哲高情旷识，可珍可贵；因为撮其大要，备探究东西民俗异同者参究焉。

一月，《水碓与水硙》（《思亲强学室读书记》之十四），刊于同前《半月刊》第二十一期。收入联经《全集》第三十二册《读史随札》页六九～七四。摘要如下：

"水舂"之说，桓谭《新论》已有之，谓："役水而舂，其利百倍。"孔融亦谓："水碓之巧，胜于圣人。"昔人又谓之"槽碓"。大抵其制创于两汉，而盛于魏晋。《世说》："王戎区宅僮牧膏田水碓之属，洛下无比。"石崇水碓三十余区，魏舒从叔父吏部郎衡，使守水碓。则水碓之在魏晋间，风行已甚广，豪族大宗固已竞相设置以为利源矣。

水碓之制既兴，继之则有"水磨"，亦称"水硙"。《晋诸公赞》："杜预作连机水硙，由此洛下谷价丰贱。"《魏书·崔亮传》："亮在雍州，读《杜预传》，见为八磨，嘉其有济时用，遂教民为碾。及为仆射，奏于张方桥东堰谷水造水碾磨数十区，其利十倍，国用便之。"夫水碾磨数十区，足以便国用，则其利之大可知。后世因认水碾为崔亮之创制。而其事至唐时乃大盛，贵家豪族竞兴以牟大利，然以其妨农田灌溉，故亦屡为朝廷禁令所及。

此直逮晚唐，尚目碾硙坏水利之明见于朝廷诏书者。及宋代张方平犹言之。（见《乐全集》卷十九。文略。）此宋人犹能言碾硙有妨水利之证也。

一月，《驳胡适之说儒》，初刊于成都《学思杂志》第一卷第一期。一九五四年一月，香港大学《东方文化》第一卷第一期转载。收入一九九七年联经《全集》第十八册《中国学术思想史论丛》（二），二〇〇〇年台北素书楼文教基金会·兰台出版社《中国学术思想史论丛》（二），页二四四~二五八。其大要如下：

余旧撰《国学概论》，已着墨家得名乃由刑徒劳役取义，而于"儒"字无确诂。及著《先秦诸子系年》，及知许叔重《说文》儒为"术士"之称，"术"指术艺，"术士"即娴习六艺之士，而"六艺"即礼、乐、射、御、书、数。因知儒、墨皆当时社会生活职业一流品。此乃自来论先秦学派者所未道。越数载，胡适之先生有《说儒篇》，亦以生活职业释"儒"字，而持论与余说大异。因撰此文，藉以请胡先生及读者教正。

一　驳最初儒皆殷人皆殷遗民之说

孔子殷人，不能即证儒者之皆殷遗民。孔子弟子分布，鲁为多，卫次之，齐又次之，而籍宋者特少。胡文引傅孟真说。鲁为殷遗民之国。然孔门鲁籍弟子，固有确知其非殷遗民者。姑举颜氏说之。……岂得因鲁地有殷遗民，遂轻谓鲁儒皆殷遗哉？

二　驳儒是柔懦之人为亡国遗民忍辱负重的柔道观说

孔子为殷遗而居鲁邦，为东周文献渊薮，其所崇重向往者，曰文王、周公；盖孔子乃绾合中国往古传统殷、周两族一偏理想，一重实际之两端，而创为儒道之中庸。据《论语》与《周易》，儒家论人事皆尚刚，不尚柔。质之东周殷族风尚，既无柔懦之征；求之儒家经典明训，亦无主柔之说。胡文所举，全无实际。臆测之辞，不攻自破矣。

三　驳儒为殷遗民穿戴殷代古衣冠习行殷代古礼说

胡文谓儒礼为殷礼者，特举三年之丧以为说。胡文既谓儒衣冠乃殷民族之乡服，又以三年之丧为殷民族之丧礼。……春秋以前，封建、井田之制未坏，贵族、平民之阶级尚存，平民岂得亦守三年之丧礼？至胡文引傅孟真说，谓三年之丧，在东国，在民间，有相当之通行性（《周东封与殷遗民》）；试问此语何据？胡文遂谓此礼行于绝大多数之民众。则稍治古史，知封建社会中绝大多数民众之生活情况者，皆知其不可能，更不烦于详辨矣。

四　驳儒以相丧为本业及孔门师弟子皆为殷儒商祝之说

我闻古之称鲁国儒生矣，未闻有殷儒之称也。我闻儒者之相丧矣，未闻儒者之为祝也。胡文乃谓"孔子和那辈大弟子，都是殷儒、商祝"，又称之曰"职业的相礼人"。真不知其说之何从也。

五　驳老子是一个老儒是一个殷商老儒之说

胡文谓老子居周，成周本殷商旧地，遗民所居。夫孔子居鲁，不害孔子之为商遗；则老子虽居周，无害老子之为苦县陈人也。岂得以成周本殷商旧地，遂谓凡居成周者皆商人？此亦犹如因鲁分商民，遂谓凡鲁人皆殷族耳。至谓老子为史官知礼，又岂得谓春秋时凡知礼者皆殷人乎？以老子为殷商老儒，显属无据。且老子既为周室之史官，又何必再业相丧助葬以自活？胡文不啻谓凡言礼皆丧礼，凡丧礼皆为殷礼，而相丧助葬者皆为衣食谋生；其说之无稽，稍具常识，皆可辨之。粗列五事，聊发其绪。其它游辞曲说，本之而引申者，可不烦再及也。

二月，《跋嘉庆乙丑刻九卷本读史方舆纪要》，刊出同前《半月刊》第二十二期。收入《中国学术思想史论丛书》（八），二〇〇一年台北素书楼文教基金会·兰台出版社整理新版印行。编者按：本文与一九三五年《跋康熙丙午本》大同小异，兹略。

二月，《释侠》，刊于成都《学思杂志》第一卷第三期。收入兰台版《中国学术思想史论丛》（二）页二二七～二三五。摘要如下：

《韩非·五蠹》谓："儒以文乱法，而侠以武犯禁，而人主兼礼之，此所以乱也。"此当时儒、侠兼举之证。而自《庄子》以来迄于《韩非》之《显学》，又多并称儒、墨。近人遂疑侠即墨徒，而目儒、墨为文士、武士之分者。窃案其说，殊不可据。

然则侠乃战国中、晚期新起一流品。若专言学术，则儒、墨对举；若并称儒、侠，则儒即兼墨，不得目侠为墨；即凭《韩非》书可证。又考《五蠹》有云："离法者罪，而诸先生以文学取。犯禁者诛，而群侠以私剑养。"又云："富国以农，距敌恃卒，而贵文学之士。废敬上畏法之民，而养游侠私剑之属。"

此以"私剑游侠"与"文学之士"对举。故知"以文乱法"，儒已兼墨；"以武犯禁"，侠非墨徒。儒、墨与游侠流品为别，不得相混淆也。抑观于《太史公书》，其言游侠，又微与《韩非》差池。《史记·游侠传》："古布衣之侠，靡得而闻已。至如闾巷之侠，修行砥名，声施于天下，莫不称贤，是为难耳。然儒、墨皆排摈不载。自秦以前，匹夫之侠，湮灭不见，余恨之。"是史公明谓先秦游侠，儒、墨皆排摈不载矣。乌得轻谓侠之即墨乎？惟史公与韩非异者，则侠乃养私剑者，而以私剑见养者非侠。知凡侠皆有所养，而所养者则非侠。

今分析太史公所述游侠行谊，大致有数别：一曰设取予然诺。一曰振人不赡，趋人之急。一曰以躯借交报仇。一曰藏亡命作奸。故曰："言必信，行必果，已诺必诚，不爱其躯，赴士之厄困；既已存亡死生矣，而不矜其能，羞伐其德。"凡其所谓修行砥名者率如此。岂有专指私剑之被养，刺客之勇，武士之一德，而以谓之"侠"乎？

自许叔重《说文》以"柔"训"儒"，后人不察，遂乃以儒家为尚柔，因目儒者为文士；而墨子之徒见谓可以赴汤蹈火，因遂疑儒、墨有文、武之别；此亦臆测悬想，未能深穷夫古者儒、墨之真相也。故谓侠出于儒、墨则可，谓儒、墨分文、武，而以墨拟侠，则皆不得古社会流品之真相也。至于"侠"，亦成一集团，而初不以学术思想为号召，故侠不得与百家为伍；然可见平民社会势力之日兴矣。故太史公取以与货殖商贾并列。欲研究古代学术思想，必注意儒、墨百家之流。欲研究古代社会情况，则必注意游侠、货殖之流。百家起在前，游侠、货殖起在后。又岂可谓墨者之徒之流而为侠乎！

二月，《从整个国家教育之革新来谈中等教育》，为四川省教育厅《中等教育季刊》特撰。刊于重庆《大公报》。收入台北素书楼文教基金会·兰台出版社《文化与教育》页二三三～二四五。摘要略。

二月,《中国民族之宗教信仰》,刊于《思想与时代》第六期。收入同前兰台版《灵魂与心》页三四~五三。摘要如下:

或疑中国民族乃一无宗教、无信仰之民族,是殊不然。考之商代盘庚以来殷墟甲文,时人已信有上帝,能兴雨、能作旱,禾黍之有年无年,胥上帝之力。然有大可异者,上帝虽为降暵降雨之主宰,而商王室之祈雨祈年,则不向上帝而向其祖先。故凡有吁请祈求于上帝者,乃必以其祖先为媒介。即所谓"先祖配帝之说",此亦在甲骨文已有之。故周人之诗《大雅·文王之什》言之,曰:"殷之未丧师,克配上帝","文王在上,于昭于天"。盖昔日之天命在于殷,今日之天命在于周。亦征之于在帝左右克配上帝者之转移。《春秋公羊传》僖公三十一年谓:"天子祭天,侯祭土。"上帝既不受世间之私祈求、私吁请,而克配上帝者惟其一族之先,亦惟王者得禘其祖之所自出而以其祖配之。

故中国古代宗教,有二大特点:一则政治与宗教平行合流,宗教着眼于大群全体,而不落于小我私祈求私吁请之范围,因此而遂得抟成大社会,建设大一统之国家。宗教在社会上之功用乃永居于次一等之地位。此其一也。中国宗教,既与政治合流,故其信仰之对象,并非绝对之一神,又非凌杂之多神,乃一种有组织有系统之诸神,或可谓之等级的诸神,而上以一神为之宗。神与神之间,乃亦秩然有序,肃然有制。正是理性与自然之调和。使自然界诸神亦自成一体系以相应于人事之凝结。

然中国古代宗教,非无其缺点。盖既偏于人事,主为大群之凝结;又既与政治平行合流,而主于为有等级之体系;则其病往往易为在上者所把持操纵,若将使小我个人丧失其地位。有起而矫其失者为孔子。

孔门论学有二大干,曰"礼",曰"仁"。礼即承袭古宗教一种有等衰有秩序之体系,而仁则为孔子之新创。盖即指人类内心之超乎小我个己之私而有以合于大群体之一种真情,亦可谓是一种群己融洽之本性的灵觉。人类惟此始可以泯群我之限,亦惟此始可以通天人之际。故中国古代之以祖配天,以宗庙祭祀为人事最大之典礼,为政治、宗教最高精神之所寄托而维系者,夫亦曰:惟此可以解脱小我有限生命之苦恼,而使之得融入大群无限生命之中,泯群己,通天人,使人生得其安慰,亦使人生得其希望。人之所赖于宗教与政治者,主要惟此而已。

故孔门言仁，亦首重孝悌。孝悌即仁，亦即人类对其大群无限生命之一种敏觉与灵感。自有孔子之教，而中国古宗教之地位乃益失其重要。何者？今孔门教仁教孝，人类渺小之生命，已融为大群无限之生命，其主宰即在自我方寸之灵觉。古代赫赫在上昭昭在旁之天鬼，自孔子仁教之义既昌，固可以退处于无足轻重之数。

今试以儒家教义与耶、佛两教相比，则有绝大不同者一端。孔子教义在即就人生本身求人生之安慰与希望；而耶、佛两教，皆在超脱人生以外而求人生之安慰与希望。此其所以为绝不同也。然又有不同者。孔子教义，重在人心之自启自悟，其归极则不许有小己之自私。曰仁曰礼，皆不为小己。曰孝悌曰忠恕，所以通天人，即所以泯群我。耶教则不主人心之能自启悟，故一切皆以上帝意旨为归。故儒家教义必与政治相关涉，耶教则超乎政治而别成一宗教。中国则宗教常与政治交融，而教育又常尊临二者之上。此其不同之较然显著者。

中国人于祖先崇拜之外，又有地方神，即乡土神之敬祀。名山大川，皆膜拜而致敬。都邑有城隍神，乡邑有社神，其邑人之生而立功德于社会者，死则各以其地位配享焉。又有职业神。如医药，如工匠，如优伶，亦莫不在其团体之内各有崇奉。万物并育而不相害，道并行而不相悖。中国人乃以此种种凝合而建造一大群。故中国人之宗教信仰，乃无所谓不容忍性。凡异宗教之传入中国者，苟可以纳入此丰泛之崇拜而无害其组织之大体，中国人乃无不消融而并包。然如中国崇奉杂多之诸神，而能不相冲突，各各安和，历数千年之久而不起争端，亦为虔信一神上帝者所不能理解也。

由上论之，中国儒家之言礼乐，就广义言，固不仅为人生教育之一端，实兼举政治、宗教而一以贯之矣。中国儒家所谓礼乐，固已括尽现实世界政治、社会、风俗、经济、学校、教化之各方面。内仁孝，外礼乐，欣合成一体，以现实当下之天国，儒家思想之可以代替宗教者在此，宗教思想之不能盛行于服膺儒术之中国者亦在此。

二月，《中国传统教育精神与教育制度》，刊于《思想与时代》第七期。收入同前兰台版《政学私言》页一八三～二〇二。摘要如下：

西国教育，大率不出两途：一曰"国家教育"，一曰"教会教育"。国家教育之病在抹杀个人，教会教育之病在蔑视现世。逃于此两者，则必归于个人权利与现世享乐之境。

中国传统教育精神，以儒家为代表。儒家陈义，颇无上述之两弊。《大学》言"修身、齐家、治国、平天下"，而曰"自天子至于庶人，壹是皆以修身为本"，而修身又本之正心、诚意、致知、格物，引而归之于个人之心意，固无为国家抹杀个人之弊。而其所重于个人者，乃以与国家天下相联系，而特于个人发其端。故儒家重个人现世，而亦不陷于个人权利现世享乐之狭窄观念。此中国传统教育精神之最其大本大源所在。

中国传统教育思想，乃为人性之发育成全而有教。所教者乃成全人之"群性"，群不仅为平面之展扩，而尤贵于有时久之绵延。教人类之群性者，此孔门之所谓"仁"。教人类群性之达于绵延而不绝者，此孔门之所谓"孝"。其为教之次第节目，则既曰"修身、齐家、治国、平天下"，又曰"尽己之性以尽人之性，尽物之性，而赞天地之化育"。尊德性道问学，一以贯之。致广大则以宇宙为全量，尽精微则以小己为核仁，极高明则以仁义为准则，道中庸则以孝悌为发轫。所谓齐家治国平天下，乃至尽物性而赞化育者，皆人类性分中所有事。故中国传统教育理论，超乎上帝、国家与个人之外，而亦融乎上帝、国家与个人之内。独以孔门儒家思想为得其全。

自孔子唱教，儒墨竞起，百家争鸣，先秦诸子学派之繁兴，可谓极一时之盛矣。然绝未有自为教主而创一宗教者，亦绝少专为狭义的国家权力张目者。其间儒、墨、道三家，最于当时称显学。墨家陈义虽高，大体皆已为儒学所包孕。道家主解消大群以为放任，其病与墨家相反而相合，故独惟孔子之教遂于中国民族传统文化相融洽相凝结而为二千年来中国人文教育之宗师。

自汉武建太学，立五经博士，又设郡国学，而后中国乃始有国家官办之教育。然儒家创教，虽不鄙从政，亦不专为从政。儒家之教，在以超政治者导政治。则政学亦当分，使学校得超然独立于政治之外，常得自由之发展。民气藉之舒宣，政论于以取裁，此亦发挥中国传统文化精神一要目。

今国人常言教育经费之宜独立，而不知尤贵者在"教育职权"之独立，更贵者在"教育精神"之独立。教育有独立之精神，独立之职权，而后可以有高远之理想，而后可以从事于学术人才所以为教育本源之地者以备国家社会真实之用。故国家高等教育，断当以"文化"与"人才"为中心。所谓"人文教育"是也。其次乃有国民教育，则初级之普及教育及社会成人之补习教育附之。其次乃有实业教育，则凡各实用科学，专门知识技能属之。使人知于技术实用之外尚有所谓"学"，富强权利之外尚有所谓"教"。不然则将见人才日以窄狭，人志日以卑污，并此技术实用富强权利而不可得。

二月，《中国民主精神》，成都中英中美文化协会讲演辞。刊于成都《学思》第一卷第三期。收入同前兰台版《文化与教育》页九七～一〇九。摘要如下：

近人一听说中国以往传统政治富于民主精神，便不禁要问；中国传统政治若具民主精神，为何没有代表民意的国会？又没有对国会负责的内阁制度？又没有限制帝王以必须遵守的宪法？但我们若肯承认中西历史演变各有其特殊而不同的路径，则此等问题，自会感其无甚意义，而中国之民主精神亦自然容易在中国史的每页里透露呈现。

西周时代，自然是中国史上一个所谓"封建"的时代。及西周东迁，一旦中央失其控制，在封建诸侯间，遂有霸主出现。战国以下，这一个局面与这一种理想彻底破坏，于是有秦汉的新一统，即"郡县制度之一统"，与西周旧一统，即"封建制度之一统"相差别。

在中国史上，当封建制度之旧一统时代，即西周时代，下及春秋，早已有一种民主思想与民主精神，散见于群经诸子，与当时之史实。惟吾人当知中国史一到郡县制度之新一统时代，即秦汉时代，而中国人之民主思想与民主精神乃次第实现而具体化、制度化，成为一种确定的政治标准。故封建旧一统时代，乃中国民主思想与民主精神之萌芽时代，而郡县新一统时代，则为中国民主思想与民主精神之成熟时代。

普通以为秦汉时代乃中国君主专制政体之创始，今我则谓秦汉时代乃中国古代民主思想与民主精神之发扬与成熟，此论骇俗，不可不较为详说。姑就其大者言之。

第一，当知当时制度，王室已与政府对立。天子自为王室之代表，而丞相则为政府之领袖。"丞相"二字，以中国文字之训诂言，皆"副贰"之义。若译以今语，则丞相即"副天子"也。而就当时理论言之，则丞相实负行政上全部责任。今人力斥中国传统政体之专制，明为无据。故不能明辨"王室"与"政府"之界限，不能熟知"王权"与"相权"之消长，即无法了解中国传统政制之意义及其演变之得失。

再论政府中官员来历。就大体论，凡与王室有密切关系者，例不得任政府之要职。凡属政府官职，其出身大抵皆先经一番公开客观之选试，其升降则凭实际服务成绩之考课。故政府人员来源，与王室关系，殊不深密。依此言之，岂得谓中国传统政治，是一种君主专制乎？

中国传统政治，既非君主专制，又非贵族政体，亦非军人政府，同时亦非阶级专政。然则中国传统政体，自当属于一种民主政体，无可辨难。吾人若为言辞之谨慎，当名之曰"中国式之民主政治"。当知中国政府虽无国会，而中国传统政府中之官员，则完全来自民间。既经公开之考试，又分配其员额于全国之各地。又考试按照一定年月，使不断有新分子参加，是不啻中国政府早已全部由民众组织，则政府之意见，不啻即民间之意见。如此，则何必再迭床架屋，更有一民选国会以为代表民意之机关？中国政府既已为民众组织之政府，则政府一切法制章程，即系民意之产物，更何需别有一民选立法机关，再创一部宪法，强政府以必从？中国政府之法令，无论以理论言，或事实言，虽在王室，亦必同样遵守，而不敢轻背。政府事业之最大要者，莫过于设官任职。而中国政府官吏之任用，皆有客观之铨叙规程，及其主管之衙门。即宰相亦有其一定之阶梯，非帝王私意所能随意而授与。

抑且欧洲近代民主政治之起源，由于社会中层阶级之崛兴，而中国则自战国秦汉以来，即已有中层阶级之兴起。若以秦汉为中国社会中层阶级崛起之第一期，则唐宋以下为中国社会中层阶级崛起之第二期。中国秦、汉、唐、宋以来之"士治"，即中层阶级之政治，亦即多数政治，不过此土中层阶级，不凭借资产与富力，而一视其道德与文艺。此与西国之所谓民治，乃貌异实同。亦可谓各有短长。

中国人所以不主民众选举，此由中国广土众民，与西土异宜。民众选举，事实难行。正因国家体制不适于多数选举之故，而传统理论，亦遂"尚贤"不尚众。故曰："贤钧从众"。由此理论，故中国传统政治，重贤才，重教育与选举，逐步造成一种"国士"的理论。又凡大政事大议论，中国人传统习惯，常以文字发表，而不乐逞口说。故西国自希腊罗马以来，广场演说，为大政治家不可或缺之一事。而中国则仅有大奏议传诵当代，乃至流布后世。而演说则无所取。若谓中土"尚文"，则西国"尚口"。若谓中国乃"纸片"政治，则西国乃"唇舌"政治。盖中土以"学治"，而西国以"党治"。此又中西两土政制习俗，各自有其传统相沿。

三月，《中国人之法律观念》，刊于《思想与时代》第八期。收入同前兰台版《政学私言》页二〇三～二二三。摘要如下：

中西文化既各有其特点，则此两民族对法律之观念不能尽同。籀而论之，厥有数因。一者由于双方对于"道德观念"之不同，儒者论性善，道德皆由内发，此为中国民族传统思想中最重要之一义。而希腊古哲之论，则全不及此。亚里士多德尝谓："盖常人行事悉由逼迫，非缘理性，由畏刑罚，非乐道德也。"统观亚氏论道德，始终未及"性善"一义。彼既不认人性自能向上，则一切诸善皆由外律，故于习惯外，所重则曰"力行"。盖亚氏既认人类道德仅在实行与习惯，自不得不重视立法以为实行与习惯之规范与依据，谓司法乃社会的道德，其它一切必附属其下。

亚氏此说，乃颇与中国传统法律观念相异。盖中国观念，人类一切美德，皆由其内心充沛自发，非遵行法律所足当。故就法律与道德之关系论，中国人仅以法律补道德之不逮。西方则直以法律规定道德而又领导之，此其极大相异之点。惟其中国人主性善，故论道德多偏重人类之"真情"，如儒家之特提"仁孝"是也。西方人每舍人之情感而就理性言之，理性者略当于孔门之所谓"智"，墨家之所谓"义"，而与仁孝不涉。故西方之法律观念常为"权力"的，而中国之法律观念则为"道德"的。

然继此尚有辨者，则是法律与宗教之关系。古代希腊、罗马、印度诸邦，法律本皆为宗教之一支。中国自儒家思想兴起，即代替宗教之功能而有之，而礼乐之涵义，遂偏于人类自性道德方面者日多，偏于宗教仪节崇拜方面者日少。中国则道德教训存于学校，而法律刑罚寄之政府。礼之意义，即全离于宗教，而彼邦所谓法者，其大部分乃为中国"礼"字范围之所包。而中国人之所谓法，则大体侧重于刑律，此乃双方整个文化系统未能强同，此又中西法律观念之异趣者。

三月，《记钞本戴东原孟子私淑录》，刊于四川省立图书馆《图书集刊》创刊号。收入同前兰台版《中国学术思想史论丛》（八）。编者按：本文在先生《近三百年学术史》中已有详细论述，兹略。

四月，《东西文化之再探讨》，刊于华西大学《华文月刊》第一卷第二期。收入同前出版社《文化与教育》，改题名《中西文化接触回顾与前瞻》，页一二七~一三四。摘要如下：

中国人独创东方文化，已有五千年以上深厚博大之历史，其间亦未尝无与外来文化接触融合之经过。第一次外来文化之传入，厥为印度之佛教哲理，始于中国东汉之世，正当公历纪元后第一世纪之时代。其时中国政治制度、社会风俗，以及人民思想、经济各方面，方渐渐走入一衰退之厄运中，对其自身传统文化，发生甚深微之摇动，而印度佛教乃纯以其哲理与信心与中国人以一种和平而纯洁之刺激，遂以获得中国最高思想界最真诚之同情与探究，而印度佛教遂得全部移殖于东土。经过六百年之长时期，中国人已自衰退厄运中重创隋唐统一盛世。而在中国之印度佛理亦复登峰造极，同时发展至最高之顶点。在初唐之盛时，而中国禅宗崛起，遂使印度佛教哲理完全中国化，以消融合纳于中国传统文化之内。于是在中国人独创之东方文化中，乃包藏有甚深微妙之印度佛教哲理之大宝库，而完成其东方文化创展过程中，一至艰巨之工作。

正常东方中印两文化在中国人手里调和统一之际，更西邻邦阿拉伯适有回教主穆罕默德之崛起，回教文明蓬勃光昌，遂与我大唐盛世东西照耀。而我中国人正以其发皇荣盛之大气度，披豁胸襟，坦白展开其西北西南海陆两大交通线，以与阿拉伯、波斯回教新文明相接触。其时大食、波斯我西邻诸邦人，自海自陆，足迹交遍于中国。其物质食货之相

一九四二年 壬午 四十八岁

交易，精神学术之相染导，其深细博大，尚有为近世考古论史者之所未尽悉。而回教礼拜堂遂与佛寺道院同为中国人民自由信仰之一宗，而回教人民乃为我近代中华共和建国之一支。

经唐历宋，迄于公历纪元后第十三世纪之时代，华、回交通，亦复绵亘六百年之久，而我中国人独创之东方文化中，又复重新包藏有简洁刚劲之阿拉伯回教文化之大宝库。此又中国人再度与其更西邻之异文化相接触，而发现中国人勇敢之宽容，与宏深之消纳之伟大能力，而完成其东方文化创展过程中又一艰巨之工作。要而言之，印度佛教文明之影响于中国者，以信仰与思维方面为深，而阿拉伯回教文明之传播于中国者，以文物与创制方面为广。

阿拉伯回教民族与中国之交通，为中国文明传播达于其更远西邻欧洲诸邦之媒介。初则阿拉伯为之传递，继则蒙古人为之播扬，而中国物质创制为近代世界文明开先路之利器，如印刷术、造纸术、罗盘针、火药等等，乃次第为欧西人所习得，而为彼邦近代文明发展尽一至大之贡献。

自公历纪元后第十一世纪之末叶，欧洲十字军初兴，为泰西中古时期以后接触东土文化之第一步。下至十五世纪之末，哥伦布放船西渡，直达新大陆，而全世界形势为之翻然丕变。自此以往，葡萄牙、荷兰诸邦人相率接踵而达中国之海岸，则已在我明代之季世。及夫清代初叶，当公历十七、十八世纪之间，西方学者尝深羡中国之文教风物，我中国儒家之理论，与夫当时康熙大帝之政绩，每为彼中人所乐道，则我中国人东方文化之继续影响于西方，迄兹未辍。

自十八世纪中叶以下，西方科学之发明，突飞猛进，而工商百业，骎骎有一日千里之势。社会实力日臻富强，遂闯破人类亘古未有之界限。科学的唯物论，与夫生物的进化论，遂弥漫流行于西方世界之心里。彼辈遂以白色人种为世界优秀独异之民族。于是挟其富强盛势以临我，其视我如半开化之蛮人，盖与非、美、澳诸洲土族相去无几。盖嘉道以下中国人心眼中之西方文化，一则曰货利，再则曰武力，"富强"二字足以尽之。因此中国人此后虽欲诚心接受西方文化，而看法既错，乃不能如东汉以下中国人对于印度佛教哲理之从纯粹文化真理上探究其本源。于是为西方文化两大骨干之"宗教"与"科学",遂同样为中国人所误认。近百年来之中国人,遂以其急功近利之浅薄观念自促其传统旧文化之崩溃,而终亦未能接近西方新文化之真相。直至于今,前后几及一百年之稗贩抄袭、非驴非马、不中不西、辗转反复、病痛百出。

然就中国以往历史言之,印度阿拉伯文明之消融接纳,前后各历六百年之久,而欧洲文化之来东土,则尚不过三百年。然途穷则思返,今中国国内有识之士,乃渐渐觉悟纯以功利观念为文化估价之无当。自今以后,中国人殆将一洗以往功利积习,重回头来再认中国传统文化之真价值,亦必能同时认识西方文化之真精神。若以中国对印回文化往例言之,再历三百年时期,中国人必然胜任愉快,对此最后一批最远西邻之新文化充分接纳消融,以完成其东方文化创展过程中所遇最艰巨之第三步工作。

五月,《政治家与政治风度》,刊于《思想与时代》第十期。收入同前兰台版《政学私言》页二三一~二四一。摘要如下:

一政治家所宝贵者,固在其政才与政绩。而更可宝贵者,则在其政治之"风度"。昔朱子论学;特创"气象"一语,常令学者玩索"圣贤气象"。气象之为事,难于言辞描划。今言政治风度,犹如论学者气象,同样非可以言辞指说。姑试强说,"风"者乃指一种"风力","度"者则指一种"格度"。风力者,如风之遇物,披拂感动,当者皆靡。格度者则如寸矩标尺,万物不齐,得之为检校而自归于齐。故观察大政治家之风度,每不在其自身,而在其周围。凡此政治家风度潜力之所及,自足以感靡伦类,规范侪偶。因此一政治家之风度,其潜力所及,每成为一时政治之风度。此种政治风度,既为群力所凝,往往可以持续发展,达于数十年乃至数世之久者。此所谓开创之与守成,因其自有一姿态,自成一局面,可以形成一时期之特殊风格,而为历史家所称为一"新时代"。故一政治家之风度,实为一种无形之才能,亦为一种不可计量之功业。论其感靡之深广,与其规范之凝久,较之私人一时所表现之才能事业,实相千百倍蓰而无算。

以下试就中国历史具体举证。其名臣重望,不胜枚举,姑就历代帝王论之，其堪称具有大政治家风度者，约略称举，可得五人。一、秦始皇。二、汉武帝。三、唐太宗。四、宋神宗。五、明太祖。此五人中，除宋神宗外，皆有丰功伟绩，为后世所景仰。惟宋神宗不仅无大功绩可言，抑且宋代政制之动摇，与宋室之衰乱，几乎皆自神宗启其机。然在当时以及后世，凡反对新法批评王安石者，均不牵连及宋神宗。无论其人政见，对新法赞否，皆于神宗不致贬辞。此何以故？盖即为宋神宗政治风度伟大之所感摄故。

宋神宗之伟大不可及处，即在其有理想有热忱，能尊信荆公力行新法。虽举朝反对，而不为摇惑。而宋神宗之更伟大处，则在其既尊信荆公，而于荆公之政敌司马光，亦同样加以推敬，保护宽厚。此则尤为大政治家风度之特有标记。故知论政治家之风度，皆当由其自身之德性。虽荆公之为人，犹有可訾，而神宗风度，则实可敬。

第二要说到唐太宗。唐太宗允文允武，英才盖世。其所成功业，亦震古铄今，不愧为中国史上第一大皇帝。而尤其使唐太宗高出千古者，则在其当时一个花团锦簇的政府。云从龙、风从虎，最伟大的政治家，便在其有风云际会；最可宝贵的政治风度，便在其能团聚风云，使天地为之变色，舒惨为之易候。而其伟大之征相，则不在其自身而在其周围。

第三要说到秦始皇帝。秦始皇帝雄才大略，长驾远驭，开始混一寰宇，为中国开创大一统的新局面。其在中国史上不朽之伟业，既已历古不磨。而其废封建，行郡县。相李斯乃楚士，将蒙恬乃齐人，皆客卿。而始皇亲子弟，则为匹夫，无尺土封。此等意量，岂非绝大难能。而其在大政治家的风度上尚觉留有余憾者，一则在其焚书与坑儒，二则在其筑阿房宫与造骊山墓。大抵始皇帝风力甚劲，而其焚书则似近乎"暴"。局度甚恢，而其筑阿房宫则似近乎"骄"。骄与暴，为一大政治家完成其事业后易犯之缺点，而始皇帝不能免。

第四要说到汉武帝。汉武以十七岁登宝座。观其立五经博士，为设弟子员，兴廉举孝，射策补吏，又特封平津侯拜相，摆脱祖宗相传百年来宗室军人专政之成规，为中国史首创"文治政府"之格局。而其对外之大肆挞伐，远扬声威，大汉之名，遂永为中国民族之嘉号。其武功赫赫，尤可崇颂。惟以汉武帝较唐太宗，则似微为不如。然则汉武帝个人才气尽高，而其手下人殊不像样。汉武功业建设尽大，而其周围之集团，所谓攀龙附凤以共成此一政府者，惜乎其颇不相称。今即以汉武帝较秦始皇，似乎武帝多带文学家气味，亦不如始皇帝之严肃。故始皇之失在骄暴，而汉武之失则在奢纵。故知汉武才气不亚唐太宗，其缺者在其周围，而一大政治家之周围，正即此政治家风度之极好表帜。

第五说到明太祖。明祖虽起草泽，然驱除元孽，恢复汉、唐传统文物，实为中国民族近世史上一大功人，此当百世奉祀而无替。明祖自己尝拟模汉高，其实量其才性，乃近始皇。其人风力亦劲，格度亦广，故足以树立明代三百年之风气，开建明代三百年之格局，确然立一新气运。盖明祖缺憾亦在骄暴。其废宰相，由六部直接受君主之独裁，此即其骄态之发露。其严刑峻罚，行使廷杖，蔑视大臣人格，此为其暴性发露。明祖开国，对中国近世史，实为功不掩过。较之秦皇帝，似为不如矣。

窃谓政治事业，自身含有一种矛盾性。因政治事业到底为一种社团与群众事业，而主持政治领导政治者，又断不可自侪于群众之伍，自封于社团之内。故大政治家必当先有高远之理想，与独特之自负。政治事业，乃彻底的一种英雄领袖的事业，而在以其英雄才情领袖地位尽瘁牺牲于政事。最大的政治家，自己不见才能，而群下见才能。自己不见功业，而群下成功业。孔子曰："巍巍乎惟天为大，惟尧则之，荡荡乎民无能名焉。"此始为最高最大之政治家风度。

今再退一步从此两点来论一般政治家之风度，则政治家理想的风力，应在能"尊贤"。理想的格度，应在能"容众"。故观察一理想上大政治家之风度，断不当着眼在其个人，而首当着眼在其集团，与相从共事之政府。大抵中国目前政治上一甚大弊害，即为对于理想的政治家风度之缺乏。中国近世六百年来，因此遂甚少理想的政治家。有奴才，无大臣。有官吏，无政治家。直到咸、同以下，中国人始得稍稍展布，封疆大吏略略有生气。然还说不到发皇畅遂。

似乎此三十年来，国人对于政治只注视到制度与理论，而忽略了人物。政治家无风度，如何足以感靡伦类，规时范俗？若政治家无风力，无格度，不能感靡伦类，不能规检时俗，则政治力量全已失去，于是踞高位而运用政权者，势不得不凭借其势力与谲诈。而凭借势力与谲诈，则根本说不上是政治。而要说到政治风度，其后面又牵涉及整个文化系统，此处则不拟详论。

五月，《战后新世界》，刊于成都《学思》第一卷第十期。收入同前兰台版《文化与教育》页五九～七三。摘要如下：

（一）

大抵人类战事，概括言之，不出两种轨辙。第一种战争，起于当时社会上的最高传统势力，膨胀到相当限度而自身破裂恶化，由其内部自起斗争。在此种传统旧势力之崩溃下面，则开放着社会新兴势力之生机，而人类文化又得演进到一新阶段。第二种战争，起于当时社会在传统最高势力下，已先有一种新势力潜滋暗长，而不免为前面固有的传统最高势力，即当时社会的旧势力所阻抑，故意施以摧残，而激起斗争。当知旧者必覆，新者必兴。此种战争，亦只是其斗争时间之长短问题，而并非胜败谁属的问题。照理言之：战争本不是人类社会进步所必要的程序，理想中的人类文化，本不应让一种势力过于传统僵化而阻碍新生势力之成长。而就事实言之，则战争常常足以为新兴势力开放门路，并促成旧势力之覆灭，而引速人类文化之演进。

（二）

我们根据上述分析战争之两观念，可以说上次公元一九一四年的战争，大体上是一种欧洲战争，属于第一类。第二次目前的战争，则是一种世界战争，而为上述第一、第二两类战争之夹杂。我们试放眼通览世界大局，自十五世纪末叶欧洲西、葡两国发现海外新航线，直到最近四百多年，全世界人类精力表现，几乎尽在欧洲。这是一种人类社会的新势力。具体言之，是一种中层阶级工商阶级之资产势力。向内则有代议政治的争得，向外则有殖民地之征服。这四百年来的世界史，大体上以一部欧洲史为主脑；而这四百年来的欧洲史，大体上又以一部英国史为中心。代议制度与殖民政策都在英国收获最好之结果。英国既然继承西、葡、荷兰诸国之后成为海上皇后，而接踵而起与英国争此一席者，先有法，次有俄，最后有德。欧洲继续不断的斗争，直到一九一四年达到登峰造极。所以这一战争，只是历史上一种传统旧势力膨胀过度后之破裂与崩溃。德奥方面固然败了,而英法方面也并不曾胜利,至多是假胜利,是较迟一步的失败。从一九一四年大战之后,领导世界之霸权,海上的新皇后,显然已自英伦移让于新大陆的美国。而东亚之日本,亦乘机渔利,其在太平洋上的势力,渐渐与英美相颉颃。此即证明一九一四年之战,乃欧洲四百年传统殖民政策之摇动解放与转变,而非进一步之扩张与征服。若论德俄诸邦,正因军事失利,而国内政体获有剧变。且莫问法西斯与共产制度之是非得失,但论这一种转变的外面,已足证明又是欧洲四百年传统的代议制度在摇动解放与转变,而并非中产阶级的代议政治之更进一步的稳定与完成。向内的代议制度与向外的殖民地征服,正是欧洲四百年新兴中产阶级发皇滋长的骨干。这两骨干之摧折,正足证明了一九一四年大战实为欧洲四百年来传统旧势力之走向解体。而于是新兴势力遂得乘间抬头。故说一九一四年大战,是人类文化演进之绕大弯转新向。

(三)

至于这一次的战争,显然与上一次不同。上一次战争重心只限于欧洲一隅,这一次战争则显见是世界的。而且这一次战争之最先发动,不在欧洲,而在东方亚洲。中日战争,无疑地将表演成这一次战争里最重要而最有意义之一幕。何以言之?

中国自晚明万历以来,酣嬉太平之后,一身中了疯痹症,心脏疲弱,四肢麻木。接着是满清入主,欧力东渐。直到"辛亥革命",孙中山先生以"三民主义"领导着中国民族为自由解放而奋斗。这一个新势力,正在四百年来欧洲传统殖民地征服政策之溃裂与大转弯之际出现,无疑将为此后世界文化新趋向一种重要的决定因素。故在一九一四年的战事中,即产生了美国威尔逊总统之"十四条宣言"。

只是历史变动,常常绕着大弯,不能直捷的转向。因此欧战结束,凡尔赛和约之后,居然来了一个日内瓦国际联盟。倘使英法对此新机构能诚心支撑,则东亚"九一八"事件,决不如此对付。因而在东方激起"七七"事变,为世界大战行揭幕礼。这一次战争,中日两国的激烈斗争,正足证明其与一九一四年欧洲战争之绝然不同性。故说这一次战事始是"世界性"的,又是本篇所分析第一第二两种战争之混合战。尤其是太平洋战事中之中国地位，乃对旧世界四百年传统殖民侵略文化之一种革命战争，更应该具有决定将来新世界之重要意义。

如此照我们中国人立场论之，此次战争，直可名为一种"开辟世界新文化"的战争，或简称"新时代战争"，以别于以前时代之传统旧文化的战争。自此以前四百年，世界文化传统为欧洲中心之传统。此后世界新文化将为世界平等，而非欧洲中心，于是而有一种新国际。

（四）

这一次的世界大战，更足证明四百年来欧洲中心旧传统的殖民地经营，路途已穷。目下世界文化，正在绕着大弯朝新方向进行。若仍然认为一个国家的武力可以征服环球统治五大洲。此真所谓："鷽鹏已翔乎寥廓，而罗者犹视夫薮泽"也。

或者又要据此推论，谓当前资本帝国主义，亦将在继续不断大战争里次第覆灭，而最后则成为世界无产阶级之革命胜利。此一说，依然误于承龙头欧洲中心的旧传统理论。当知马克思共产党宣言已远在一百年前，彼时马克思亦只依据欧洲传统中心立论，而未能旷观全球。近世资本主义剥夺劳工固如马氏之说，而殖民地全体才是真正被削剥的劳苦大众。而在超欧洲中心的整个世界来看，则欧洲中心的资本帝国主之崩溃，将为殖民政策之告终，与殖民地统治的解放。马克思诸人之所谓国际，其目光只限于欧洲中心。宁知欧洲以外尚有更多区域，根本还没有平等的国家地位，更何从而说国际？因此在超欧洲中心的世界趋势论之，马克思之所谓"国际共产"思想，显然还见其隔膜。

就欧洲中心的帝国内部而言，劳资阶级对立，只是一个经济问题。只要分配平均，阶级对立即可取消。若超欧洲中心言之，凡属欧洲以外之殖民地与次殖民地，与欧洲帝国主义之对立，除却经济问题以外，尚有文化问题，更属重要。而亚洲东方诸民族，则原各有其悠远深厚的文化传统。至少言之，亦多与欧洲文化同样悠远。他们遂成为这世界四百年来大潮流下处处潜隐着的暗礁。

中国民族在此一百年内陷于次殖民地的困境，今已全国觉悟，非得民族与国家之解放，其一致抗争将永不休止。蒋委员长最近曾谓："中国、印度两民族不获自由，东亚将永不和平，而世界亦将永无真和平之希望"。此正明白指出了此后世界新时代与新文化之一面。

(五)

我们若将上面两种推测破除,而试预描战争世界之新轮廓,则大体上战后世界当为一亚、美、欧三洲平等分峙的世界。如中国古代战国时代,虽列国分峙,而孔子、墨子、孟、荀、庄、老,以及其它各大思想家,几乎无一不抱超国家的超战争的和平世界主义,悬想一个理想的"大同世界",渐渐形成一种新力量,而后在封建传统势力逐步崩溃之际,自然呈露出一个统一的新境界来。若在目前战后的先一阶段,则应该是"世界和平"、"民族平等"来代替欧洲中心。应该是"全民自由"与"文化自由"来代替欧洲中心,来代替经济压迫。应该是一个"国际和平联合"来代替武力的殖民战争。

亚洲是人类文化之摇篮,亦是世界文化演进史里的老前辈。尤其是中国,它自然是亚洲一个最光明灿烂的国家。不仅有其独自创辟与独自绵历的一种独特文化,它并且能吸收融合了亚洲其它各民族文化之优点而冶为一炉。印度佛教精华,全部在中国。回教自唐宋以来,亦成为中国文化中一部分。中国人莫不虚心接纳其邻国文化之渊深处。下至于以物质发明工商技艺相交利,而从不出于武力兵戎之征服攘夺。最近百年来的衰运,自与更远西的欧洲殖民新潮流相接触,中国人一样肯虚心接纳。只要可以消融于中国传统文化下的远西思想,与文物制度,中国人无不乐于取法。中国民族之复兴,与其传统文化之重光,自将肩起领导亚洲诸民族古文化复活与亚洲诸族新平等新和平曙光之重现之最高责任。

六月,《文化与教育》一书,由重庆国民图书出版社出版。收入联经《全集》第四十一册《文化与教育》。二〇〇一年台北素书楼文教基全会·兰台出版社整理新版印行。

编者按:对日抗战时期,钱先生随北大迁往后方,曾在昆明、成都络续写有多篇讨论时事之文,刊载两地报章杂志。一九四二年,重庆国民出版社汇集先生此等文字为一书出版,其大要如下:

一九四二年 壬午 四十八岁

序

　　昔李塨尝言："莱阳沈迅上封事，曰：'中国嚼笔吮豪之一日，即外夷秣马厉兵之一日。卒之盗贼蜂起，大命逐倾。天乃以二帝三王相传之天下，授之塞外。'吾每读其语，未尝不为之惭且痛。"郭嵩焘亦云："自宋以来，尽人能文章，善议论。无论为君子小人，与其有知无知，皆能用其一隅之见，校论短长，攻剖是非。末流之世，恨无知道之君子，正其议而息其辨。覆辙相寻，终以不悟。"穆髫龄受书，于晚明知爱亭林；于晚清知爱湘乡。修学致用，窃仰慕焉。而深味夫李、郭二氏之言，未尝敢轻援笔论当世事。国难以来，逃死后方，遂稍稍破此戒。譬如候虫之鸣，感于气变，不能自已。而人亦多飜以言者。积三、四年，薄有篇帙，兹汇其有关文化问题者为上卷，其讨论学术趋向者附之。关于教育问题者为下卷，其牵及政风治术者附之。都凡二十余篇，聊存一时之意见。而李、郭之言，固常自往来于余之胸中也。

《文化与教育》目次

序　五
上卷
一、中国文化与中国青年　一
二、中国文化与中国军人　十一
三、建国三路线　二一
四、东西政治精神之基本歧异　三一
五、东西文化学社缘起　四七
六、东西人生观之对照　五一
七、战后新世界　六五
八、世界文化之明日与新中国　八一
九、新时代与新学术　九七
一〇、中国民主精神　一〇七
一一、齐鲁学报创刊号发刊词　一二一
一二、中国固有哲学与革命哲学　一二五

一三、中西文化接触之回顾与前瞻　一四一

一四、中国思想界的出路　一四九

一五、从两个世界说到两种文化　一五九

一六、如何建立人文科学　一六五

一七、新原才　一七一

一八、病与艾　一七九

一九、过渡与开创　一八三

二〇、现状与趋势　一八九

下卷

一、改革大学制度议　一九五

二、理想的大学　二〇五

三、北大四十五周年纪念辞　二一七

四、理想的大学教育　二一九

五、一所理想的中文大学　二四三

六、改革中等教育议　二五一

七、从整个国家教育之革新来谈中等教育　二五九

八、革命教育与国史教育　二七三

九、中等学校国文教授之讨论　二八三

一〇、编纂中等学校国文科公用教本之意见　三〇一

一一、复兴文化运动与中小学国语国文之教材问题　三〇九

一二、中国传统文化与中国之师道　三一五

一三、中国之师道　三二三

一四、教师节感言　三三三

一五、中国传统文化中之师道　三四一

一六、中国之师道　三五一

一七、当前的香港教育问题　三六一

一八、香港专上教育瞻望　三七一

一九、香港金文泰中学一九五六年毕业典礼讲辞　三七七

二〇、香港某英文中学毕业典礼讲辞　三八一

二一、五华学院人文研究班文史学科三年修业纲领　三八五

二二、中国儒学研究计划大纲　三九七

跋　四〇三

七月，《中国民族之文字与文学》，刊于《思想与时代》第十一、十二期。收入同前兰台版《中国文学论丛》页一～二二。摘要如下：

（一）

一民族文字、文学之成绩，每与其民族之文化造诣，如影随形，不啻一体之两面。故觇国问俗，必先考文识字；欲论中国民族传统文化之独特与优美，莫如以中国民族之文字与文学为之证。中国文字由于中国民族独特之创造，自成一系，举世不见有相似可比拟者。而中国文学之发展，即本于此独特创造之文字，亦复自成一系，有其特殊之精神与面貌。

《诗》、《书》、《论》、《孟》、《庄》、《老》，为中国二千年来学者尽人必读之书。即在二千年后之今日，翻阅二千年前之古籍，文字同，语法同，明白如话，栩栩如生，此何等事！中国人习熟而不察，恬不以为怪。试游埃及、巴比伦，寻问其土著，于彼皇古所创画式表音文字，犹有能认识能使用者否？不仅于此，即古希腊文、拉丁文，今日欧洲人士能识能读者又几？犹不仅于此，即在十四、五世纪，彼中以文学大名传世之宏着，今日之宿学，非翻字典亦不能骤晓也。

中国人最早创造文字之时间，今尚无从悬断。即据安阳甲骨文字，考其年代已在三千年以上。论其文字之构造，实有特殊之优点。其先若以"象形"始，而继之以"象事"（即指事），又以单字相组合或颠倒减省而有"象意"（即会意）。复以形声相错综而有"象声"（即形声）。合是四者而中国文字之大体略备。大率象形多独体文，而象事意声者则多合体字。以文为母，以字为子，文能生字，字又相生。孳乳寖多，而有转注。转注以本意相生，本意有感不足，则变通其义而有假借。注之与借，亦寓乎四象之中而复超乎四象之外。四象为经，注借为纬，此中国文字之所谓"六书"。

故中国文字虽原本于象形，而不为形所拘；虽终极于谐声，而亦不为声所限。此最中国文字之杰出所在。泰西文字，率主衍声。人类无数百年不变之语言，语言变，斯文字随之。语音日变，新字迭起。文字递增，心力弗胜。欧洲人追溯祖始，皆出雅瑞安种。当其未有文字之先，业已分驰四散，各阅数千年之久。迨其始制文字，则已方言大异。然因无文字记载，故其政俗法律，风气习尚，由同趋异，日殊日远。其俗乃厚己而薄邻，荣今而蔑古，一分不合，长往莫返。

至于中国，文字之发明既早，而语文之联系又密。形声字，于六书占十之九。不随语言而俱化，又能调洽殊方，沟贯异代；此则中国文化绵历之久，镕凝之广，所有赖于文字者独深也。

（二）

中国文字又有一独特之优点，即能以甚少之字数而包举甚多之意义。沟贯异代，而数量不至于日增，使其人民无不胜负荷之感，此诚中国文字一大优点。因中国早臻一统，能以政治握文字之枢纽。周尚雅言，秦法同文。故今中国虽广土众民，燕、粤、吴、陇，天旷地隔，而文字无不一致。后世有事物新兴，而必有新兴之言语。轮船铁路，电影飞机，凡此之类，即以旧语称新名，语字不增，而义蕴日富。至车行暂止，则直言车站，更不必再制新字。盖中国语字简洁，一字则一音，一音则一义。嗣以单音单字，不足济用，乃连缀数字数音，而曰车站。如此连缀旧字以成新语，则新语无穷，而字数仍有限，则无穷增字之弊可免。抑且即字表音，而字本有义，其先则由音生义，其后亦由义缀音。如是则音义回环，互相济助，语音之变不至于太骤，而字义之变不至于不及。此中国文字以旧形旧字表新音新义之妙用一也。故中国文字常能消融方言，冶诸一炉。此又中国文字不主故常，而又条贯如一，富有日新，而能递传不失之妙用二也。

（三）

世界各民族最古文字，主要有埃及、巴比伦、中国三型。其先皆以象形为宗。然就此三者之体制而较论之，则实以中国文字为最优。中国文字虽曰象形，而多用线条，描其轮廓态势，传其精神意象，又多采曲势，婀娜生动，变化自多。

最近数百年来，欧西诸邦，各本其方言竞创新字，相去不百里而文字相异，抑且相去不百年而文字又相异。其字数之激急增加。就英文言，其普通字书，所收单字，常逾四五万。而回顾吾国，则三千数百年以前，即就贞卜文字言，已有四千字之多；乃秦汉一统，都其文字，不过三千三百。下逮东汉许叔重撰集《说文解字》，所收字数，乃及九千三百余文。民国以来，《中华大字典》所收四万余字。然亦备存体制，非关实用。至于今日社会俗用，则一千二百字便绰有余裕矣。此乃中国文字演进，自走新途，不尚多造新字，重在即就熟用单字，更换其排列，重新为缀比，即见新义，亦成为变。

（四）

或疑中国文字不适于科学发展，其实中国科学亦别有发展，其文字构造，亦即一种科学也。或疑中国文字不适于哲学思辨，此乃中西文化根本一异，乃中国人之思辨逻辑，自与欧人有不同。或疑中国文字不适于群众教育，则当知中国教育不普及，仍自另有因缘，非关文字艰深。若中国经济向荣，国家积极推行国民教育，多培良师，家弦户诵，语文运用，岂遽逊于他邦？

（五）

其次请论文学。中国民族素好文学。孔子删《诗》，事不足信。然当时各国风诗，亦决不尽于今《诗经十五国风》之所收，即左传所载可证。故此《十五国风》，以今地言之，西逾渭至秦，东逾济达齐，南逾淮至陈，北逾河至唐，分布地域，甚为辽阔。而风格意境，相差不太远，则早已收"化一风同"矣。虽亦时有新分子渗入，如汉、淮、江、海之交，所谓《楚辞》、吴歌，而战国以下崛起称盛。故《楚辞》以地方性始，而不以地方性终，乃以新的地方风味与地方色彩融入传统文学之全体，而益增其美富。

（六）

中西文学异征，又可以从题材与文体两端辨之。西方古代如希腊有史诗与剧曲，此为西方文学两大宗，而在中土则两者皆不盛。盖即随俗与雅化两型演进之不同所致也。中国当大一统王朝中兴之烈，其文学为上行。希腊在支离破碎，漫无统纪之时，其文学为下行。故中国古诗亦可以征史，而史与诗已分途。孔子本鲁史为《春秋》，左丘明聚百二十国宝书成《左传》，其时中国史学已日臻光昌，而诗、书分科，史之与诗，已有甚清晰之界线。故如神话、剧曲一类民间传说，所谓"齐东野人之语"，不以登大雅之堂也。

然则中国文学之取材常若何？曰：西方文学取材，常陷于偏隅；中国文学之取材，则常贵于通方。以民间故事神话为叙事长诗，为剧本，为小说，此西方文学之三大骨干，在中国亦皆有之，而皆非所尚。中土著述，大体可分三类：曰"史"，曰"论"，曰"诗"。诗、史为中国人生之轮翼，亦即中国文化之柱石。诗者，中国文学之主干。诗以抒情为上。盖记事归史，说理归论，诗家园地自在性情。而诗人之取材，则最爱自然。宇宙阴阳，飞潜动植，此固最通方不落偏隅之题材也。要之，其取材皆贵通国通天下，而不以地方为准。

（七）

中西文学萌茁，环境之不同，精论之，则有影响双方文学家内心情感之相异者。文学必求欣赏，要求欣赏对象之不同，足以分别其文学创造之路径。故而西方文学家要求之欣赏对象，即在当前之近空；而中国文学家要求之欣赏对象，乃远在身外之久后。故西方文学尚创新，而中国文学尚传统。西方文学常奔放，而中国文学常矜持。西方文学之力量，在能散播；而中国文学之力量，在能控抟。此又双方文学一异点也。

古书声诗一贯，《诗三百》皆以被管弦。而《颂》之为体、式舞、式歌，犹演剧也。然声常为地域限。故自汉而后，乐府亦不为文学正宗，而音乐之在中国亦终不能大盛。魏晋而下，钟、王踵起，书法大兴。书法固不为地域限，虽南帖北碑，各擅精妙，而结体成形，初无二致。故中国文人爱好看书法，遂为中国特有之艺术，俨与音乐为代兴。学者果深识于书法与音乐二者兴衰之际而悟其妙理，则可以得中国传统文化之一趣。

（八）

然所谓中国文学贵通方，非谓其空洞而无物，广大而不着边际。中国文人常言"文以载道"，或遂疑中国文学颇与现实人生不相亲。此又不然。凡所谓"道"，即人生也。道者，人生所不可须臾离，而特指其通方与经久言之耳。中土文学，则由通呈独，常期于全体中露偏至。若杜甫、苏轼之诗，凡其毕生所遭值之时代，政事治乱，民生利病，社会风习，君臣朋僚，师友交游之死生离合，家人妇子，米盐琐碎，所至山川景物，建筑工艺，玩好服用，不仅可以考作者之性情；抑且推至其家庭乡里，社会国族，近至人事，远及自然，灿如燎如，无不毕陈，考史问俗，恣所渔猎。故中国文学虽曰尚通方、尚空灵，然实处处着实，处处有边际也。

（九）

中国文学之亲附人生，妙会实事，又可后其文体之繁变征之。专就诗言，《三百篇》之后，变之以骚赋，广之以乐府。魏晋以下，迄于唐人，诗体繁兴，四言、五言、七言、古、近、律、绝，外而宇宙万变，内而人心千态，小篇薄物，无不牢笼。五代以下有词，宋元以下有曲，途径益宽，无乎不届。中国文化环境阔而疏，故一切宗教、文学、政治、礼律，凡所以维系民族文化而推进之者，皆求能向心而上行。然而未尝不深根宁极于社会之下层，新源之汲取，新生之培养，无时不于社会下层是资是赖。中国文学向下散播活动亦日易。故自唐以来小说骤盛，并有语体记录，始于方外，逮及儒林。宋元以来，说部流行，脍炙人口。近人震于西风，轻肆讥病。至于晚明昆曲，其剧情表演之曲折细腻，其剧辞组织之典雅生动，其文学价值之优美卓绝，初不逊于彼邦。凡中国文学演进之特趋，所以见异于西土者，自有种种因缘与相适应而感召。

（十）

民国以来，学者贩稗浅薄，妄目中国传统文学为已死之贵族文学，而别求创造所谓民众之新文艺。夫文体随时解放，因境开新，此本固然，不自今起。抑且又有进者，文运与时运相应。故时运又开新，常有期于文运之开新。植根不深，则华实不茂。膏油不滋，则光采不华。中国固文艺种子之好园地也。窃愿为有志于为国家民族创新文艺者一赋之。

七月，《革命教育与国史教育》（《教育部史地教育委员会》第二届开会演说辞），刊于重庆《大公报》。收入同前兰台版《文化与教育》。摘要见六月出版该书。

九月，《论宋代相权》，刊于金陵、华西、齐鲁三大学《中国文化研究汇刊》第二卷。收入台北素书楼文教基金会·兰台出版社《中国学术思想史论丛》（五）页二九～四二。摘要如下：

（一）

宋代政制号为沿袭唐旧，然多所变异，始宰相职权之低抑，亦其一端。宋初宰相亦称"同中书门下平章事"。实则但就中书内省为政事堂，与枢密对称"两府"，亦曰"两地"。

枢密在唐代，起于代宗以后，然特以宦者任之，终非朝廷正职。五代梁有崇政使，任出纳密命，盖即唐之枢密，乃始更用士人，然亦备顾问，参谋议于中，未专行事于外。至郭崇韬、安重诲为之，始复唐枢密之名，而权侔宰相矣。宋代因之，遂分文事任宰相，武事任枢密。枢密之任既重，而宰相自此失职。宰相不获预闻兵事，是宰相之权已失其半，而国家军政之不能振作，亦可想象而知。

（二）

宋宰相既不得预兵事，而财政之权乃亦非宰相所能握，所谓"中书治民，枢密主兵，三司理财"。"三司"谓户部、盐铁、度支。宋太祖开宝五年，尝命参知政事薛居正，兼提点三司淮南、江南诸路水陆转运使，明年，薛拜相，仍领转运使事。然循是而后，则度支、盐铁与户部三司，乃骎骎脱离相权而独立。此在宋人，亦颇有非议。又淳化二年御史中丞王化基言五事：其一为复尚书省，亦主废三司。

故王安石为相，首创"制置三司条例司"，以整顿全国之财政，而乃为举朝所反对。然则宰相不得预闻财政，而宰相之权又去其半矣。夫以宰相当全国之大任，而不能预闻军事，又不能预闻国用，则宰相之权任可知，而其所能建白者者，亦有限矣。宋室南渡，建炎四年诏："自今宰相兼知枢密院事。"遂于孝宗乾道二年诏："自今宰相可带兼制国用使，参政可同知国用事。"自此相权始复，然于大局已无补矣。

（三）

宰相之权，兵、财以外，官人进贤，最其大者。而宋之相权于此亦绌。唐崔祐甫拜门下侍郎，同中书门下平章事，未逾年，除吏七八百员。此唐代宰相有用人大权之略可见者。而宋代则用人之权复不在宰相。《宋史》卷二九四苏伸奏:"太宗皇帝始用赵普议,置考课院以分中书之权,今审官是也。"此皆王室自揽用人大权之证。时议亦多反对。此为宋太宗下夺相权,不任宰相以用贤进才之证。

史又称:"寇准在中书,喜用寒畯,同列属目。吏持例簿以进,准曰:'宰相所以器百官,若用例,非所谓进贤退不肖也。'真宗罢准相位,曰:'寇准以国家爵赏过求虚誉,无大臣体。'"嗟乎,此何言也!若寇准之告吏,皆所谓真识宰相之体任者。而宋之为君者皆不喜,故知宋代深抑相权,盖由其猜防之传统,非偶然也。

(四)

太宗并不许相臣于公事自有指挥,一一当听命于勅旨。权在君而不在相,相臣则惟止于画勅。是则所谓"焉用彼相"矣。再以台、谏论之,二者设职本不同。唐谏议大夫拾遗补阙,专以谏天子为职。而御史台自为一局,所以纠察百官之罪恶。宋则台、谏渐混为一,乃专以绳外朝,非以谏内廷。

且宋之给舍为所迁官,实不任职,而其职常以他官兼领。如张咏以枢密直学士,何剡以待制,皆尝领给事中。此等素所居官,本非宰相之属,而得封还诏书。故宰相权益缩,无可展布。此在唐代,封驳即宰相之权,在宋代,封驳乃以掣宰相之肘,此又其异也。

(五)

抑宋之宰相,不仅无预闻军事、财政、用人之权而已。且又有宰执不许接对宾客之禁。淳化间,王禹偁上言:"庶官候谒宰相,并须朝罢于政事堂,枢密使预坐接见。"太宗诏从之。然考此后宋制,宰相不许私见宾客如故。《石林燕语》谓:"祖宗时,执政私第接见宾客有数,庶官几不复可进。自王荆公欲广收人材,于是不以品秩高卑皆得进谒。"是此禁例,至荆公始全除耳。

(六)

又宰相坐论之礼,亦自宋而废。王文正笔录谓:"旧制,宰相早朝,上殿命坐,有军国大事则议之,常从容赐茶而退。由唐室历五代不改其制,抑古所谓'坐而论道'者。国初范质、王溥、魏仁溥在相位,自以前朝相,且惮太祖英睿,具札子,面取进止。自是奏御寖多,或至旰昃,啜茶之礼寻废，固无暇于坐论矣。"

此在朱子曾慨乎言之，谓："古者三公坐而论道，方可仔细说得。如今莫说教宰执坐，奏对之时，顷刻即退。且说无坐位，也须有个案子，令开展在上，指画利害，上亦知得仔细。今顷刻便退，君臣如何得同心理会事？"朱子之语如此，然则宋相之对其君，其体制尚不及公吏之对上司。相权一隳，万事随之。宋室不振，大端实在此。而从来论史者皆忽之，故为略疏其概要。

十一月，《中庸之明与诚》，刊于华西大学《华文月刊》第一卷第六期。收入同前兰台版《中国学术思想史论丛》（二）页一四四～一五二。摘要如下：

儒家思想往往用两个字来表达一个观念。或一种境界。此两字则往往左右相辅，循环相成，正反相涵。《中庸》里的"明"与"诚"便是一例。

"诚"者，简单言之，即是"实在"。天实实在在有此天，地实实在在有此地，此皆实在，此即"诚"也。与"实在"相近之谊，则有道家之所谓"自然"。道家言自然即是实在，即犹如《中庸》之"诚"。

《中庸》是一篇较晚出的文章，《中庸》之所谓诚，实已采纳道家自然的观念。"天何言哉！四时行焉，百物生焉。"此是实在，亦是自然。惟道家注重于四时之行，而儒家则注重于百物之生。故道家好言"一气之运行"、"物化"。儒家则采纳道家"化"的观念，只在化之中抽出一个更重要的观念，曰"生"或曰"育"。《中庸》说："赞天地之化育。"于"化"字下连缀上一"育"字，即是晚起儒家融会道家思想而再创造之一端。

于大气运行之中特别指出一个"生命之持续"，此是儒家与道家不同之第一步。再从生命之持续中，特别指出一个"心"字，此是儒家与道家不同之第二步。心的功能是能开悟、有知觉，能开悟、有知觉，便是《中庸》之所谓"明"。故"明"即是"诚"，诚可包明。儒家在自然中看重生命，在生命中看重心，又要心不背自然，此便是《中庸》之所谓"诚"，因此《中庸》的"诚"字里面，早已包涵"明"的意义。分言之，"诚""明"对立。合言之，则诚即包明，明亦是诚也。

《中庸》则以"明觉"为自然。自然中本应有明觉，故说："自诚明谓之性。"心本为生命持续之一工具，或一官能。但心的更高发展及其更高功能，则为对于大生命本体之认识，即对于大化本体之开悟与觉知。此种对大生命本体之认识与夫对大化本体之开悟与觉知，在儒家谓之"仁"。儒家则认仁为心的发展之最高境界，故"尽心始可知性"，又曰"性善"；故曰"自明诚谓之教"，此即先知觉后知，先觉觉后觉也。"诚则明矣，明则诚矣"，明诚循环相生，则天人一贯，人即本此赞天地之化育，从此即可尽物性。

当知《中庸》"诚"字里面便涵"情"的成份。"化"属无情，而"生"则有情。《易》曰："天地之大德曰生。"天地万物不仅有化，又有生。惟其有生，故说得上天地之"德"。德便是情，诚乃有情之化。故《中庸》不说"自然"而说"性"，性亦有情。

《中庸》论性，已全采孟子"性善"之旨。性善只从人性说，此是孟子本旨。但《中庸》则推扩开去，善不限于人性。《中庸》天命之性则实是一诚，即是一"至善"也。故《中庸》言性，打通有生无生言之，即融合有情无情言之。何以有生无生、有情无情，皆可说他诚？如此阐将去，便非明得《中庸》"鬼神"之义不可。

《中庸》论鬼神，子曰："鬼神之为德，其盛矣乎！视之而弗见，听之而弗闻，体物而不可遗。使天下之人，齐明盛服，以承祭祀，洋洋乎如在其上，如在其左右。诗曰：'神之格思，不可度思，矧可射思。'夫微之显，诚之不可揜，如此夫！"鬼神"体物而不可遗"，此"物"字，即包括有生无生、有情无情。鬼神即是宇宙万物之内体，即是诚。

《中庸》又说；"郊社之礼，所以事上帝也。宗庙之礼，所以祀乎其先也。明乎郊社之礼、禘尝之义，治国其如示诸掌乎！"郊社祭天地，宗庙祭祖先，天地祖先即是生命之本原。人对郊社祖先致祭，即是小生命对大生命之一种开悟觉知与真情发越。虽则祖先已死，天地无情，然心的最高境界中，却可有一段真情，常觉祖先若未死，天地若有情。于是发生鬼神观念，于是发生祭祀礼节。只因人心自能开悟，自能觉知，便渐渐明白得自己这一种心境，即是"自诚明"也。这一种心境，即是万物同体、生命一本的觉知。

此种鬼神观念，复与西方人的宗教感情不同。中国人言："神之格思，不可度思，矧可射思。"便不能纯理智上测度鬼神。只人类实有此心境，便即是诚。至情便是至理。

孟子偏言仁，荀子偏言礼。《中庸》之性善虽近孟子，其善言礼意却近荀子。《中庸》又有一层接近荀子处，即是《中庸》屡言"不息"，言"悠久"，不息悠久便是荀子之所谓"积"。道家言"化"，儒家言"生"，言生故言"性"；性不止于初生之自然，更要者在其积久而如一。故《中庸》云："天地之道：博也，厚也，高也，明也，悠也，久也。""博厚"配地，"高明"配天，人所易知，又特特加入一"悠久"。儒家言"性"言"诚"，皆当着眼在"悠久"上看。故《中庸》曰："至诚无息。"无息不已，可见大生命之持续。在此大生命之持续中，始见"自诚明，自明诚"之循环相成。若非悠久，便不能成物，故《中庸》曰："悠久所以成物也。"又曰："诚者物之终始，不诚无物。"

自然之悠久处便是神。鬼神只在自然变化之悠久不息中看取。人心之悠久处是性。心不悠久，便是无诚。然亦在其明得天地悠久之理，与天地合德，心的至诚达一最高阶级，便有此境；故曰："诚者，非自成己而已也，所以成物也。成己，仁也；成物，知也；性之德也，合外内之道也，故时措之宜也。"

人要在刹那刹那中觅取悠久，便是"择善固执"的工夫。人文化成是一个悠久之道，此是天道。人却另有一个择善固执之道，此是人道。所谓"自明诚，谓之教"，教者如是，学者亦如是。《中庸》之"诚"亦即《论语》之"仁"也。故《中庸》又云智、仁、勇三达德。故必说善、说诚，始能合外内，尽性而赞天地之化育，乃始与大生命全体合德也。

十一月，《再论大学格物义》，刊于《思想与时代月刊》第十六期。收入同前兰台版。编者按：此篇系答辨文字，精义已在一九四一年九月原文中发挥，兹略。

一九四二年　壬午　四十八岁

十二月,《战后新首都问题》,刊于《思想与时代月刊》第十七期。收入同前兰台版《政学私言》页一六四～一八二。摘要如下:

(一)

有些国家常有首都问题之发生,而有些国家则否,何以故?正为立国体制不同故。大略言之,国家可分为两类:一为自然国家。一为人文国家。前者可称为"单式国家",后者则应称为"复式国家"。如西欧古代城邦国家,其为单式的自然国家,近代西欧民族国家,依理言之,亦复如是。

至于中国,则自秦汉以来,早已脱离自然单一国家之雏形,而进到人文复式国家之阶段。所谓"人文国家"之意义,正指其国家之创建,全由人文化成,而不复为自然的地形与民族之隔阂所限。与西欧传统的自然单式国家大异其趣。此为本文讨论首都问题所欲首先提出请人注意之一点。在自然单式国家之首都,如英国之伦敦,法国之巴黎,德国之柏林,都有他们的自然形势,交通经济各方面,有他们的自然价值与自然地位。

因此在人文复式国家,首都之选择,实为一至重极要之事。一国家之规模与精神,只看其首都之选择,已不啻如示诸掌。中国自秦以来二千年,首都所在地,时时变动,正为此故。

(二)

大抵一国家的规模与精神,有时取顺势,而有时取逆势。有时守静态,而有时守动态。取顺势守静态则为退婴时代,取逆势守动态则为进取进代。中国地形,西北高而东南下,山脉河流,全从西北趋向东南。气候则由西北寒冷,东南和煦;物产则西北楛瘠,东南丰饶。因此中国人之向东南发展,常在一种顺境静态下完成之,而不免带有一种退婴之象。中国人之向西北发展,则在一种逆境动态下完成之,而亦带有一种进取之致。若把握住这一观念,来考察秦、汉以来二千年首都移转内部意义,便朗若列眉,一无遁形。

二千年来的中国,秦、汉、隋、唐为一期,宋、元、明、清为又一期。西汉之都关中,实取逆势。东汉光武中兴,乃建东都洛阳,则为退婴的国家,不如西汉之动进。故东汉仅能守成,而西汉实能应变。

（三）

魏晋以下，中国人精力物力，更见委靡，再无此大气魄西都长安，他们仅能逗留于洛阳而止。东晋南渡，北方衣冠盛族，索性如潮水般前拥后挤相率南迁。东吴割据建业，东晋、南朝袭其成规。由建业向长安乃逆势上趋，非有精力物力之驱迈与支撑不可。由长安向建业，乃顺势下游，不烦排布，自然滑去。隋、唐复都长安，正是中国人经历长期折磨后，精力复旺，气魄复振的一个极好的象征。然中国只有建都长安，才能全身策动，吸集东南方人力物力不断输送到西北去。

（四）

五代以下，中国又入衰运。只看五代十国中间便无关、陕在内，因此西北在中国史上失却其应占之地位。北宋开始混一，然北宋不论不能建都长安，抑并不能建都洛阳，而开始在汴京住下。这才注定了后期中国衰运之先兆。宋代建都，虽说顺势自然，其实是无势可据。历代建国，无如宋人之弱者。明太祖驱除胡元，定都金陵。而当时北方强敌未消，不得不特驻重兵。明成祖毅然北迁，始一反太祖之顺势静态的退婴政策，而改为逆势动态之进取政策。明代得有四百年恢张庞大的局面，不得不说是成祖之功。

今就中国史上历代建都分五区域言之，其在中央者曰洛阳，西北区为长安，东北区为燕京，东南区为金陵，西南区为成都。其它则不在讨论之列。成都仅属割据，依照地形，断无全国首都落在西南之理。金陵亦仅偏安，明初虽以南京为全国首都，只是昙花一现，不作准数。北平建都虽亦近及千年，然大体是东北部族政权压迫全国之一据点，只有明代三百年为例外。倘统筹中国全局，又纵揽两千年立国经验，则此后中国新首都仍当面向西北，而洛阳自不如长安之适当。

（以下略）

十二月，《苏代苏厉考》，刊于《文史杂志》第二卷第十九期。收入联经《全集》第五册《先秦诸子系年》，摘要见该书第三卷。

一九四三年　癸未　四十九岁

一　国内大事

一月十一日，英、美两国分别与我国签定平等新约，放弃在华的领事裁判权等特权。

三月，蒋委员长出版《中国之命运》一书。

八月，国民政府主席林森于重庆病逝，由蒋介石委员长兼代主席，至十月成为正式主席。

十月，中、美、英及苏四国代表在莫斯科发表宣言，决定建立国际安全机构。

十一月，中、美、英三国领袖在开罗开会，会后在重庆、华盛顿、伦敦同时公布《开罗宣言》，宣称三国必战到日本无条件投降为止。会上还讨论了在欧洲开辟第二战场的问题。

二　事略

先生仍任齐鲁大学国学研究所主任，并兼齐鲁大学课。秋，国学研究所停办，华西大学文学院长罗忠恕，邀先生转去华西大学任教。时老友蒙文通任四川省立图书馆馆长，兼华西教授，由其移借一部分图书寄放先生住宅，以供他和同居的齐鲁研究所研究员五六人研读之用。后应四川大学校长黄季陆屡来邀请，不得已，前往兼课。

是年冬，又应召赴重庆复兴关，为高级训练班讲学，同赴讲学者凡四人，即冯友兰、萧公权、萧叔玉，四人同居一屋中。居复兴关凡一月，膳食极佳。后返成都。

三 著述

一月，《中国今日所需的新史学与新史学家》，刊于《思想与时代》第十八期。收入《中国历史研究法》，二〇〇一年台北素书楼文教基金会·兰台出版社整理新版印行，页一七二～一八三。摘要如下：

（一）

历史乃人事之记载，故史学亦为一种人事之研究。人事必有"持续性"，有持续数年、数十百年，乃至数千年以上者。既有持续，即有变动。且人事惟其有持续，故方其端绪初生，即有可然之将来随以俱至。请举实事言之。

当前之对日抗战，持续已逾五年。战争尚未到最后决定之阶段，吾侪即绝不当认为首都已沦陷，平津沪杭武汉广州已丧失，五年来战争已失败。此等虽若过去，而实未过去，实尚现在，而正在不断演变中。不得遽目今日以前为过去，亦不得尽谓之未来。因其已有某种"必然性"，虽未来而实已来。故知就人事论，自始至终，自有其"必然之持续"与"可能之演变"。举此一例，始知人事乃由过去穿透现在直达将来。过去与将来凝成一片，而共成其为一有宽度之现在。研究历史者，实即研究此一有宽度之现在事件。其事活泼现在，岂得谓历史只属于过去人事？

（二）

当知中日抗战虽为近百年来之一事件，而目前活跃现在之事件，则尚有不尽限于百年之间者。惟此事件之现在性即甚宽阔，故研究此一事件者，势必回瞻数百年之前，远眺数百年之后，乃克胜任。

故凡一历史事件，莫不有其相当之持续性，而其间复有积极、消极之分。积极者，乃此历史大流之主潮；消极者，乃此历史大流之漩洑。大流者繄何？此必为吾国家民族文化之绵历与发皇，吾国家民族文化之奋斗与争存。此一事活跃现在，而自有文字记载以来，辜较言之，亦已持续及于五千年之久。故研究历史者，其最要宗旨，厥为研究此当前活跃现在一大事，直上直下，无过支，无将来，而一囊括尽。

一九四三年 癸未 四十九岁

（三）

历史乃一时间性的学问。历史正为一大事业，一大生命。故历史上之过去非过去，而历史之未来非未来。历史学者当凝合过去、未来为一大现在，而后始克当历史研究之任务。

故凡历史上之事变，扼要言之，乃尽属一种改变过去与改变将来之事业。若不能改变过去，复不能改变将来，则人类历史将永远如水之流，如花之放，成一自然景象，复何历史可言？研究历史，即谓其乃研究如何改进现在人事之一种学问，亦无不可。

（四）

比如读中日战史者，若仅看至今日为止，亦安知此次战争之究竟如何结束乎？古语云："盖棺论定"。此谓人之一生非到终极，即不易判其真相。历史事件亦各有一终极。若非彻底研寻，只认得过去，便谓一成不变，则是震于项王之破邯郸，而不知其有垓下之围也。然则研究历史，不断在记忆过去，了解现在，与把握将来，其理自显。故谓过去为一成不变者既误，谓将来乃茫无把握者亦误。当知将来可以改定过去，而过去亦可控制将来。

（五）

此所讲之新史学，其实昔人早已言之。司马迁所谓"究天人之际，通古今之变"，此即融贯"空间"诸相，通透"时间"诸相，而综合一视之。故曰"述往事，思来者"。今则姑以名号相假借，称之为"新史学"。本此推说，则今日所需之新史学家，其人必具下开诸条件：（1）其人于世事现实有极恳切之关怀者。（2）其人又能明于察往、勇于迎来，不拘拘于世事现实者。（3）其人必于天界、物界、人界诸凡世间诸事相、各科学智识有相当晓瞭者。（4）其人必具哲学头脑，能融会贯通而籀得时空诸事态相互间之经纬条理者。如此乃可当于司马氏所谓"究天人之际，通古今之变"，而后始要以成其"一家之言"。

一月，《两汉博士家法考》，刊于中央大学《文史哲季刊》第一期。收入联经《全集》第八册《两汉经学今古文平议》，二〇〇一年北京商务印书馆《两汉经学今古文平议》，页一八一～二六一。其大要如下：

晚清言两汉经学，每好分别今古家法，张皇过甚，流衍多失。余著《近三百年学术史》及《刘向歆年谱》，多所驳正。而推本穷源，犹有未遑。往者于北平诸大学讲秦汉史，于此粗有论撰，聊成单篇，备治斯学者之研讨焉。

一　博士渊源

《史记·循吏传》："公仪休，鲁博士，以高第为鲁相"，"博士"之称始见此。战国，鲁、魏皆有博士。鲁缪尊养曾申、子思之徒，魏文侯则师事子夏而友田子方、段干木。儒术之盛自鲁、魏，是则博士建官本于儒术也。《说苑·尊贤篇》称"博士淳于髡"，《五经异义》谓"战国时，齐置博士之官"是也。然则博士设官原于儒术，更益信矣。《汉书·百官表》谓"博士、秦官，掌通古今"，夫"掌通古今"，即"不治而议论"也。则秦之博士即本战国，亦居可知。

二　秦博士议政与焚书

秦博士掌承问对，如群臣上尊号，称"谨与博士议"。始皇渡湘江，逢大风，问博士。陈胜起，二世召博士诸儒生问之。皆是也。博士既承问对，则易涉于议政。秦博士议政最著者，莫如其议封建。而焚书大波轩然起。丞相李斯奏曰："今皇帝并有天下，别黑白而定一尊。私学而相与非法教，人闻令下则各以其学议之。入则心非，出则巷议。夸主以为名，异取以为高，率群下以造谤。如此弗禁，则主势降乎上，党与成乎下。禁之便。"此为当时李斯建议焚书之理论。至焚书办法，李斯亦有拟定，曰："臣请：一、史官非秦记皆烧之。二、非博士官所职，天下敢有藏《诗》《书》、百家语者，悉诣守、尉杂烧之。"

大抵先秦学官有二：一曰史官，一曰博士官。史官自商、周以来已有之。博士官则自战国始有，盖相应于平民社会自由学术之兴起。诸子百家既盛，乃始有博士官之创建。博士官与史官分立，即古者"王官学"与后世"百家言"对峙一象征也。

李斯除请焚书外，尚拟办法数项："一、敢偶语《诗》《书》弃市。二、以古非今者族，吏见知不举者与同罪。三、令下三十日不烧，黥为城旦。四、所不去者医药、卜筮、种树之书。五、若欲有学法令，以吏为师。"此则秦廷禁令，并不以焚书为首要。令下三十日不烧，仅得黥罪。而最要者为以古非今，其罪至于灭族。次则偶语《诗》《书》，罪亦弃市。故秦廷此次焚书，其首要者为六国之史记，以其多讥刺及秦，且多涉及政治也。其次为《诗》《书》，即古代官书之流传民间者，以其每为师古议政者所凭借也。再次乃及百家语，似是牵连及之，并不重视。故谓秦廷焚书，而民间书籍绝少留存，决非事实。

三　坑儒

坑儒事起焚书后一年，缘有侯、卢两生，为始皇求仙药，谓始皇贪于权势，未可为求，亡去。始皇大怒。于是使御史悉案问诸生。诸生传相告引。乃自除犯禁者四百六十余人，皆坑之咸阳，使天下知之以惩。据此则诸生见坑，厥有两罪：一曰诽谤上。一曰訞言以乱黔首。所谓"自除犯禁者"，即"诽谤上"及"訞言乱黔首"之禁。即去年李斯奏请焚书所谓"以古非今"、"偶语《诗》《书》"之类矣。

且秦廷焚书，其重实不在焚书、坑儒，重亦不在坑儒。然其意在使天下惩之不敢为訞言诽上。长子扶苏谏曰："诸子皆诵法孔子，今上皆重法绳之，恐天下不安。"所谓"诵法孔子"者，大率还以"偶语《诗》《书》"、"以古非今"两途为多也。

四　论秦博士与诗书六艺之关系

古代学术分野，莫大于王官与家言之别。"官"言其公，"家"言其私。王官学掌于"史"，百家言主于诸子，诸子百家之势盛而上浮，乃与王官之史割席而分尊焉，于是有所谓"博士"。故博士者，乃以家言上抗官学而渐自跻于官学之尊之一职也。《诗》《书》六艺初掌于王官，而家学之兴实本焉。百家莫先儒、墨，儒、墨著书皆原本《诗》《书》，故《诗》《书》者，乃王官故籍下流民间而渐自泯于家言之间者。《诗》《书》之下流，正可与博士之上浮，交错相映，而说明春秋、战国间王官之学与百家私言之盛衰交替过接之姿态焉。秦博士掌通古今，不专掌六艺，故秦廷有占梦博士等。然博士不专掌六艺，亦非不掌六艺。然则秦廷焚书以前，必多通五经六艺之博士，如淳于越、伏生皆是也。秦廷焚书以后，博士官虽未废，而通六艺《诗》《书》之博士，则必尽在罢斥之列矣。

五　自秦禁书后至汉文景时代之博士

博士之制，自秦焚书后未尝废。及汉兴而叔孙通为博士。《孔子世家》："鲋弟子襄尝为孝惠皇帝博士，迁为长沙太守"，此惠帝时博士之仅见者。《汉书·楚元王传》："文帝时，闻申公为《诗》精，以为博士。"《儒林传》："韩婴，文帝时为博士。"孝景时博士可考者：辕固，齐人，以治《诗》为博士。胡母生、董仲舒，均以治《公羊春秋》为博士。文、景两朝共逾四十年，先后为博士者应逾百数。当时儒术未盛，经师犹乏，博士决不限于五经传记，断可想矣。

六　汉武一朝之崇儒更化

汉代儒术之盛，与夫博士之限于儒生经师，其事始武帝，而其议则创自董仲舒。《史》称仲舒举贤良对策，请"诸不在六艺之科，孔子之术者，皆绝其道，勿使并进"。此谓尊儒崇孔议始仲舒也。

抑犹有进者，推隆儒术，复古更化，此不仅仲舒策中言之，即武帝诏册、辞旨昭彰，固已有隆儒更化之意矣。考《史记·儒林传》："兰陵王臧，受《诗》申公，事孝景帝为太子少傅。"是王臧尝傅武帝，帝之好儒术，渊源当在此。《儒林传》又言："武帝即位，赵绾、王臧之属明儒学，而上亦向之，于是招方正贤良文学之士。"则武帝一朝崇儒之端，其事实起于王、赵也。

七　武帝时代之五经博士

《汉书·儒林传赞》："武帝立五经博士，《书》惟有欧阳，《礼》后，《易》杨，《春秋》公羊而已。"盖《诗》已立于文帝时。今按：胡母生、董仲舒皆治《公羊春秋》，于景帝时为博士，则武帝所增祇三经，非四经也。其时则诸子百家皆得为博士，至武帝专隆儒术，乃特称"五经博士"。故自武帝建元五年，而后博士之性质与前迥异。

又为博士置弟子员，其议始于公孙弘。其先博士自有弟子，如叔孙通拜博士，为汉定朝仪，与其弟子百余人为绵蕞野外习之是也。然此特弟子自从其师，与朝制无关。公孙弘之议，为博士官置弟子五十人，复其身。由太常择补。盖自是而博士弟子始获国家之优复，又列为仕途正式之出身。故史称"自是而学者益众"。此亦朝廷奖兴儒术之一端也。

八　武帝时代经学转盛之原因

今考秦人焚书，王官史记以外，特严于《诗》《书》。迄兹未百年，经术转盛，《诗》《书》六艺独设博士。其间亦有故。汉之初兴，未脱创痍。与民休息，则黄老之说为胜。及于文、景，社会富庶，生气转苏。与言休息，谁复乐之？文帝外取黄老阴柔，内主申韩刑名。其因应措施，皆有深思。及于景帝，既平七国之变，中朝威权一统，执申韩刑名之术，可以驱策天下。然申韩刑名，正为朝廷纲纪未立而设。若政治已上轨道，全国共遵法度，则申韩之学，亦复无所施。惟经术儒生高谈唐虞三代，礼乐教化，独为盛世所憧憬。后人谓惟儒术利于专制，故为汉武所推尊，岂得当时之真相哉！

且称《诗》《书》，道尧舜，法先王，此战国初期学派儒、墨皆然，不专于儒也。文帝时有《孟子》博士。至武帝时亦废。若谓尊儒，何以复废《孟子》？然则汉武立五经博士，若就当时语说之，谓其尊六艺则然，谓其尊儒则未尽然也。故《汉志》于六艺一略，未附论语、《孝经》、小学三目，此亦以孔子附六艺，不以孔子冠儒家也。特六艺多传于儒生，故后人遂混而勿辨耳。

《儒林传》谓："《六学》者，王教之典籍，先圣所以明天道，正人伦，致至治之成法。"汉儒尊孔子为素王，亦以自附于六艺，而独出于百家。此必明于古代学术分野，《汉志六艺》与诸子分列之意，而后可以语此。

九　《史记》中之古文

《汉志六艺》与诸子分部，官学与家言对列，此乃古代学术大分野。继此而《史记》之所谓"古文"者，其际限亦可得而定。盖《史记》之所谓"古文",正指六艺,凡所以示异于后起之家言也。《五帝本纪赞》:"百家言黄帝,其文不雅驯,荐绅先生难言之。"又曰:"总之不离古文者近是。"此史公开宗明义,标明其书取裁别择,一本六艺官书、经、传、记、说,则一也。目之曰古文者,以别于后起之百家言。故曰:"学者载籍极博,犹考信于六艺。"其曰"《春秋》古文",自指《左传》,此缘史公亦认《左传》为六艺,经之与传一也。

在史公时,五经博士家法未起,后世所谓今文、古文之藩篱未筑,史公并不指《左传》为古文以示异于《公羊》之为今文,如后世经生之见,决矣。后人不深晓,乃误以《史记》言古文,亦一如后世之所谓"今文、古文"者,是又何异于根据汉武有五经博士而谓秦博士专掌经籍耶?《史记》常以《诗》《书》古文连言,皆当如此说。古文即《诗》《书》,即六艺也。

十　宣元以下博士之增设与家法兴起

汉自宣、元以后,儒术日盛,朝廷博士,遂多增设。考孝宣增立博士,在甘露三年。《宣纪》甘露三年:"诏诸儒讲五经同异,太子太傅萧望之等平奏其议,上亲称制临决焉,乃立《梁邱易》、《大夏侯尚书》、《小夏侯尚书》、《谷梁春秋》博士。"此所谓"石渠议奏"也。

今考汉武立五经博士,一经初似不限于一人。而其为博士者,初亦不限于专治一经。夫既不以一家一博士为限,而博士又不限于专治一经,则知所谓"某经博士"之称,必属后起。其先博士掌通古今,员多至数十人,经学、诸子百家、诗歌、艺术、杂伎皆有之,固未尝以某经博士为号。及武帝置五经博士,特罢黜以百家传记为博士者,而博士之选,专以通五经为主。初亦未有某经博士之号也。

武帝元朔五年,公孙弘请为博士官,置弟子五十人,谓:"一岁皆辄课,能通一艺以上,补文学掌故缺。"然则博士弟子亦不限于一艺矣。惟自博士官既置弟子,则博士教授亦自渐趋分经专门之途,此则断可知尔。今考汉博士经学,分经分家而言"师法",其事实起于昭、宣之后。据《儒林传》:"由是《易》有施、孟、梁丘之学。由是《尚书》世有欧阳氏学。由是《鲁诗》有韦氏学。"凡《儒林传》所载"由是某经有某家之学"者，其事皆晚出。可证其先诸家说经虽有异同，未分派别，不成家数也。

自汉武置五经博士，说经为利禄之途，于是说经者日众。而经说益详密，而经之异说亦益歧。乃不得不谋整齐以归一是，于是有宣帝石渠会诸儒论五经异同之举。其不能归一是者，乃于一经分数家，各立博士。其意实欲永为定制，使此后说经者限于此诸家，勿再生歧也。然诸经说虽有歧异，为差不甚悬。其间惟公羊、谷梁两家说《春秋》，则差别较大。石渠之议，本自平《公羊》、《谷梁》是非而起。而当时廷臣论《公羊》、《谷梁》异同，颇涉于齐学、鲁学之辨。此亦当时经学一分野，不可以不论。

一一　齐学与鲁学

考《谷梁》始传自鲁申公，瑕丘江公受之，兼通《鲁诗》与《谷梁》。是《谷梁》本与《鲁诗》相通也。《汉书·儒林传》称申公："独以《诗》经为训以教，无传，疑者则阙不传。"汉儒传经各守义法、故、训、传、说体裁不同。故、训疏通文义，传、说，征引事实。申公"独以《诗》经为训无传"，谓申公祗作诗故，不别作《诗》传也。云"独"者，以别《齐》、《韩诗》有故复有传。此则鲁学谨严之风然也。

武帝以封禅事问儿宽，宽逆探上意为对，遂称旨得亲幸，拜御史大夫。宽，千乘人，治《尚书》，事欧阳生。又受业孔安国。其人有政治才，盖齐学恢宏之风也。故班氏《艺文志》论之曰："汉兴，鲁申公为《诗》训故，而齐辕固、燕韩生皆为之传。或取《春秋》，采杂说，咸非其本义。与不得已，鲁最为近之。"是齐学恢奇驳杂，是鲁学纯谨不同之验也。

一二　家法与章句

且进而一论"家法"之所以为家法者。直捷言之，则"家法"即"章句"也。汉儒经传有章句，其事亦晚起，盖在昭、宣以下。史称丁宽"作《易说》三万言，训故举大谊而已"。《艺文志》《易》家："《章句》，施、孟、梁丘氏各二篇。"以前说《易》无章句，有章句即有家学矣。《易》有施、孟、梁邱三家《章句》，故云有三家之学。为博士立学官、成家学者，乃着章句以授弟子。

考《夏侯建传》："建师事胜，及欧阳高，左右采获。又从五经诸儒问与《尚书》相出入者，牵引以次《章句》，具文饰说。"建之次《章句》，意欲求说经之密，以资"应敌"。应敌者，如石渠议奏，讲五经异同，若不分章逐句为说，但训故举大谊，则易为论敌所乘也。故章句必"具文"，具文者，备具原文而一一说之。遇有不可说处，则不免于"饰说"矣。

一三　刘歆争立古文诸经与东汉十四博士

宣帝时既已增立诸经博士，至哀帝元年而又有刘歆请建《左氏春秋》、《毛诗》、《逸礼》、《古文尚书》一案。后人率目歆所争立者为"古文经"，而谓宣帝以来所立诸博士经为"今文"，经学有今古文界划全本于此，而夷考当时情实，则颇不然。歆之移书让太常博士曰："及《左氏春秋》，丘明所修，皆古文旧书，多者二十余通，藏于秘府，伏而未发。"又曰："此数家之事，皆先帝所亲论，今上所考视，其为古文旧书，皆有征验。"

此歆力言三者之为古文旧书，盖明其与朝廷所立博士诸经同类，此歆争立诸经之最大理由也。若当时汉廷博士诸经，全如后世云云，目之为"今文"，而刘歆争立三书，顾曰"其为古文旧书，皆有征验"。岂不南辕而北辙哉？光武时，尚书令韩歆上疏欲为《费氏易》、《左氏春秋》立博士。稍后贾逵又争立《左氏》。而争端所在，前汉则为《公羊》、《谷梁》，《后汉》则为《左氏》、《公羊》，亦并不遍及诸经。凡后世遍及诸经，而为之分立今古文界划者，皆张皇过甚之谈也。

一四　今学与古学

其时固有"今学"、"古学"之辨，此乃东汉经学界一大分野，亦不可不知也。儒林孔僖传："孔僖，鲁国人。自安国以下，世传《古文尚书》、《毛诗》（此疑《鲁诗》字讹）。二子长彦、季彦。长彦好章句学，季彦守其家业。"《连丛子》曰："长彦颇随时为今学，季彦壹其家业，孔大夫昱谓季彦曰：'今朝廷以下，四海之内，皆为章句内学；而君独治古义。治古义，则不能不非章句；非章句内学，则危身之道也。'"

由是言之，治章句者为"今学"，此即博士立官各家有师说之学也。其不治章句者则为"古义"，"古义"即"古学"也。今学之要征，厥在其有章句，章句之烦，此自新莽前已然。有"章句"则有"师法"，凡当时所谓遵师法者，其实即守某家章句也。其有不乐守章句师法者，当时称之曰"古学"。古学必尚兼通。《桓谭传》称谭："博学多通，遍习多经，皆诂训大义，不为章句能文章，尤好古学。喜非毁俗儒。"举此一例，可概其余。故好古学者，常治训诂，不为章句。袁宏《纪》称马融"学不师受，皆为之训诂"；此皆古学也。

一五　白虎观议奏与今古学争议

东汉经师为学，分野既别，风趣相异，而争议亦时起，其最著者为白虎观之议奏。其议起于杨终。终言："宣帝博征群儒，论定五经于石渠阁。方今天下少事，学者得成其业，而章句之徒破坏大体，宜如石渠故事，永为后世则。"是杨终之议，为章句今学破坏大体而发也。是朝意亦同杨终，有厌于当时章句之烦多，而思有以匡正矣。汉宣石渠之议，正为当时经说之纷歧，今白虎之议，正亦复尔。白虎议在章帝建初四年，一时名儒如丁鸿、楼望、成封、桓郁、班固、贾逵皆预焉。丁、桓皆治《欧阳尚书》；楼望治《严氏春秋》，殆皆今学名儒；班、贾则古学巨魁也。

昔宣帝议石渠，本欲抑经说之多歧，然石渠议后，而经说之多歧滋益甚。今章帝议白虎，为嫌章句之烦黩，而白虎议后，章句俗学，积习如故，亦未见有以摧陷而廓清之。史称"卢植与郑玄俱事马融，能通古今学，好研精而不守章句"，此亦古学规模也。故所谓古学者，非谓其不治博士诸经。苟能兼通此诸经，不专守一家之师法章句，则即今学而为古学矣。

一六　图谶内学

其时光武尚图谶，今学经师几乎无勿言图谶者。惟古学家则不言谶。

斯知当时经学治谶、不治谶之界，即为今学、古学之界矣。故范晔论之曰："郑、贾之学，行乎数百年中，遂为诸儒宗，亦徒有以焉尔。桓谭以不善谶流亡，郑兴以逊辞仅免，贾逵能附会文致，最差贵显。世主以此论学，悲矣哉！"

一七　东汉之所谓古文

东汉今学、古学之分野，已具上论；请进而一述当时之所谓"古文"者。司马迁言"古文"，皆指《诗》《书》六艺，此其说犹可证之于班《书》之《地理志》。《志》称"古文以为"者凡十一处，段玉裁曰："凡云'古文以为'者，古者五经皆谓之古文，此'古文'即谓《禹贡》。谓之'古文'者，汉谓《尚书》为古文，太史公十岁则诵'古文'，亦谓《尚书》也。非必孔壁出者乃为古文矣。"今案：段说分析极是。惟段氏谓"汉谓《尚书》为古文"，此亦微误。当谓"古文"在汉时乃五经之通称，至后乃惟《尚书》独得有古文之称，则较近矣。

经学之分古今，皆不指经籍与文字言。夫汉人仅言"古学"，不言"古文学"；仅言"古文"，不言有"今文"；更无论有所谓"今文学"。后世强造新名，谓古人如此，宁有是理！

一八　博士余影

清代经师，盛尊汉学，高谈师说家法，已失古人真态。又强别今文、古文，误谓博士官学，皆同源一本，自成条贯，而古学起与立异。顾博士家法，实不尽于两汉。礼失则求诸野，不识前代，下视近世，先后同揆，事尚多有。姑拈北朝、隋世两则，聊证吾言。

（一）颜之推《家训》谓："末俗以来不复尔；空守章句，但诵师言，施之世务，殆无一可（下略）"；（二）《隋书房晖远传》："或有不服者，晖远问其所传义疏，辄为始末诵之（下略）"，此皆可以见两汉博士家法之余影也。即唐代以下，亦复各有其"今学"，亦莫不各有其"家法"。两汉博士之业，殆于世世有之；举一而反三，是所期于读吾文者。

三月，《理想的大学》，刊于《思想与时代》第二十期。收入《文化与教育》，二〇〇一年台北素书楼文教基金会·兰台出版社整理新版印行。摘要见一九四二年六月出版该书下卷。

四月，《孔子与心教》，刊于《思想与时代》第二十一期。收入素书楼文教基金会·兰台出版社《灵魂与心》页二五～三三。摘要如下：

人生最大的问题，其实并不在"生"的问题，而实在是"死"的问题，凡所谓人生哲学、人生观等。质言之，都不过要解答此一死的问题而已。人皆有死，而人心里皆有一个共同的倾向与要求，即如何而能不死、不朽，与永生是也。人类为满足此种要求而有宗教之信仰。宗教信人有灵魂，可以脱离肉体而存在。彼乃贯串去、来、今三世，永恒不灭。不过，这种说法有两个缺点：一、与科学冲突；二、忽略了现实。

人生的又一个问题是"我"的问题。也可以说是"我生"的问题。然因人类有我见，而使人类都不免有自封自限、自私自利的习性，因而人我之间不能不有隔阂、有激荡，遂不能不相分离、相冲突，由此而招至社会之不安。人类为防止此种不安，而有正义、自由与法律。在正义界限之内，人各享其自由。若有逾越，则受法律之制裁。西方社会的现世安宁，即藉正义与法律的观念而维持。但我们禁不住要问：若人生相与，则人与人之间全成隔膜，全成敌对，试问人生价值、意义何在？再以何者来安慰此孤零破碎漠不相关的人生呢？

西方人在这一点上，还是乞灵于宗教。他们用宗教家灵魂出世之说来慰藉现世孤零的人心。因此之故，他们特重牧师与教堂。而在现世里则以法律来维持秩序，处理纷争。他们有两个世界，来世的宗教，现世的法律。他们的政治社会以及一切的文明，都支撑在此上。

中国人则与此不同。但中国人又如何解答此生死以及人我问题的呢？欲知此事，当明孔子学说。《左传》里载叔孙豹之言，谓不朽有三：立德、立功、立言是也。此三种不朽都属于现世，仍都在人生现实的社会里。因此中国人可以不信有灵魂，而仍获有人生之不朽。既仍在这个社会里，则社会与我按实非二。孔子《论语》里所常提起的"仁"的境界，即由此建立。在仁的境界之内，人类一切自私自利之心不复存在，而人我问题亦牵连解决。中国社会之支撑点，在内为"仁"，而在外则为

"礼"。

西方人的不朽在灵魂，故重上帝与天堂。中国人的不朽在德、功、言，故重现世与人群。两者相较，中国人的不朽观念，实较西方人更着实、更具体，实在不能不说是一种更妥贴的观念。我们不妨说，中国人的上帝即是人类大群。此种内心境界，中国儒家即谓之"仁"。孟子说："仁，人心也。"正指这一种心的境界而言。中国人看心，可以超乎肉体而为两心之相通。如孝，即亲子间两心相通之一种境界也。此心实存在于人与人之间，哀乐相关，痛痒相切。即所谓"道心"，以示别于"人心"。亦可称之为"文化心"。因其实由人类文化演进陶冶而成。最先明白发扬此意义者，则为孔子。

孔子讲人生，常是直指人心而言。由人心显而为世道，这是中国人传统的人生哲学，亦可说是中国人的宗教。以后的中国人，遂常常讲"人心世道"，而不谈上帝。我们可以说西方的宗教为上帝教，中国的宗教则为"人心教"或"良心教"。西方人做事每依靠上帝，中国人则凭诸良心。孔子认为培养良心最直接的方法，莫过于教人孝悌。再由孝悌扩充，由我之心而通人类之大群心，去其隔膜封蔽，而达于至公大通之谓圣。心之相通，必自孝始。孝是人与人两心相通之第一步。中国人的宗教，只限于人与人之间，并不再牵涉到人以外的上帝。因此既有孔子，中国便可不需再有西方般的宗教。

孔子之后有墨子。墨子思想颇近西方的宗教。"兼爱"则如耶教之博爱，"天志"、"明鬼"都是西方宗教的理论。他既没有宗教的组织和形式，所以只可说他是一个未成熟的宗教家。孔子则不然，已避免了先民素朴的天鬼旧观念之束缚。子路问死，他说："未知生，焉知死。"他直接以人生问题来解答人死问题。他看祭祀，不过是一种心灵的活动。故他说："祭如在，祭神如神在。吾不与祭，如不祭。"他实在是超宗教的、进步的。

依照孔学论之，人生即在仁体中。人生之不朽，应在此仁体中不朽。人生之意义，即人人的心互在他人的心中存在之谓。永远存在于他人的心里，则其人即可谓不朽。孔子至今还存在人的心中，所以孔子至今还是不朽，还是生存于世。正因为有孔子的心教存在于中国，遂形成中国人之独特文化与独特的人生理论。

四月，《五十年来中国之时代病》，刊于《思想与时代》第二十一期。收入同前兰台版《历史与文化论丛》页二一九～二二五。摘要如下：

中国有着五千年传统不断的历史与文化，这真是举世莫匹，中国人堪以自傲的。但近五十年来的中国，却只有挫败、屈辱、退婴、不长进。较之并世列强，只有自惭自恶，几使中国人有不敢仰面对人之感。因此，怀疑到中国五千年的传统历史与传统文化，认其不过尔尔，或者根本无何价值，否则何以结局走上近五十年来的现状？但我可以反问，果使如此，则中国早应失其存在，又何来有此五千年的传统？在我简单的看法，传统五千年，是中国人的生命，一切都象征着中国生命之健全与旺盛。最近五十年，则只是生命过程中之一时病状。

甲午之役的中国，早已为蕞尔日本打得一败涂地。可见中国的病况，早在五十年前已是病象襮着了。但我却认为近五十年来的中国，有其新的征候、有其特殊的病情，较之五十年前判然不同。

当"九·一八"事变突起，我那时正在国立北京大学教书。翌晨星期一，我从西直门附近坐车到北大红楼上课，一路便见到一队队大、中、小学生，手里扬着旗帜，口里呼着口号，继续不绝；而沿街壁上也已贴满了种种标语。迨到北大课堂，我的一班学生却照常仍来上课。他们说：今天不用讲什么，愿我对此突起的沈阳事变发表一些意见。我说：我一路所见所闻，是他们不约而同的一致的情绪与态度。让我挑选一句话作为代表，譬如说："宁作刀下鬼，不作亡国奴。"我觉得偌大一件事，在北平青年智识界中，其精神上的反应，只是一种消极的、悲凉的、反面的、退一步的情绪与心境；我没看见或听见一些属于积极奋发正面进一步的。沈阳是中国的土地，日本何得无端攫取？中国青年似乎不觉其可愤慨或可羞耻，中国青年似乎不认其为一种侮辱与轻蔑，而只认其为一种危险与压迫。

九·一八以后数年间的北方青年，据我所知，到底是消沉了。"七·七"事变之后，我追随学校到长沙南岳，在一九三七年十二月的一天，北大学生在草场上开了一个成立三十九周年的纪念会，我那时禁不住又说了一些话。

我说："战事正在展开，国家前途不是就此完了。青年报国有他无限的前程，安心留后方读书，并不是没有意义。若谓国家沦亡迫在眉睫，而茫然上前线去，一旦看到国家并不真是沦亡迫在眉睫的时候，那时又不免自生悔心、自生动摇。我们应该把握住自己，正使国家真个亡了，我们还有我们努力的方向。"

然而一到武汉沦陷之后，似乎智识青年们的情绪渐渐变了。大家渐渐看到了中国还不至于亡国，而且渐渐的大家认为中国已确有了最后胜利的把握了。但是在此期间，全国智识青年的情绪与心境，却亦未见其活跃，未见其欢欣与鼓舞，未见其对新的将来有所抱负与期待。让我郑重说一句，这几年的中国青年，似乎转而又消沉了。

亡国与饿死，两重阴影，常是压迫在我们的心头。上面述说的智识青年，便是榜样。没有雄心，没有热情，没有勇气，向积极正面进一步乐观的盼望。近五十年来的中国人，无论在政治、学术、军事、工业，一切人生的各方面与各部门，实在够不上说有雄心，有热情。救亡与谋生，是这一时代最高的想望。模仿与抄袭，是这一时代最高的理想。从此一种自卑心理上面直塌下去，便招致了中国目前种种的病态。

幸而数十年的病魔纠缠，到底掩塞不住数千年生命大源之澎湃与洋溢。内部新生命之健康力量早已逐步的好转与前进。孙中山先生倡导的三民主义与辛亥革命，这是一个元气淋漓的，唯一的能从积极正面乐观而进一步的方向来指导中国前途的。这是从中国传统五千年生命本源里面产生的新力量；这是自我确立，不是自我抹杀。这才是复兴中国一大火种。我们只希望将此火种在每一个中国人的心头燃烧起来。

五月，《道家思想与西方安那其主义》，刊于《思想与时代》第二十二期。收入同前兰台版《中国学术思想论丛》（二）页四八四～五〇二。摘要如下：

西方近代的安那其主义（Anarchism），有些处很近中国古代的道家思想。但在两个不同的社会里，循着不同的历史，而发展为不同的文化，中间虽有几许思想与意见骤看好像大致相通，而仔细说之，则往往同不如异，其异者实更重要、更确实。

兹请先言其同者：疾人类文明之虚伪，而主洗伐荡涤，重归朴素，一也。尊重个性自由，进而主张无政府，二也。此最其荦荦大者，继此则不胜其异。克鲁泡特金乃近代西方安那其主义者之殿军，在其自传中，对于近代安那其主义者之态度与理想颇有论列。他说："文明生活中充满不少习俗的虚伪，虚无主义者最先便和文明社会底习俗之虚伪宣战。"此处克氏所说习俗虚伪，同为中国道家思想所厌恶。

但二者间的异相便难掩饰。克氏称颂大胆、称颂野蛮精神。而在道家思想里，很少同情于粗野与强力。就庄子论之，其书中所描写多样的理想人物，大抵放浪形骸之外，而非粗暴与强力。他们不主张刚毅强力而走了阴柔的路。

安那其主义者痛恨怯弱与柔软，而道家则正陷于怯弱与柔软中。前者常主"冒险""敢为"，而后者只有"退婴"与"柔逊"。克鲁泡特金深深赞美机械，欣赏机械的工作效能。而道家思想对于机械表示轻蔑与厌恶。同时克氏又说："虚无主义者底口号，是到民间去。"然庄子书中的理想人物，莫非遗世独立的；老子虽主张归农，然此乃逃避现世文明之一种说法，并不是现代"到民间去"的精神。魏晋清谈派更是终身沉溺迷醉在贵族式的闲隋生活里，说不上到民间去。

近代安那其主义者，志在铲除现社会一切恶根而发动了一激烈的社会运动。道家思想，却走远了一步。他们并不返到社会、民间，他们直是要离弃社会、民众，直接返到自然。克氏说："虚无主义者之特征，乃坦白与认真，他同时备有朴素与民主精神之两种美德。"提倡友爱精神与团结精神。其理想中的社会，是相互扶助与个人自由。至于道家思想，则只有个人自由，而无相互扶助，无所谓团结与民主精神，故曰："鱼相忘于江湖。"道家意中，只有个人（鱼）与大自然（江湖）、个人与个人之间则以"相忘"为主；只有此自然的一气之化，根本不认有活的机体与进化。

克氏又说："人们没有充分向前进的胆略，常将目光向后看。人们总不想有新的革命，而往往在旧的革命之后太息。"故其屡屡要人有大无畏的冒险精神、敢作敢为的大胆精神，又鼓励人思想的大胆与革命的狂热。而道家只是向后看，道家只有批评，没有革命，没有克氏所谓行动的力量与创制的力量。

（以下略）

六月，《古代观念与古代生活》，刊于《思想与时代》第二十三期。收入同前兰台版《中国文化史导论》页三九～六三。摘要如下：

中国古代史上，古代人的各种观念及其生活情况。

一　民族观念

古代的中国人，似乎彼此间根本便没有一种很清楚的民族界线。或者他们因同姓不通婚的风俗，使异族血统的各部族间，经长时期的互通婚媾而感情益臻融合。一面由于地理关系，因生活方式互相一致，故文化亦相类似。只看西周部族，在其尚未与商王朝决裂之前，双方亦常互通婚姻。商、周之际兵争的前后，周王室对周族及商族人种种文告，亦并没有根据民族观点的说话。无丝毫有商、周之间相互为异民族的意识之流露。孔子先代是宋国的贵族，但绝对看不出在孔子生平有一点商、周之间的民族疆界的观念与意识。当时政治界乃至学术界所称的诸夏中间，兼包有夏、商、周三代的后裔，是绝无可疑的。

我们再进一步考察当时对于蛮、夷、戎、狄的称呼，则更见当时所谓诸夏与蛮夷的分别，并不纯是一种血统上种姓上的分别，一种民族界线。据《左传史记》的记载，晋献公一夫人为晋文公母亲的，叫大戎狐姬，另一夫人骊姬，乃骊戎之女，可见狐戎、骊戎，若论血统皆属姬姓，与晋同宗，但当时却都称作戎。其它尚有姜氏之戎。戎、狄在当时并非纯指两种血统不同的异族。而赤狄、白狄终春秋世常与晋室通婚。当时盘踞山西、陕西两省许多的戎狄，根本上并不像全是诸夏绝然不同的两种民族。春秋时齐国晏子是莱人，莱在当时亦被目为莱夷。孟子生于邹，春秋时为邾，亦常视为东夷。楚国自称蛮夷。要之到春秋战国时，所谓南蛮与东夷无疑的亦皆与诸夏融合，确然成为中华民族之一体了。

因此我们可以说，在古代观念上，四夷与诸夏实在另有一个分别的标准，不是"血统"而是"文化"。具体言之，则只是一种"生活习惯与政治方式"。诸夏是以农耕生活为基础的城市国家之通称。凡非农耕社会，又非城市国家，则不为诸夏而为夷狄。到秦始皇时代，中国统一，全中国只有一个政府，而各地方亦都变为农业社会了。国家统一而民族亦统一，凡属国民，即全为诸夏，便更无蛮、夷、戎、狄的存在了。因此中国古代人对于民族观念之融通宽大，实在是值得我们特别注意的。

二　宗教观念

（本节要义见一九四二年一月《中国民族之宗教信仰》，兹略。）

三　国家观念

中国古代人，对于国家观念之平淡或薄弱，他们常有一个"天下观念"超乎国家观念之上。他们常愿超越国家的疆界，来行道于天下，来求天下太平。因此在春秋时代，列国卿大夫间，他们莫不热心于国际的和平运动。诸夏同盟的完成，证明他们多不抱狭义的国家观念。

一到春秋末年，平民学者兴起，这个趋势更为昭著。孔子、墨子以及此下的先秦百家，很少抱狭义的国家观念的。当时一辈游士，专在国际政治方面活动，他们自结徒党，分别在某几个政府里掌握到政权，而互相联结。因此他们的政治地位，并不专靠在国内，而多分却靠在国外。此等游士，当时谓之纵横家，他们的性质，一样是国际性的，是世界性的，并非抱狭义的国家观念者所能有。

一辈知识分子的态度如此，平民农工社会更是如此。一国行仁政，别国民众即相率襁负而往。此在《孟子》书里，记载得很明显。他们全都有一超越国家的国际观念，或可说是"世界"观念，即"天下"观念之存在。这便是秦国所以能统一东方各国的一个大原因。秦国的统一，只能算是当时中国人"天下太平""世界一统"的观念之实现，而并不是某一国家战胜而毁灭了另外的某几个国家。

四　人道观念

中国文化是一种现实人生的和平文化，其主要泉源，便是中国民族从古相传一种极深厚的人道观念。孔子所说的"忠恕"，与孟子所说的"爱敬"。人与人之间，全以诚挚恳恳的忠恕与爱敬相待，这才是真的人道。

中国的人道观念，便是中国人的"家族观念"。"家族"是中国文化一个最主要的柱石，我们几乎可以说，中国文化，全部都从家族观念上筑起。人道观念的核心是家族不是个人。家族观念更有一个特征，是"父子观"之重要性更超过了"夫妇观"。父母子女，则是自然生命之绵延。由人生融入了大自然，中国人所谓"天人合一"，正要在父母子女之一线绵延上认识。中国古史上的王朝，便是由家族传袭。夏朝王统是父子相传，商朝王统是兄弟相及的。前者即后世之所谓"孝"，后者则为"弟"。孝是"时间"性的人道之"直通"；弟是"空间"性的人道之"横通"。孝悌之心便是人道之"核心"，可以从此推扩直通百世，横通万物。中国人这种内心精神，早已由夏、商时代萌育胚胎了。而且中国古史里，一个家族有四、五百年以上历史的，也并不限于王室。最著的像孔子的家世。自孔子到现在，孔家传统不绝，此已为举世所知，这无怪乎孔子要讲孝道，要看重家族观念。

五　中国古代人的生活状况

第一要说的是"农耕"与"游牧"生活之消长。据古史传说，神农部族是一个农业部族，黄帝部族则是一个游牧部族。他们的居地，神农部族较在西偏，黄帝部族较在东偏。《史记》说黄帝："迁徙往来无常处，以师兵为营卫。"可见他是一个武装移动的游牧部族。大抵中国古代在大地面上，一定是农耕与佃渔游牧各种生活方式同时并在的，但稍后姬、姜两部族便一样成为农耕部族了。

商部族的开始，亦在东方沼泽地带，但据殷墟甲文。他们定都安阳的时代，农业显已成为主要的生产了。甲文里的"黍、稷、稻、麦、蚕、桑"诸字，又有用黍酿造的"酒"字，有耕种用的"耒、耜"诸字。虽则那时也有盛大的渔猎与畜牧，这些仅成为一种副业，或贵族和王室娱乐而已。

周代的封建，本是一种集团的武装移民，一面垦殖，一面屯戍。一队队的西方人，周部族及其亲附部族，也有贵族，也有平民，由中央镐京选定了一个军事据点而兼可耕作自给的地面，派他们迁徙驻扎下来。

形成了城廓封疆、国土人民。周代的封建制度，便以这种点和线条的姿态而存在。当时广大的地面上，还有不少停滞在游牧而兼狩猎为生的社会，过他们较原始的生活。他们亦时或向周天子，或其踞地附近的大诸侯进贡，甚至互通婚姻。但以不在整个封建制度之内，因此当时人的观念中，不认他们为诸夏。而只当是四裔。"裔"便是边外之意。明白得此种情形，始知蛮、夷、戎、狄并不是指一种或几种异族盘踞在中国之内地。

他们有许多一样是中国人，一样是诸夏，而且全错杂夹居在中国诸侯间。春秋时代之四夷交侵，并非全是外国异族向内侵入，有些是中国内部秩序之失却平衡而引起的纷扰。

六 封建崩溃后之新社会

封建社会在春秋时代继续发展，同时也即继续走上了崩溃的路子。尤其是几个本来建立在外围的诸侯，如南方的楚，西方的秦，北方的晋，东方的齐。他们的封疆可以无限的展扩。他们扩地日大，未必一一分封子弟宗族，而往往暂时派一大夫去管理。这样一来，"郡县"的新国家，便逐渐形成。其姿态与性质，与旧的封建国家绝然不同。所以到秦始皇帝统一，只要不再封建，全国便成一郡县系统。

同时平民社会，农耕村落的势力，亦同样的涨破封建格子，向外伸展。其影响之大，或者犹在前一事实之上。农民授田百亩，这是他的格子。但农民社会到底也要涨破他原有的格子。那时的封建律令，禁不住农民们私自走进贵族的禁地。这一种趋势，在春秋中叶已逐渐见端，尤其在土狭人稠，田亩不敷分配的国家如郑如晋，最先出现。战国时代的"废井田开阡陌封疆"，也是涨破封建格子之一例。

涨破格子侵入贵族禁地，找寻新生活，便渐渐有工商职业之产生。同时相随于国家规模扩大，战争规模亦同时扩大，车战渐变为步兵战，军队以贵族为主体的渐变成以平民为主体。大量农民开始服兵役，有因军功而成为新贵族的。如此农民渐渐转化成工人、商人与军人。农民经济繁荣，学术亦流到平民社会，遂成为秦汉以下士、农、工、商、兵的新社会。最后西方武力战胜东方，但东方文化亦战胜西方。汉代仍有

"东方出相西方出将"的情形，那已完全是平民社会的世界了。

七月，《法治新诠》，刊出同前《月刊》第二十四期。收入素书楼文教基金会·兰台出版社《政学私言》页二二四～二三〇。摘要如下：

法之大义，在求"人尽其才，官尽其职，事尽其理，物尽其用"。若是则赏继之，否则加罚焉，故曰法之为义，不仅于信赏而必罚，赏罚抑法治之下。就赏罚言之，信赏尤宜先。汉、唐、宋、明之盛世，所以立一王之大法，建数百岁之规模，以兴当代之治者，莫不有深意焉。若是者，其在中国，常称之曰"一代之典章制度"，而不尽谓之"法"。

然则若之何而使人尽才、官尽职、事尽理，而物尽用？曰求之于汉、唐、宋、明之所以为之者而抉其精，寻其微，则必曰"自人尽其才始。"必人尽其才，而后官可以尽职，事可以尽理，物可以尽用。然则人尽其才，乃法治之大本要宗。何以尽人之才？则必疏节而阔目，使人之才情气力，恢恢乎于我法度之中，若游刃而有余，而后人之有才者得以尽，而我之赏罚得以施。

故古之善为治者，太上莫如尊才而逊法，其次则守法以害才，尤下者，则不惟拘法以碍才，抑且困于法而自败其赏罚，使赏罚之权无所运，于是则人才荒而天下乱。故法治之美，有一言而可尽者，曰："莫大乎使人之有才得以进，而不肖者亦得以退，而又使人之才不肖易以显。"何藉而使才不肖易以显、有才易以进、不肖者易以退？曰："莫大乎明其责而专任之，又贵乎简损其阶资节级其尊卑而上下直达，使在上不为贵，在下不为贱，以畅其气而通其流。"凡为天下者之才留其自异自奋之余地者，此必天下之良法。

老子曰："三十辐共一毂，当其无，有车之用。"《论语》亦言，舜之治，"恭己正南面而已矣。"元首无为于上，股肱勤勉于下，百司各有役，而一人总其成，集赏罚之大柄，而不揽丛脞之庶事，古之人君必有得于此而后可以言法治。人君之下曰大臣，大臣者，虽一人之股肱，亦百僚之枢纽。故大臣者，负最后之重责，而不亲最先之事任。自此以往，复有群吏，簿书期会，筐箧之间，嘉善而矜不能，则亦非刑赏黜陟之所重。

窃尝论之，君、臣、司、吏之四职者，其相互之分限既明，而又关节疏通、血脉贯注、浑然一体,彼此无隔阂枯痹之病,惟汉为然。其次如唐、如宋、如明,虽古今之间,进退不一,或君骄于上,或吏疲于下,然大臣诸司,犹各得自展布。相与之间,无清浊崖谷之别,犹足以赴法意而合治道。又窃论之,挽近世官制之弊有二。一则曰曹司之日降而日污,又一则曰地方亲民官之沉沦而莫拔。夫亲务莫如曹郎,亲民莫如州县,二者失职,庶政斯隳。而推寻厥原,多由于阶资品级之层累而加密。故职责不明,则有才而莫显。阶级不省,则有功而莫拔。求赏罚之大原,宜无先于此者。

今复约而言之,言法治必及于赏罚,然罚有罪不如赏有功。自古未有专恃罚罪而可以立国行政者。求赏有功,则必先明分职,简阶资。分职明,则当官者确乎有以显其才。阶资简,则在下者跃然有以希其达。有才者显,在下者达,而后贤者在位,能者在职,而治可举。故言法治之精美,其在中国,惟儒家得其全,汉、唐、宋、明所以成一代数百年之治者皆是。黄、老清静,见其一节;而申、韩名实,惟务赏罚之末,斯为最下。故治法之美者,在能妙得治人之选。昧于人而言法,非法之至也。

在于亲民亲务之职之上者曰"大臣",大臣不可以亟罚,故为大臣者贵能分其职于下而总其成于上。亲民亲务之官之下有群吏焉,惟汉制群吏得自拔以升进于公卿,后世不可得而邃企矣。今日者,政务益殷繁,吏事益丛脞,欲救斯弊,则莫如法欧美之新制,训练其专业而优给以终身,使之安于所守而欣欣有向荣之意,舒舒无沉沦之叹者,此又法治一要端。

近贤言法治,皆指欧美民主宪政,此独举汉唐职官制度。古之人言之曰:"贤者识其大,不贤者识其小。"中西政制虽异,亦或有精义之相同。又中山先生论权、能分立,此亦符其偏义。诚使在上者得我说而存之,亦可以妙得治人之选,独非言治者之所同为馨香祷祝而求者乎?

八月,《农业国防刍议》,刊出同前第二十五期。收入同前书页一五二~一六三。摘要如下:

(一)

中国一大陆农国也,遍国中皆农村、遍国人皆农民。使中国而有军队，必为农民军队。使中国而有国防，必为农业国防。此事理之至昭显者。抑且惟农民，强韧笃实，乃为理想之战斗员。今虽科学日新，机械万变，大洋之舰艇，高空之飞机，千奇百怪，层出无已，然两军决胜之基点则仍在大陆，军队组织之纤维则仍属农民。继此以往，惟有大陆农国，武装精备，始足以龙飞鹰扬，得志于天下。

夫言国防。国富兵强者有国防，国贫兵弱者无国防。故为中国谋国防，即为中国谋富强耳。欲富中国，先富农村；欲强中国，先强农民。使中国农村皆富，农民皆强，则中国之国防已立。

（二）

欲谋富农村，厥有两道：一曰农田私有，二曰农田公有。惟其私有，乃可以避兼并，免剥削，期于公平。惟其公有，乃可以通力合作，分工互利，运用机械，大量开辟，期其丰盈。其镕冶公私两有之性质于一型者，即是中国历古相传之井田制度。

井田之良法美意，久不为学者所称道。抑北魏之均田，唐代之租庸调，岂不犹师井田遗意。夫古之所谓井田，亦不过为一种公耕互助之农村而已。今当变其意，相地之宜，因物之便，于农之外，规为林区、牧场、渔塘、矿山，或归国家官有，或归诸村公有，而私家之擅则禁。故富国必富农，而富农之道，又不尽于上述。农作之，工成之，凡农业之生产，必经工事之完成。工农不配合，仍无以自立于今日国际财货竞进之场。农之所产、工之所成，其相与通有无而交易者则有市集，有商贾。凡商贩之业，大者隶于国，小者属诸村。若是，则工商百业皆以富农而利国，不复蠹农而病国矣。

（三）

农村犹中国之心脏。言经济者必以养农为先，而后可以足国。今不以复兴农村为首务，而高谈国防，是不揣本而求末之齐。故今日而求振国防，其本必先兴农村。农村丰足，则农民皆健男壮丁。故强兵必先富民，此又不烦论而自定之说。

且民贫则愚，民富则智。今日兵争，先恃器械，斗智急于斗力，故兵队不仅需壮夫，又亟需智士。孔子有言，既庶且富而后教。今日之战，更不可以无教，非先富亦无以施教，故曰"复兴农村实为国防之首务"。

（四）

夫中国，农国也，农之病在于散。中国之离封建也远，民之散久矣。今者庶民为政，复当以乡里孕涵宗姓。故古言"敬宗恤族"，今当言"敬乡恤里"。古言"齐家"，今当言"齐乡"。此亦道与世为隆污之一端也。顾乡何以齐？曰齐之以氏姓，不如齐之以衣食；敬之以宗庙，不如敬之以田里。本诸衣食而为教化，而涣散之民可以复聚，其为国防之要，当无有更切于是者。

化为大农，可以用新式机械、新式灌溉、新式施肥，可以省人力而增收获，可以分工易事。凡畜牧饲养蔬果林渔之利，皆可以化零为整，取精用宏，丰饶百倍。工农配合、国力充盈，然后对内可以建军，对外可以通商。中山先生《建国大纲》，亦以县自治成立为宪政开始，而县自治之完成，尤必植本于农村。故农村者，实中国历古至今之政治基点，国家大本所在。政治经济，皆于是焉肇始，亦皆于是焉归宿，溯古证今，无二致。

（五）

今者，抗战已逾六载，内地农村之流离破坏，畎亩无主，屋舍为墟者十三四矣。边区旷地，可以移民垦殖者，十亦一二。是田之可均，村之当新者，几已强半于国中。今使政府先事绸缪，为之规建新村，使十家百家联楹合栋而为居，俭于茆茨，而适如华屋。又为之散给机械，教以新法，播种省力，余夫必多。再为之经营措置，有鸡埘、有豕圈、有牧场、有鱼塘、有森林果园菜圃之属，各各分工而治。生业既丰，则为之设学校、建公墓、立礼堂、创戏院、浚浴池、辟运动场、筑娱乐厅，一村焕然，千村耀目，慕效惟恐或后，乌在其为难。

九月，《古代学术与古代文字》，刊出同前《月刊》第二十六期。收入同前兰台版《中国文化史导论》页六四~九〇。摘要如下：

中国民族的"学术路径"与"思想态度"，也大体在先秦时代奠定，尤要的自然要算孔子与儒家了。但我们与其说孔子与儒家思想规定了此下的中国文化，却更不如说：中国古代文化的传统里，自然要产生孔子与儒家思想。这里将先约略说一些孔子以前的古典籍。

（一）

其最要者，只《尚书》、《诗经》和《易经》三种。《尚书》里保留着不到二十篇商周两代重要的政治文件。分今、古文两种本子，《古文尚书》出后人编纂与伪造。即《今文尚书》亦不尽可信，如《尧典》、《禹贡》等，大概尽是战国时代人之作品。最早，应该算《盘庚》三篇，大概在公元前一三〇〇年左右。但究竟是否真系商代文件，现在尚无可断定。其较更确实可信和明白可读的，则都属于西周时代。这都是考证中国古代上层统治阶级宗教观念和政治观念的上好史料。大体上他们常抱着一种敬畏祖先、敬畏民众的公共意志。常不敢放肆、荒淫惰逸，相互间常以严肃的意态警诫着。无论同辈的君臣或先后辈的父子，虽很古就统治着很大的土地和很多的民众，大体上永远是小心翼翼。这是中国政治上的最古风范。影响后世十分深切。

《诗经》的年代较后于《尚书》。是中国文学最先的老祖宗，中间有不少当时的民间歌词，被采收而保存了。这全是些极优美极生动的作品，后代的中国文学，都从此衍生。全部《诗经》共约三百首。其作品年代，则自西周初年下迄春秋鲁宣公时，约当公元前一千一百年至公元前六百年，包括着五百年的长时期。三百首诗中，有祭享上帝鬼神和祖先的歌曲，但依然是严肃与敬畏心情之流露。有"神人合一"的庄严精神与宗教情绪，却没有一般神话的玄想与夸大。有记载帝王开国英雄征伐的故事，但却是严格经得起后代考订的历史描写。有极活泼与极真挚的同情的想象，但绝无像西方所谓史诗般的铺张与荒唐。有关涉男女两性恋爱，哀怨与想慕，执着与诚笃，却不见有狂热情绪之奔放。有社会下层以及各方面人生失意之呼吁，极悲痛愤慨，但始终是忠厚恻怛，不致陷于粗厉与冷酷。所以说："国风好色而不淫，小雅怨诽而不乱"。又说："哀而不伤，乐而不淫"。又说："温柔敦厚诗教也"。这些全能指陈出在古诗中间透露出来的中国古代人心中的一种境界，极真挚诚笃而不偏陷。孔子曾说："诗三百，一言以蔽之，曰思无邪。"亦是指着这种人类情思之自然中正而不致放肆邪僻的境界而说的。

我们要懂中国古代人对于世界、国家、社会、家庭种种方面的态度与观点，最好的数据，无过于此诗经三百首。不仅为将来中国全部文学史的渊泉,即将来完成中国伦理教训最大系统儒家思想,亦大体由此演生。孔子常教他的门徒学诗,把"诗""礼"并重,又常并重"礼""乐"。礼乐一致,即是内心与外行、情感与规律、文学和伦理的一致。

《诗经》三百首,大体上全是些轻灵的抒情诗,只用单微直凑的办法,径直把握到人类内心的深处。这一点又是表出了中国传统文学与艺术之特性。中国民族崇尚实际,所歌咏的,大部多以人生伦理为背景,只其形式则极为空灵轻巧,直凑单微。以超脱的外表来表达缠着的内容。

第三部《易经》。《易经》里的《十传》,经后人的考订,实出于孔子之后。但上、下二篇的《周易》本文,则不失为孔子以前的一部古书。这本来是当时占卜人事吉凶用的书,但中国后代的人生哲学,却由此有所渊源。有些方面很像《诗经》。但《易经》的卦象,却用几个简单极空灵的符号,来代表着天地间自然界乃至人事界种种的复杂情形,而且就在这几个极简单极空灵的符号上面,中国的古人想要即此把握到宇宙人生之内秘的中心,而用来指示人类种种方面避凶趋吉的条理。这可说和《诗经》是一样的又着实而又空灵的。指示出中国人艺术天才的特征。

现在把《易经》里的原始理论约略叙述如次。人事尽可能的繁复,但分析到最后,不外两大系统。一属男性的,一属女性的。《易经》的卦象,即由此观念作基础。

"—"代表男性,"--"代表女性。这是卦象最基本的一个分别。但"—"与"--"的对比,太简单了,不能变化,乃把"—"三叠而成"☰"、"--"三叠而为"☷",代表一种纯男性与纯女性。"☳、☵、☶"三形代表偏男性,"☴、☲、☱"三形代表偏女性。如此则成了八个卦象。

若以比拟家庭,则"☰"为父,"☷"为母。若以比拟自然界,则"☰"为天,"☷"为地。若以比拟动物,则"☰"为马,"☷"为牛,"☳"为龙,"☵"为豕,"☶"为狗,"☴"鸡,"☲"为雉,"☱"为羊。

如此比附推演,天地间一切事事物物,有形无形,都可把八卦来象征。由此再进一步,把八卦重叠为六十四卦,则其错综变化,可以象征的事物,益为无穷。《易经》便把如此简单的六十四个符号变化无尽地来包括了天地间极复杂的事事物物,因此我们要说他是代表着中国艺术性之一面。但是又如何来判断吉凶的呢？这其间亦有几条基本原理。

《易经》六十四卦，都由两卦叠成，在时间上象征前后两个阶段，在空间上象征高下两个地位。"时"和"位"，是《易经》里极重要的两个基本概念。其每一卦，都由三划形成，这无论在时间或地位上，都代表着上、中、下或前、中、后三个境界。大体上在最先的阶段或最下的地位，其时则机缘未熟，事势未成，一切应该采取谨慎或渐进的态度。在最后的阶段或最高的地位，其时则机运已过，事势将变，一切应该采取警戒或退守的步骤。只在正中的一个地位或时间，最宜于我们之积极与进取的活动。如此再配上全卦六爻所象征的具体事物，及其全个形势，则其每一地位应取的刚柔态度和可能的吉凶感召，便不难辨认了。

《易经》里实包有下列三个最重要的基本观念：一、是人类自身内部所有男女刚柔的"天性"。二、是人类在外面所遭逢的"环境"，其关于时间之或先或后，与地位之或高或下，及其四围人物及与事变所形成之一种形势，占卦所得之某一爻，即表示其时与地之性质。其余五爻，即指出其外围之人物与事态者，此即所谓"命"。三、是自己考虑自己的刚柔性与外部的环境命势，而选择决定其动静进退之"态度"，以希望避凶趋吉的，此即所谓"道"。

因此《易经》虽是一种卜筮之书，迹近迷信，但其实际根据，则绝不在鬼神的意志上，而只在于从人生复杂的环境和其深微的内性上面找出一恰当无讹的道路或条理来，全部伦理化了。不仅止于私人生活方面，还包括种种政治、社会、人类大群的重大事件，全用一种伦理性的教训来指导，这又是中国文化之一个主要特征。

但《易经》成书，应该远在春秋之前，而其中几条基本原则，是颇合于将来儒家思想之路径的。又因为易经里简单几个"象"与"数"的符号，可以很活泼的运用，而达于极为深妙的境界。因此后来的儒家，并有道家，都喜欢凭借《易经》来发挥他们的哲理，于是《易经》这部书，到底和《诗》、《书》一样，也成为中国古经典之一了。

（二）

以前的典籍早已失传的，约略言之，可分两大类：一是"礼书"。"礼"本是宗教上一种祭神的仪文。中国古代的宗教，很早便为政治意义所融化，成为政治性的宗教了。中国古代的政治，也很早便为伦理意义所融化，成为伦理性的政治，因此政治上的礼，又渐变而为伦理上的，即普及于一般社会与人生而附带有道德性的礼了。则礼即是"当时贵族阶级的一种生活习惯或生活方式"。包括有"宗教的"、"政治的"、"伦理的"三部门的意义。这正恰好指示出中国古代文化进展之三阶级。

在春秋时代，便有许多记载着当时乃及以前各种礼的书籍存在着。当时各种礼，一定很繁重，先后各国之间所行之礼亦有不同。礼常在分化与变异中。至于后世所奉为"礼经"的《仪礼》十七篇，经后人考订，其书应产于孔子之后。《周官礼》更晚出，应在战国末年。《大、小戴礼记》中讨论礼意的文章，大体都出于儒家的传统见解，但兴起亦甚晚。

礼的重要，并不在其文字记载，而在其实际"践行"。中国古代人之礼的生活，现在尚可在《春秋左氏传》以及《论语》里所记载。因此我们若说中国古代文化进展，是政治化了宗教，伦理化了政治，则又可说他艺术化或文学化了伦理，又人生化了艺术或文学。这许多全要在古人讲的礼上面去寻求。

礼书以外，再有一类很重要的书籍，在当时称为"春秋"的，我们现在不妨称之谓"史书"。从西周中叶，周宣王以下，直到春秋时代，孔子以前，中国各地史书便极度发展，当时有叫"百国春秋"与"百国宝书"的，普遍地存在于列国之间。孔子曾根据鲁国春秋来写定另一部春秋，这在后代也成为中国经典之一的。接着孔子春秋而完成的，有《春秋左氏传》，此为中国古代第一部最翔实最生动的历史。

以上述说《书》、《诗》、《易》、《礼》、《春秋》五种，后世合称五经。"礼经"以《仪礼》为之，又加入《乐》，则称六经。《乐》似乎只是唱诗的谱调。可惜后代失传。我们只根据这几种经典，便可知道中国古代文化是如何的注重于政治、历史、伦理、人生方面的大概。

（三）

春秋以下之平民学者，最著的有儒、墨两派。儒家创始于孔子。儒为术士之称，他们通习礼、乐、射、御、书、数，古称"六艺"。礼、乐上文已说过，射、御则只是礼之一节，书、数更属较为初级的技能。大抵当时的贵族阶级，都须通习此六艺。孔子便是正式将古代的贵族学传播到平民社会的第一人。又能把他们重新组织，加一个新的理论根据。因为孔子自身也是一个儒士，所以后世称他的学派为"儒家"。

儒家之后为墨家，墨家创始于墨子，其学说较之于孔子时代更见平民精神了。"墨"字的本义，是一种刺面涂色以为奴隶标帜的刑名。古代的奴隶，或由罪犯俘虏，大率集居城市，或分配到贵族私家，或特别训练成一专门的技工。大抵墨家发动在古代一个工人集团里，或者墨翟自身便是一个受过墨刑的工人亦未可知，所以这一学派便称为"墨家"了。墨家学派的始创祖墨子，据说亦在儒家门下受业过。因此对于那些古代典籍及一切贵族礼亦多知道。但他们另有一传统，则为当时的工业技能与科学智识。

墨家学派在此工人集团的统治信仰中产生，因此他们的理论，显然偏向实用，偏向于一种极富伦理性的实用方面去。不仅他们熟练于种种的工艺制造，并亦通晓许多在当时有关制造方面的科学知识。如关于数学、几何学、力学、重学、光学种种，现在有很多部分还保留在《墨子》书中几篇《经》和《经说》里。此外，亦有他们一种独创的逻辑与辨证法。将来这一学派的流传，便成为"名家"。

（四）

现在再把儒、墨两家思想加以简要的对比。中国古代，是将"宗教政治化"，又要将"政治伦理化"的。换言之，即是要将"王权代替神权"，又要以"师权来规范君权"的。平民学者的趋势，以儒家思想为主，最看重学校与教育，要将他来放置在政治与宗教的上面。他们已不再讲君主与上帝的合一，而只讲"师道"与"君道"之合一。君师合一则为道行而在上，即是治世。君师分离则为道隐而在下，即为乱世。儒家所讲的道，不是神道，亦不是君道，而是"人道"。他们不讲宗教出世，因此不重神道；亦不讲国家无上与君权至尊，因此也不重君道。他们只讲一种天下太平世界大同的人生"大群之道"，这便是"人道"，亦可说是"平民道"。

《论语》里的"仁"字，这是儒家理想中人道的代表。仁是一种人心的境界与功能，其功能和境界，超出一般动物之上，在同类中间可以互相感通，互相会合，不仅为个体求生存，并有成为大群文化的意义。

儒家常喜用"孝悌"两字来作为这一种心的境界和功能之示例。"孝"是时间之直通,"弟"是空间之横通。故人心有孝,则人生境界可以悠久无尽;人心有弟,则人生境界可以广大无穷。孔子《论语》,除却孝悌外,又常说到"忠恕"。"尽己之谓忠,推己之谓恕",忠恕也是指点人心而言。故孝、弟、忠、恕仍只是一心,惟孝悌专对家属言,忠恕则泛及朋类。所谓"仁",也便是"人与人相处之道"。孔子学说明明要把古代"政治化的宗教",在他手里再进一步而变成"人道化的政治"与"人道化的宗教"。因此孔子的教训,并不排斥或遗忘了政治性的重要,惟上帝鬼神的地位,则更见淡薄而已。

墨子意见稍和孔子不同。墨子站在人类平等观念上极端排斥贵族阶级,但他所主张的平等,实际上不好算是平等,而是无差别与齐一。他主张"兼爱",便是一种无差别、无分等的爱。他说要"视人之父若其父",这就违反了人类内心的自然情感,但他却说这是上帝的意志。所以墨子讲"天志"来做为他提倡"兼爱"的根据。他的思想,一面违反了人类内心的自然情感,另一面又落入了宗教的旧陷阱遂又不得不忽略了政治性的重要。

又因墨子太注重无差别的平等了,太偏于物质生活的经济方面,因此他又彻底反对"礼乐",认为礼乐是阶级性的有差别的一种奢侈,故墨子学说里,绝少艺术、文学的趣味。虽重新采用了古代宗教的理论,但又毁弃了古代宗教的一切仪式和方法。

墨子的人格是可敬的,但其理论则嫌疏阔。彻底反对古代贵族制度及其生活,似比孔子更前进了。但又回复到古代素朴的上帝鬼神的宗教理论上去,则确乎比孔子后退了。他到底把捉不到人心,又违反了中国古代由家族情感过渡到人道观念的传统精神。因此,后来墨家为儒家思想所掩盖,不能畅行。

每逢儒家思想流弊暴露着的时候,中国人常有另一派思想对此加以挽救,则为庄老道家。庄子当与孟子同时。而《老子》书的作者则较晚,应该在荀子稍前或与荀子同时了。儒、墨为古代平民学派先起之两大派,而道家则较为后出。

道家思想是承接儒、墨两派而自为折衷的。论其大体,则道家似与墨家更近，同时反对古代传统的礼。墨、道两家的目光与理论，皆能超出人的本位之外，而从更广大的立场上寻根据。惟墨家根据"天"，即"上帝鬼神"；而道家则根据"物"，即"自然"。庄子书里有许多极精美的自然哲学的理论。但到老子书里则似乎又偏向于人生哲学及政治哲学的分数多了。因此庄老哲学之流传，到底并不能真的走上自然哲学与科学的路。仍折回到人生方面来。因此在中国思想系统里，儒、道两家遂成为正、反两大派。儒家常为正面向前的，道家则成为反面而纠正的。

（五）

大体在孔子以前，那时的书籍，后世称之为"经书"，那时的学术，全操在贵族阶级手里，我们可以称之为"贵族学时代"。在孔子以后的书籍，后世称之为"子书"，那时的学术，则转移到平民阶级手里，我们可以称之为"平民学时代"。平民学者全体反对贵族阶级之特权，不承认社会上有贵贱阶级之存在，因而也不主张列国分裂。正因为春秋、战国时代，平民学盛行，因此秦汉以下，始能造成一个平等社会与统一国家。

在中国学术上，"贵族学"时代与"平民学"时代，一脉相传，只见是一种演进，却不见有所剧变与反革。而孔子与儒家思想，遂不期而成为后代之正宗了。

（六）

中国文字。

（本节摘要参见一九四二年七月《中国民族之文字与文字学》，兹略。）

十月，《从秦始皇到汉武帝》，刊出同前第二十七期。收入同前书页九一～一〇九。改题名《文治政府之创建》。本篇要义散见于先生有关历史文化、学术思想、社会经济诸论文，摘要兹略。

十一月，《新社会与新经济》，刊出同前第二十八期。收入同前书，改题名《社会主义与经济政策》，页一一〇～一二六。摘要如下：

（一）

中国政治思想上的"民本"观念，渊源甚古。《尚书》、《左传》、

《论语》、《孟子》书中，这一类的理论，到处可见。西周以下的封建社会，那时可说只分贵贱，不分贫富。农民受田百亩，缴什一之税，大体上是在一种均产状况下过活。封建社会渐次崩坏，授田制度渐废，如此则农户中间亦渐生兼并，富者田连阡陌、贫者无立锥之地。又兼平民军队兴起，那时各国定制，杀获敌方一甲士，可封五户，成一小地主。同时因郡县国家兴起，国内和国外的商业骤盛，大都市兴起，各国首都所在，全成为当时的大商场。这些都是当时极繁盛的商业集散地，因之造成了古代东方封建社会的崩溃。

（二）

当时一般农民的经济地位，依照国家法律言，是一律自由而平等的，但依经济实况言，则殊不尽然。每一个自耕农，须向国家缴纳地租。此外较大的负担，则为人口税与兵役。若负荷不起这些项目，只有两条路可走：一、是游离本乡，逃脱了国家户口册的稽查，成一亡命者。二、是把他自身出卖为奴，奴隶的人口税由其主人代缴。如二者都不愿为，最后将为政府没收充为官奴。这是汉代奴隶最大来源。

汉代另有一种变相的奴隶，称为"宾客"的，在当时社会上，亦极重要。宾客的风气是由战国中叶贵族的好客喜士流传下来，成为"任侠"。这辈人在当时社会上亦占有极煊赫的地位与横暴不可当的权势。我们可以说，"商贾"与"任侠"是西汉初年社会上新兴的两种特殊势力，是继续古代封建社会而起的两种"变相的新贵族"。任侠本来是犯法的，虽得社会上一般劳苦大众无识的称誉，但在政府方面，竟不惜首先采用一种严厉手段来对付。在汉景帝时代，各地的大侠，已为政府络续摧破。到武帝时代，政府目光便转移到商贾们的身上。

（三）

当时获利最厚最大的商业，首推"盐"、"铁"两项。政府便创出一个"盐铁官卖"乃至"国营"的政策来。在盐铁出产地特设官经营制造、运输与销售等事，免得为商人所霸占。此外政府所专卖的便是"酒"。酒是一种奢侈的饮料，亦有"寓禁于售"的意思。又对一般商人，设法增征重税。

汉武帝此种经济政策，其背后有很深厚的经济理论做他的背景，即儒家传统的"均产论"。贫与富，各有其最低与最高的界线，既要"救贫"，亦要"抑富"。中国人的经济理论，完全如他的政治理论，同样根据人生理想为出发，归宿到人类内心之实际要求上。中国儒家传统经济理论，其实仍是一个"礼治主义"，此在荀子书中发挥得最透彻，西汉学者的一般见解，大概都由此而来。

（四）

但汉武帝的经济政策，在当时并不收效，而且流害很大。到汉武帝末年，社会均产的理想，几乎变成普遍的破产，而促成王莽的变法。

政治的终极目标为民众，民众的基本要求在经济。先要经济均等，不使社会有大贫大富，然后再好讲教育与其它。因此王莽变法的最大目标，便专注意在经济问题上，他一方面要提高农民的生活水平，一方面要裁抑富商大贾的资本势力。他最重要的几条法令：（1）田亩收归国有，再公共分配，使耕者有其田，不再有佃农与雇耕人。（2）废止奴婢，重过自由独立的平民生活。（3）厉行专卖制度、盐、铁、酒、钱币及银行五项，均不许社会私人经营。（4）对富商大贾施以各种重税与限制。（5）主张根本废绝货币制度。

王莽的经济政策，因种种原因而归于失败，但继续王莽以后的，也还依然依照着这一个理论，不过在推行上则比较弛缓。解放奴隶的命令，在光武时代屡次颁布，重农抑商、控制经济，不使社会有大富大贫之分，这是中国自从秦汉以来两千年内一贯的政策。中国的社会经济，在此两千年内，可说永远在政府意识控制之下，因此此下的中国，始终没有产生过农奴制度，也始终没有产生过资本主义。

（五）

经济生活，只是整个文化生活最低的基层，若没有相当的经济生活作基础，一切文化生活无从发展。但经济生活若过分，反而要妨害到其它一切文化生活之前途。我们不妨说，经济生活是消极的，其它文化生活如文学、艺术之类，则是积极的。中国传统人生理论，似乎正是认定了这一点，对经济人生总取一个消极态度，对其他文化人生则取了积极态度。

（六）

汉代的读书人，大体上都由农业社会出身，他们都先过着半耕半读的生涯。农业社会有他一定的休闲期，一到冬季，便可乘暇读书。在十五岁以前，先习《尔雅》、《孝经》、《论语》诸书。十五岁以下，开始读《正经》，三年通一《经》，十五年便可通熟五经，那时还不过三十岁。汉代常有命地方察举"孝子廉吏"及"茂才异能"之士的诏令，乡村学者尽有被举希望。自汉武帝以下，文风渐盛，社会竞知向学。一方有名儒、学者四面而赴，所在结集。往往一个学者，其先后来学着弟子籍的，多逾千人，少亦数百。一个学者，即不出仕，在其壮年以前，可以躬耕自给；在其中年以后，体力渐衰，声闻日广，亦可仰给于来学者之束脩甘旨，以为仰事俯蓄之资。他们粗淡的生活既易解决，而社会的荣誉，又使他们有无穷之慰藉。因此一辈高尚澹泊之士，常愿终老村社，不受朝廷之招聘与郡县之征辟。如此则更增加了一般学者之地位。

西汉政府，是与乡村息息相通，政府官吏，几乎全都由乡村学者出身，因此他们共通的经济见解，常求繁荣农村，裁抑商业。汉代又有一种禁令，凡仕宦为官的，即不许兼营商业。而政府又有种种限制，使商人虽有财富，不得从事奢侈夸耀的生活。因此经商为富的人，虽富而不荣；耕读传家的，虽贫而尊，一旦显扬，远为富人所不及。下至东汉社会，既不是贵族、军人、富人为中心，而成为一种士人中心即读书人中心的社会。

中国是一个大一统的国家，从事政治事业是最尊荣的。汉代又奖励官吏久任，升迁又甚速捷，由县令即可擢升郡守，由郡守即可内转九卿而跻三公。一为三公，则全国事务，无所不当预闻。天下安危，系诸一身。因此中国的读书人，无有不乐于从政的。在国家法律上，读书从政是公开的、平等的、国民人人可得；但在社会实际情形上，则这两种权益，容易在少数家庭中永远占到优势。因此东汉时代颇多由"累世经学"的家庭而成为"累世公卿"的家庭。但终不免因为变相的世袭而成为变相的贵族，便是所谓"士族"。下及魏晋南北朝，遂成为一种特殊的"门第"，有名之曰"郡县国家文治政府下之新贵族"。这种新贵族形成之后，中国社会又自走上一个新阶段，造成一种新形态。

（七）

中国传统人生理想，不容许这一种商业资本富人中心的社会产生。

因此在文治政府之不断控制下，商业资本终于短命，而新的士族逐渐抬头。这便是东汉以下之所谓"士族门第"。他们特殊的地位是凭借在国家特定的法令制度上，自身的教育上，以及他们的智力与道德之特别超诣上。若把中国儒家看作一种变相的宗教，则五经便是中国儒教的经典，那些东汉以下的士族，便相当于西方中古时期之僧侣。我们不妨称儒家为一宗教，那是一种现实人生宗教。一种"平民主义与文化主义的新宗教"。西方宗教是"出世"的，而中国宗教则为"入世"的。西方宗教是"不预闻政治"的。而中国宗教则是"以政治为生命"的，这是双方的不同点。

十二月，《新民族与新宗教之再融合》，刊出同前第二十九期。收入同前书页一二七～一四七。摘要如下：

（一）

中国在秦汉时代，经历了公元前二二一年至公元一八九年，四百年的全盛时期，下面接着一段公元一九〇年至五八八年同样四百年的中衰期。中国史上叫做魏晋南北朝时期。这一时期，有两个最显著的特征：一、是新民族的羼杂。二、是新宗教的传入。

读史的人多把此一段转变时期来和西方史上的蛮族入侵和罗马衰亡相提并论，但其间实有一极大之不同点。在西方是罗马民族与文化衰亡，以及日耳曼民族与希伯来宗教文化继之代兴。在中国则依然是自古以来诸夏民族的正统，只是继续羼进了一些新分子与一些新信仰。因此在西方是一个"变异"，在中国则只是一个"转化"。这是罗马衰亡和汉统中衰所绝然相异的。

罗马建国，凭靠少数罗马人为中心。以外区域虽大，只是征服地，不是罗马本干与基础。汉代立国，并非向外征服，而是"向心凝结"。他是四方平均建筑在全中国广大地域的自由农村上面，本干大、基础广。因此一时虽有病害，损伤不到他的全部。魏晋南北朝时代，则如一条大河流的中途，又汇纳了一个小支流；不免要兴起一些波澜与漩涡，但对其本身大流并无改损，而且只有增益其流量之宏大与壮阔。

（二）

异民族之羼杂。在中国人的观念里，本没有很深的民族界线，他们看重文化，远过于看重血统。中国史上之所谓异民族，即无异于指着一种生活方式与文化意味不同的人民集团而言。

在中国北部，因天然环境之不同，限于气候土壤种种条件，环踞着许多的游牧社会，与中国大部的农村生活隔成两截。东汉末年，正北方有匈奴，东北有鲜卑，西北有氐与羌，这些在当时是群认为异族的，但在历史的记载上，即相互间的传说上，则匈奴、鲜卑、氐、羌一样与诸夏同一祖先。匈奴出于夏、羌属姜氏，鲜卑为有熊氏，氐出有扈氏，好像全是同族同统。这里面可有两个解释：（1）他们和中国诸夏，在很远的古代，或许是同出一源。（2）则只要他们一接触到中国文化，便受到一种感染，情愿攀附华夏祖先，自居于同宗之列，而中国人也乐得加以承认。因此中国人并不想欺侮他们，吞灭或削除，只想同化，让他们学得和自己同样的生活方式与文化习惯。中国人称之为"怀柔政策"。

在此政策下，常常招致边外的归化人，迁移到边疆以内，给以田地，教之稼穑，施以中国传统的教化。他们全都习得中国的农业生活，及相当的教育程度。他们乘着汉代末年的大饥荒，中央政府解体，群起割据，而那些由塞外内迁的胡人遂亦乘机兴乱。逼得西晋王室南渡，公元三一七年建都建康，历史上称为东晋，从此中国陷于南北长期的大分裂。这在当时，与其说是一种民族斗争，无宁说是一种社会纷扰。

（三）

当时中国虽分南、北两方，但实在全都应该属于中国传统文化的系统，绝不能说那时的北方，已经不是中国文化而另有一种异族胡人的文化。当时北方政府，虽拥戴胡人为君主，但实际政治的主持与推行，则大部还在中国士族手里。北方士族直接两汉传统而来，因此北朝政府里虽厕进许多胡人，但其政治上的大传统，依然沿袭两汉文治政府之规范。

这许多北方士族，便是撑持过这一段狂风恶浪的险要滩头之掌舵人。一经变乱，他们随着需要群起团结他们的本宗亲族，以及乡里的附随民众，而形成了许多在经济上可以自给，武力上可以自卫的大集团。他们联合宗族，是推本于古代的"孝"与"仁"的观念而来；他们保卫乡里，是推本于古代"义"与"忠"的观念而来。原来东汉的"察举制度"，"孝子"与"廉吏"，格外养成了当时士族重宗族重地方的观念，终极目的，是在贡于王朝，献身国家。

当时的胡人，起先赖藉他们自己的民族意识，在纷乱局面下奋起，推倒握有传统政权的王室。但遇到这许多散处社会各方的士族势力，到底不得不让步而与之相妥协，无法把他们整个消灭了。这便形成了在当时北方中国胡、汉合作的局面。

我们若说当时北方士族为中国传统文化之承续人与保护人，则我们亦可说，当时南方士族为中国传统文化之宣传人与推广人。因其时长江以南，同样有许多当时认为异族的即古代诸蛮之遗种，盘踞生长，尚未达到与中国大部民众同一生活同一文化之水平。南、北两方，实在同样进行着民族融和与文化传布的大工作。同样的羼进了许多民族新分子，同样的把传统文化更扩大。魏晋南北朝时期，实在是继续着春秋以前完成了中国史上第二次的民族融和国家凝成的大贡献。

（四）

新宗教之传入。中国传统文化，一到先秦时期，本已超越宗教需要。但到东汉中叶以下，由于儒家思想作为社会人生领导中心的功用之渐次堕退。王室腐化，士族门第兴起，社会人心无寄托、无安慰，自然要转移到未来世界与空中天国去。这是中国人民在当时感觉到宗教需要的一个最大的理由。

印度佛教适于此时传入中国。佛教思想中之慈悲观与平等观，这是与中国传统观念最相融洽的。而且佛家思想里，更有与中国传统精神极易融洽之一点，即在他的一种"反心内观"的态度。中国的传统观念，尤其是儒家思想，则一切"着重在自身"，一切由自身出发，一切又到自身归宿。他看世界万象，并不觉得世界外我而存在，与我为对立。惯用一种"物己融合"的，"人格透入"的看法。向外看犹如向内看，常把外面、内面看成一片。故曰："天地与我并生，万物与我为一。"佛教理论，亦常从人类自身出发，仍归宿到人类自身。我们可以说佛教还是一种"人本位"的宗教。

惟佛教思想与中国儒家显相违异之一点，即儒家对现实人生抱一种"积极乐观"的态度。佛家则对人生彻头彻尾的"悲观消极"。在这上，佛家思想乃颇与中国道家为近。道家对于现实人生是悲观消极的。但道家与佛家亦有深刻的相异点。佛家"严肃厌世",因此有出世的要求;道家只消极悲观,却不严肃厌世,因此变成"轻蔑随顺"一种玩世不恭的游戏人间。此因这两种悲观消极的人生观,到底还要分道扬镳,各自发展。但道教正因为缺乏严肃厌世的心理,所以到底不成其为一种真的宗教。

(五)

儒家是"纯乎站在人的本位上"来观察与辨认宇宙万物的,道家则"颇欲超脱人本位"而观察辨认外面的世界。这一点,道家思想又似颇有与西方自然科学接近的可能。他虽对现实人生抱悲观,但并不向现实人生求摆脱。因此中国的道家思想,他虽含着不少近于西方自然科学的成份,却永远产生不出西方的科学来。

南朝自东晋以后,佛教亦大盛。那时南方与北方佛教的风尚颇不同。北方佛法常受王室拥护,南方佛法则多由士大夫自由研习,他们多用纯哲学的探究,要想把佛教哲学来代替儒家思想,成为人生真理之新南针。因此北方佛教常带"政治性",南方则多带"哲学性"。北方佛教重在"外面的庄严",南方则重在"内部的思索"。在这方面,南方佛教实较北方佛教为解放。

当时南方亦有道、佛之争,但所争亦多属哲理方面,并不牵涉政治问题。争辩最烈的是关于"人类灵魂之有无"问题。一派主张人生只有"心"的作用,没有灵魂,人死则心作用亦随与俱息,这一派称为"神灭论";另一派则主张人生除心外别有"灵魂",灵魂不随死而俱灭,这一派称为"神不灭论"。神灭论可说是中国的传统观念。范缜主张,这是中国传统思想对佛教一个极有力而最中要害的打击。梁武帝曾诏令群臣各各为文答辩。可见范说在当时影响与震动之大。

(六)

在中国史上,平民讲学的风气,从孔子、墨子开始,直到东汉末叶马融、郑玄,中间经历将近千年,社会向学之风愈来愈盛,汉末太学生至三万人,可见一斑。一到三国之乱,讲学之风顿衰,一方面固由人心对于儒学暂时失却信仰,同时亦因社会播迁流离,没有讲学的环境。因此佛寺和僧侣,正好代之而兴,掌握了社会大众的教育权。一般平民社会中的聪秀子弟，有志向学的，只要走进庙宇，既得师友讲习之乐，又获书籍翻阅之便。佛法藉之推行自然更加蓬勃了。

中国佛教显然是更偏重在学理而偏轻于信仰的，这又可说是中国文化一种特殊精神之表现。他们几于纯粹为一种知识的追求，一种指示人生最高真理的知识之追求，而非仅仅为心灵之安慰与信仰之宣泄。我们若论社会秩序与政治制度，魏晋南北朝一段，诚然可说是中国史上一个中衰期。若论学术思想方面之勇猛精进，与创辟新天地精神，这一时期，非但较之西汉不见逊色，而且犹有过之。那时一般高僧们的人格与精力，眼光与胸襟，较之两汉儒生，实在超出远甚。我们纯从文化史的立场来看魏晋南北朝时代，中国文化演进依然有活力，依然在向前，并没有中衰。

中国人的文化观念，是深于民族观念的。但传统的文化观念，终是极为宏阔而适于世界性的，不局促于一民族或一国家。我们只看当时中国人对于印度佛教那种公开而恳切，谦虚而清明的态度，及其对于异国僧人之敬礼，以及西行求法之真忱，便可为一绝好证明。

惟其如此，我们甚至可以说，两晋、南北朝的高僧，若论其内心精神，我们不妨径叫他们是一种"变相的新儒家"。他们还是宗教的意味浅，而教育的意味深。此后印度佛教便在中国文化园地上生根结果，完全成为一种中国化的佛教，在中国开创了许多印度原来没有的新宗派。其中如天台宗，创自隋代高僧智𫖮。又如隋唐之际的华严宗，此亦中国自创。天台宗所谓"即空、即假、即中，三谛圆融"，华严宗所谓"理事无碍，事事无碍，一即一切，一切即一"等，这些理论，都已把中国人传统观念所看重的现实人生，融入了佛教教义，这些全都是中国化的佛教了。同时禅宗兴起，佛教教理更是中国化，中国人更把佛教教理完全应用到实际人生的伦常日用方面来，再不是印度原来的佛教了。

（七）

那时佛教思想虽极盛行，但无论南北双方，社会上对于中国传统"家庭组织"以及"家庭礼教"，却一样的严格保守，没有丝毫摇动。许多学者，同时精研佛理与儒家的家庭礼法。尤如南齐张融，他病卒遗令入殓，左手执《孝经》、《老子》，右手执《小品》、《法华经》，这竟像后世所谓的"三教合一"了。

"佛法"与"孝道",本是两种正相背驰的精神,而能同时存在。所以佛教出世思想摇撼不动中国家庭的根本精神。因此在中国史上,我们可以说,他既没有不可泯灭的民族界线,同时亦没有不相容忍的宗教战争。魏晋南北朝时代民族新分子之羼杂,只引起了中国社会秩序之新调整,宗教新信仰之传入,只扩大了中国思想领域之新疆界。在中国文化史里,只见有"吸收、融合、扩大",不见有"分裂、斗争与消灭"。

十一月,《清儒学案序目》,刊于《四川省立图书馆图书季刊》第三期。收入素书楼文教基金会·兰台出版社《中国学术思想史论丛》(八)页四七八~五〇五。

序

吾国家民族文化绵历,迄五千年不弊,厥有一中心力量焉为之潜持而默运者,则儒家思想是也。儒家思想渊源于上古,成熟于先秦。在两汉以迄隋唐则曰经学,在宋明以迄清季则曰理学。

大较而言,清代理学,当分四阶段论之。一曰晚明诸遗老。其次曰顺康雍。又其次曰乾嘉。又其次则曰道咸同光。要之有清三百年学术大流,论其精神,仍自沿续宋明理学一派,不当与汉唐经学等量并拟,则昭昭无可疑者。

抑学术之事,每转而益进,途穷而必变。两汉经学,亦非能蔑弃先秦百家而别创其所谓经学也。彼乃包孕先秦百家而始为经学之新生。宋明理学,又岂仅包孕两汉隋唐之经学而已,彼盖并魏晋以来流布盛大之佛学而并包之,乃始有理学之新生焉。此每转益进之说也。两汉博士之章句家法,自有郑玄之囊括大典而途已穷。魏晋南北朝之义疏,自有唐初诸儒之《五经正义》而途亦穷。至于理学,自有考亭、阳明,义蕴之阐发,亦几乎登峰造极无余地矣。又得晚明诸遗老之尽其变,乾嘉诸儒之纠其失,此亦途穷当变之候也。然则继今而变者,势当一切包孕,尽罗众有,始可以益进而再得其新生。

今世运之变,又亟于道咸,一世方激荡旋转而开生人未有之新局。

吾国家民族文化绵历五千年迄今未弊者，又将重回洪炉，再经锻炼，以重成其为卫国家、福种姓之所赖。今既世界逮通，五洋如同堂，六洲如合宇。他日人类大同，安知治统、学统不有日趋于一之势。

吾中央正值抗战艰险之际，有意合刊宋、元、明、清四朝学案简编，颁之中外，其意可深长思矣。穆奉命承乏为清儒之役，因重加编订成若干卷，而敬述其大义于卷首。

例言

（以下略）

一九四三年　癸未　四十九岁

一九四四年　甲申　五十岁

一　国内大事

六月六日，中华全国文艺界抗敌协会发表向全世界反法西斯作家致敬书。

六月十七日，美国副总统华莱士来华，先后访问重庆和延安。

十月七日，中、美、英三国，以及苏、美、英三国分别在美国顿巴敦橡园举行会议，商讨战后成立世界永久和平安全机构，决定建立"联合国"。

十一月初，美国总统代表赫尔利从重庆飞延安，以第三者身份调和国共关系。

汪精卫病死于日本，其伪职由陈公博代理。

二　事略

先生仍执教于华西大学。自重庆返成都后，患胃病，临床数月，及病稍好，读完《朱子语类》全书一百三十卷及《指月录》两书，对唐代禅宗终于转归宋明理学一演变，获有稍深的认识。暑假移居灌县灵岩山寺，得暇游县中老人村等地。

先生晚年回忆道："……又一日，冯芝生（复智按：冯友兰字芝生）忽亦自重庆来成都，华西坝诸教授（按：华西大学各教授宿舍均在华西坝四围附近）作一茶会欢迎，余亦在座。不知语由何起，余言吾侪今日当勉作一中国人。芝生正色曰：'今日当作一世界人，何拘拘于中国人为。'余曰：'欲为世界人，仍当先作一中国人，否则或为日本人美国人均可，奈今日恨尚无一无国籍之世界人，君奈之何。'芝生无言。（梁）漱溟语不忘国，芝生自负其学，若每语必为世界人类而发，但余终未闻其有一语涉及于当前之国事。则无怪此后两人同居北平之意态相异矣。"

(《师友杂忆》，页二四五～二四六)

三　著述

一月，《个性伸展与文艺高潮》，刊于《思想与时代》第三十期。收入《中国文化史导论》，改题名《文艺美术与个性伸展》，二〇〇一年台北素书楼文化基金会·兰台出版社整理新版印行，页一四八～一六七。摘要如下：

（一）

中国史上经过魏晋南北朝一段中衰时期，接着又是隋唐复兴之盛运，公元五八九年至九〇六年前后三个世纪，在这时期里，经济文物，较之秦汉时代，似乎尚有过之无不及。论其政治，依然还是秦汉传统规模，王室与政府分立，君权与相权互济。有名的唐六典，成书于唐玄宗开元二十三年，公元七三五年。大体根据当时事实，虽亦有几许理想的成份羼杂，我们不妨认此书为当时一部政府组织法典，或可说是一部成文的大宪章。其次如唐律，其法律全部之用意，重人品、重等级、重责任、论时际、论关系、去贪污、定主从、定等次、重赔偿、重自首、避操纵，从整个法律精神中间，透露出中国传统文化之甚深意义，不仅为后来宋、元、明、清四代法律之蓝本，而且顺适行使于国外，四邻如日本、契丹、蒙古、安南诸邦，全部是唐律广被行使之地。

唐代一般国民负担，如赋税与兵役等，似乎较汉代为轻减。对于商业方面，汉、唐政策亦相随而不同。汉代对商人开始即采一种裁抑政策，唐代则颇采放任主义。论兵役，汉代是"寓兵于农"的，全国壮丁皆须服兵役，这是通国皆兵的"兵农合一制"。唐代则"寓农于兵"，只是一种选农训兵制。则大多数国民皆可避免兵役。

（二）

唐代更重要的一个进步，则为当时新创设的一种"科举制度"。一种公开竞选的考试制度。地方人士有志在政治上活动的，皆可向地方官吏亲自报名应试。地方官即将此等应试人申送中央政府，由中央特派官吏加以一种特定的试验。凡中第合选的人，即无异取得了一种做官从政的许可状，将来可在政治界出身。其不中选的，则失却政府任用的资格。如此一来，其中选权皆由公开的考试标准而决定，无论地方官或中央官，都不能再以私意上下其间。

（三）

唐代科举制度，同样为宋、元、明、清四代所传袭，沿续达千年之久。这是建筑中国近代政治的一块中心大柱石，中国近代政治全在这制度上安顿。同时亦是近代中国文化机体一条大动脉。在此制度下，不断刺激中国各地面，使之朝向同一文化目标而进趋。中国全国各地之优秀人才，继续由此制度选拔到中央，政治上永远新陈代谢，永远维持一个文化性的平民精神，永远向心凝结，维持着一个大一统的局面。

中国是一个传统农业文化的国家，凭借这一个文艺竞选的考试制度，把传文化种子始终保留在全国各地的农村，根柢盘互日深、枝叶发布日茂，使全国各地农村文化水平，永远维持而又逐步向上。几乎使无一农村无读书声；无一地方无历史上的名人古迹。农村永远为中国文化之酝酵地。不得不说多少是这一个制度之功效。

（四）

中国文化在秦汉时代已完成其第一基础，即政治社会方面一切人事制度之基础。在隋唐时代则更进而完成其第二基础，即文学艺术方面一切人文创造的基础。这在孔子书里特别提出的"仁"与"礼"之两字，即包括了此一切。"仁"是人类内在共通之一般真情与善意，"礼"是人类相互间恰好的一种节限与文饰。文学与艺术亦在把握此人类内在共同之真情，而以恰好之节文表达之。文学、艺术种种创造，才是和平人生个别而深一层的流露。

（五）

叙述唐代文学艺术之发展，须先约略插说一段唐代"佛教之蜕变"。佛教本身带有一种极浓重的厌世离俗的思想，尤其是初期的小乘佛教。但佛教精神无论大乘、小乘，浓重的厌世离俗观，与中国传统文化精神，到底有所不合。因此一到隋唐时代，世运更新，佛教思想亦追随演变，而有中国的佛教出现。最先是陈、隋之际开始的天台宗，他们根据人类心理，兼采道家传统庄老哲学，而创生了一套新的精神修养与自我教育的实际方法。偏重在现实人生之心理的调整上用工夫，这已走入了中国传统文化要求人生艺术化的老路。再由天台转入禅宗，那个趋势更确定，更鲜明了。而且也更活泼更开展了。

那时唐代，一切文学艺术正在含葩待放，而禅宗却如早春寒梅，一枝绝娇艳的花朵，先在冰雪地中开出。禅宗的精神，完全要在现实人生之日常生活中认取，他们一片天机，自由自在，正是从宗教束缚中解放而重新回到现实人生来的第一声。所以唐代的禅宗，是中国史上的一段"宗教革命"与"文艺复兴"。

（六）

文学、艺术在中国文化史上，发源甚早，但到唐代，有他发展的两大趋势：（1）由贵族阶级转移到平民社会。（2）由宗教方面转移到日常人生。因此唐代的文学、艺术，遂很显著的由此从贵族到平民、从宗教到日常人生的两大趋势。亦是相随于当时的历史大流而自然应有的。

唐代诗人之多，诗学之盛，真可说是超前绝后。清代编集的全唐诗九百卷，凡诗四万八千九百余首，作者二千二百余人，可以想见其一斑。清人编集的《全唐文》一千卷凡文一万八千四百八十八篇，作者三千零四十二人，中间虽夹有不少非纯文学作品，但我们说歌咏平民社会人生日常的散体文，要到唐代始为发展成熟，这亦无可怀疑的。

中国艺术中最独特而重要的，厥为"书法"。黄河流域与长江流域南、北双方的书法，显有不同。南方擅长"帖书"，北方则擅长"碑书"。一到唐代，南帖、北碑渐渐合流，但南方的风格，平民社会日常人生的气味，到底占了优势。从唐以后，字学书品遂为中国平民艺术一大宗。书法以外便推"画"。但据古书记载，秦汉时代的绘画大体还以壁画与刻石为主。绘画大兴，亦要到魏晋以后，那时用纸和绢作画之风开始盛行。大抵无论书画，南方是代表新兴的平民社会与日常人生的风度，北方则代表传统的贵族与宗教的气味。一到唐代，虽亦有南北合流之象，但如书法一般，唐人风气也还以南方作风为正宗。

（七）

诗、文、字、画四项，全要到唐代，才完成其为平民社会和日常人生的文学和艺术。而唐人对此四项的造诣，亦都登峰造极，使后代人有望尘莫及之想。政治、社会的体制，安定了人生的共通部分。文学、艺术的陶写，满足了人生的独特部分。中国后代人常以汉、唐并称，这亦是一个主要的意义。

二月，《宋以下中国文化之趋势》，刊出同前第三十一期。收入同前书，改题名《宗教再澄清民族再融合与社会文化之再普及与再深入》，页一六八～一九三。摘要如下：

（一）

宋、元、明、清四代约略一千年，这可说是中国的近代史，比较上又自成一个段落。若把国力强旺的一点来论，这一期较之汉唐时代稍见逊色。

宋代始终未能统一。只有公元一三六八年至一六四三年明代三百年，那时疆域展扩，和汉唐差不多，而海上势力，还超过汉唐之上。最后清代，中国东北吉林省长白山外一个名叫满洲的小部族，乘中国内乱，颠覆明室，形成一个部族狭义的私政权。这在中国史上，以汉族为文化正统的眼光看来，同样是一个变局。因此这一千年来的近代中国，在其国力方面，大体上是比汉唐逊色。

（二）

值得大书特书的第一事，厥为"宗教思想之再澄清"。隋唐以下宋、元、明、清一千年来的近代中国，有些时候其衰乱情况，更甚于隋唐之前，但何以此千年来的宗教势力，却永远不再抬头？

原来佛教思想传入中国，早已逐步的中国化了。尤其是晚起的禅宗。他们的理论，主张"自性自修，自性迷即众生，自性悟即是佛"。又说："万法尽在自心，从自心中顿见真如本性。"他们常劝人在家修行，见取自性，直成佛道。"识心见性，自成佛道"，便何异儒家"尽心知性，尽性知天"的理论。禅宗只把儒家的"天"字"圣"字换成"佛"字，其它完全一样要从自心自性上认取。

禅宗在理论上虽则全部中国化了，到底是一种在寺院里发展成熟的思想，无意中脱不净向慕个人的独善与出世。直要到宋代新儒家兴起，再从禅宗思想转进一步，要从内心自身自性中认取修身、齐家、治国、平天下的大本原，如是始算完全再回到先秦儒家思想的老根基，这里也几乎经历了一千年的时期。其间中国人不仅将印度佛教思想全部移植过来，而且又能把它彻底消化、变为己有，因此在以后的中国，佛教思想便永远不再成为指导人生的南针。宋代以下，新的平民学者再起，这即是宋代的新儒家，他们到处讲学，书院林立，儒家思想恢复了它的平民精神，它遂重新掌握到人生大道的领导权，寺院僧侣自然要退处一隅。

宗教的功用，大部分是逃避现实，使人从现实小我中解放出来，而与人以更大的天地，藉此亦可作为人生失意的安慰。这一方面，中国唐、宋以下的文学与艺术可谓已尽其能事。因此中国社会上宗教信仰尽可自由，对于政治、风俗，都不致发生严重影响。自宋以下的社会，宗教思想之再澄清，实在不可不说是中国文化进展一绝大的成绩。

（三）

其次要算"民族之再融和"。自宋以下的中国，不断有异文化的外族入侵，中国人在武力抵抗失败之余，却还是抱着此种教化主义之勇气与热忱，依然沿袭中国文化传统精神，来继续完成民族融和之大理想。其间最主要的，如契丹、如女真、如蒙古、如满洲。他们凭借武力，又乘中国内乱，或割据中国疆土之一部分，或全部侵入了中国，但最多耐不到三百年的时期，或则全部为中国文化所同化，或则亦部分的消融在中国民族的大炉里，不再有他特殊的存在。其它如回族、藏族、苗族，也都或先或后的在朝向着民族融和的方向走去。

（四）

社会文化之再普及与再深入。宋代新儒学崛兴，他们讲的是万物一体之道，故说："民吾同胞，物吾与也。"他们的工夫则从"存天理，去人欲"入手。他们的规模与节目，则为古代大学篇中所举的"格物、致知、诚意、正心、修身、齐家、治国、平天下"八项。这一派儒学，从公历十一世纪宋初开始，直到公历十七世纪末明末清初始见衰替。前后有七百年的长时期，中国近代文化向社会下层之更深入与更普及，全由他们主持与发动。

与这一派儒学相随并盛的，则有"书院制度与讲学风气"。宋、元、明、清四代的书院制度，则是一种私立学校而代替着佛寺严肃讲学之风的。书院的开始,多在名山胜地,由社会私人捐资修筑,稍后则几于通都大邑均有书院,有的亦由政府大吏提倡成立,或由政府拨款维持,但书院教育的超政治而独立的自由讲学之风格,是始终保持的。政府仍有公立学校,国立大学与地方州县学均有,但从大体说来,一般教育权始终在书院方面,始终在私家讲学的手里。我们可以说,自宋以下一千年的中国,是平民学者私家讲学的中国,教育权既不属之政府官吏,亦不属之宗教僧侣了。

(五)

宋以下中国社会文化之再普及与再深入,文学、艺术同样如此。第一是"白话文学"之兴起。中国文字一面控制着语言,一面又追随语言而变动。白话文学由唐代禅宗"语录"开始。直到宋代,二程门人开始也用白话口语体写其教义,于是语录体遂并行于儒、释间。在唐时又有一种"变文",乃以诗歌与散文合组而成之通俗文,亦用口语体写出。他们采取佛经中所讲,或中国民间原有故事,敷陈演说,使之活泼生动。这一种文体演变到宋代,便成当时的所谓"平话"。这已是纯粹的平民文学,完全脱离了宗教性的面目了。此下由平话渐变而成章回体的"演义小说",遂成为中国近千年来平民社会白话文学之又一大宗。

其次则为宋元"戏曲"之盛行。宋元戏曲有一特殊的要点,便是都带着音乐与歌唱,无宁可以说,中国戏曲是即以音乐与歌为主的,这亦是中国文学艺术一种特有的性格。

(六)

宋以下的工艺美术,举其著者如陶瓷业、如丝织与刺绣、如雕漆工、如玉工以及其它一切的美术工艺流传在一般社会与日常人生融成一片的,在宋以后的中国文化上,实在放了一大异彩。

中国人一方面极重自然,但另一方面又极重实用,中国人的人生理想是想要把"实用"和"自然"调和起来,融成一片。因此中国的民间工艺,一方面完全像是美术品,莫不天趣活泼,生意盎然。但另一方面,他又完全是一种实用品,对于日常人生有其极亲密极广泛的应用。

三月,《东西接触与中国文化之趋向》,刊出同前第三十二期。收入同前书，改题名《中西接触与文化更新》，页一九四～二二〇。摘要如下：

（一）

中国一向是一个农业文化的国家，他一切以"安足"为目的，现在他骤然遇见了西欧一个以"富强"为目的之商业文化，相形见绌了。因西方的富强，推翻了我们自己的安足，中国文化在不安足的环境中失败而毁灭。如是中国人当前遇到了两个问题：（1）如何赶快学到欧美西方文化的富强力量。（2）学到之后，而不把自己传统文化以安足为终极理想的农业文化之精神斩丧或戕伐了。若第一问题不解决，中国的国家民族将根本不存在；若第二个问题不解决，则中国国家民族虽得存在，而中国传统文化则仍将失其存在。

（二）

中国在世界上，是比较算得一个文化孤立的国家。但中国实不断与其四邻异族相交通相接触。而且中国人对外族异文化，常抱一种活泼广大的兴趣，常愿接受而消化之，把外面的新材料，来营养自己的旧传统。东汉以下对于印度文明与佛教思想的那种态度，是值得我们赞佩与惊叹的。此下到唐代，中国对其更西方的大食、波斯一带的通商，却大大繁盛起来。那时中国除却佛教外，还有景教、祆教、摩尼教、回教等传入，这些宗教虽在中国并不能如佛教般影响之大，但中国人对于外族宗教态度之开放，是很可注意的。

中国人第一次接触到西方文化是印度，第二次是波斯、阿拉伯，第三次始是欧洲。欧洲文化到东方来，那已在晚明时期了。当公元一六二三年利玛窦初到中国之岁，那时明代万历盛运已过，政治社会一切动摇，此下恰恰二十年，便就亡国。满洲入主，那时一辈士大夫，还有什么心绪，能注意到西方的文化方面去呢？自公元一八四二年鸦片战争，直到现在一百年内，中国人便在此情况下挣扎奋斗。我们若看清这三百年来中国人之处境，与其内心情绪之激扰与不安定，则在此时期内，中国人之不能好好接纳西方文化而加以消化，是不足深怪的。

（三）

而且当利玛窦等初来中国时，他们的一腔热忱，只在传教，但在中国传统文化机构上，宗教早不占重要的地位，耶稣教偏重对外信仰，不能像佛教般偏重自心修悟较近中国人的脾胃。因此明代的中国人，不免要对西方传教士抱几分轻蔑心理，这亦是很自然的。

一到十八世纪终了，十九世纪开始，西方情形大变了。那时西方资本主义与帝国主义的力量，正如初生之虎，其锋不可当，但在中国人心里，是一向看不起富强侵略的。因此在中国人的眼光里，又不免要误会到西方只是些贪利与恃强的勾当，而忽略了在他后面策动的西方文化的真力量与真性质。

（四）

话虽如此说，这三百年来的中国人，对此西方异文化的态度，到底还是热忱注意、虚心接纳。利玛窦初来，便得中国名儒徐光启与李之藻之笃信与拥护。清代经学家，对于天文、历法、算数、舆地、音韵诸学，他们一样注意到西方的新说而尽量利用。一到晚清末叶，中国士大夫潜心西方理化制造之学的也多了，后来越发扩大，对于西方政法、经济、社会组织、文、史、哲学、其它一切文化方面，在中国全都有人注意研究。

现在的中国人，他们渐渐觉得西方文化所最超出于中国，是他们的自然科学一方面。所以必须急激的西方自然科学化，而科学化了的中国，依然还要在中国传统文化的大使命里，尽其责任，这几乎是成为目前中国人的一般见解了。

（五）

严格说来，在中国传统文化里，并非没有科学。天文、历法、算数、医药、水利工程、工艺制造各方面，中国发达甚早，其所到达的境界亦甚高，这些不能说他全都非科学。若把东方文物输入西方的重要项目而言：如蚕丝在两汉时代已不断由中国传入罗马，其后到公元五五〇年南朝梁简文时，波斯人又将中国蚕种传至东罗马都城君士坦丁堡。

造纸法在中国东汉时已发明，直至唐玄宗时，大食人始在西域获得纸匠，因在撒马尔罕设立纸厂，为大食人造纸之始。数百年后直到公历十二世纪，造纸法始入欧洲。罗盘早见于南北朝时代之《宋书》，由阿拉伯人传入欧洲。欧洲人用磁针盘供航海用，记载于公元一三〇二年，后中国约千年。又如雕版印刷、活字版，以及火药等，均由中国发明制造而传入欧洲。明代宋应星所著的《天工开物》十八卷，书成于公元一六三七年，中间所载一事一物，何莫非中国人从科学经验中得来的可宝贵的知识。平心论之，在公元十八世纪以前，中国的物质文明，一般计量，还是在西方之上。

（六）

到底科学在中国不好算得很发达，这又为什么呢？因中西双方的思想习惯有不同。太抽象的偏于逻辑的思想与理论，在中国不甚发展，中国人常爱在活的直接的亲身经验里去领悟。科学与宗教，在西方历史上虽像是绝相反的两件事，但在中国人眼光看来，他们还是同根同源，一样是抽象的逻辑的向外推寻。

在西方的名言说："知识即是权力"，中国人决不如此想。尤其是近代的科学知识，这真是人类最高最大的权力表现，但中国人心目中不重视权力，故西方般的科学发明又少了许多鼓励与鞭策。

（七）

自然科学在中国文化进程里不很发达，由于中国文化则自始即在一个广大和协的环境下产生成长，因此中国方面的缺憾并不在一种共通与秩序，这一方面早已为中国文化所具有了。中国方面的缺陷，则在此种共通与秩序之下的一种"变通与解放"。中国哲学上有一句话，叫做"理一分殊"，中国人认为"理一"是不成问题了，应该侧重的转在"分殊"方面。如此科学思想便不易发展。科学思想的精髓，正在抽象理性的深信与与坚执，正应侧重在其"理一"方面，而不在侧重其"分殊"方面。西方科学家因刻意寻求"理一"，故不惜隔绝事实，从任何实体中抽离，来完成他的试验与理论。双方的学术思想界，正如双方自然环境般，一边只见破碎分离，一边只见完整凝一，这是中西的大分别所在。

（八）

我们再从第三方面言，中国人科学才能之表现，也有和西方人不同处。中国人对物常不喜从外面作分析，而长于把捉"物性"直入其内里。这因中国人常爱把物界和人类同一看待，常把自然界看成一有生机的完整体，因此好谈"物之性"，而不喜欢谈"物质构造"。中国人也常说

"可以神遇，而不可以目视；可以意会，而不可以言传。"便是说的这个道理。

（九）

中国文化其本身内里亦自有其一套特殊性的科学，只不能如西方般的科学同等发展。此后的中国，国内国外的和平秩序恢复了，对科学的观念也正确了，我想科学在中国，一定还有极高速度的发展。

（十）

（以下略）

四月，《中国近代儒学趋势》，刊出同前第三十三期。收入二〇〇〇年素书楼文教基金会·兰台出版社《孔子与论语》页三七三～三七八。摘要如下：

儒家思想为中国文化之骨干，此义人人知之。盖儒学本由中国文化而孕茁，自有儒学而中国文化亦遂发扬光昌而滋大。儒学原本孔子。孟子称之曰："孔子之谓集大成。"孔子殁，非儒反孔者四起，百家竞鸣，皆欲与孔子为代兴，杨、墨、庄、老其著也。有孟子者出，曰："乃我所愿，则学孔子。"继孟子而起者有荀子，荀子之排击诸子，较孟子益厉。虽七十子之徒有不免。然独尊仲尼无间言。孟荀皆一世之魁儒，其尊孔子如此。而后百家之气焰以衰，儒术之尊严以定。故儒学之推行，亦非孔子一人之力所能主。乃中国文化自有之演进，中国人群之共业也。

战国纷争之大局既歇，而秦汉一统之盛运方启。于是秦皇、汉武之间，乃有儒术之新生。百家精旨，苟可调和融会于儒术者，秦汉诸儒无不兼取而并蓄之。故非孟荀之驳辨，无以见儒学之尊。非秦汉之和会，亦无以见儒术之大。若谓后世有新儒学，则秦皇、汉武间之诸儒首当其选矣。

魏晋以下，诋儒讥孔者，纷纷籍籍，虽逮隋唐盛世，而学术分野，终未合并。韩愈愤然以孟子之拒杨墨自负，李翱以和会说《中庸》。下及宋室，儒术终起，然仍以调和融会于道、释之间。于是晚明诸儒起，始谋所以修藩篱而坚壁垒，剖析驳辨于后。秦汉之和会，晚明之驳辨，孔子之道之所由以大行，则胥此二者之左之右之，不可一缺也。

窃尝论之，学术之有和会与驳辨，亦各因其时而然也。辛亥鼎革，政体丕变。一时人心，若久缚而乍解，若长蛰而思苏。而又东西接触既频，士大夫揖让周旋于多邦群族之间者既久，若将披心胸，豁肝胆，以怀纳诸新而融之为一大；秦汉和会之风进而益奋。当今之世，乃有齐头并进之观。故挽近学者称引儒书，乐为援据而加以阐发者，非《易传》、《戴记》，则往往在晚明、此辛亥前后五六十年中风气，盖有不知其然而然者矣。

抑学术之事，能立然后能行，有我而后有同。故凡苟异于我者，必辨之晰而争之明，斯所以尊我使有立也。凡苟有同于我者，必会其通而和其趣，斯所以大我使有行也。而今日之我，求其能尊而有立也尤亟。大心深识之君子，其将有体于斯文。

五月，《易传与小戴礼记中之宇宙论》，刊出同前第三十四期。收入同前兰台版《中国学术思想史论丛》（二）页二一~五九。摘要如下：

国人学者，颇谓中国根本无哲学；倘有之，亦以属于人生哲学者为主，而宇宙论则付阙如。窃谓斯二义，当分别而论。中西学术途径异趣，若谓中国有人生哲学而无宇宙论，则殊恐不然。人生亦宇宙中一事，岂可从宇宙中孤挖出人生，悬空立说？故谓在中国思想史上，人生与宇宙往往融和透洽，混沦为一，不作严格区分，以此见与西方哲学之不同，是犹可也；谓中国有人生论而缺宇宙论，则断乎非事实。

宇宙论之起源，乃远在皇古以来。其时民智犹僿，而对于天地原始，种物终极，已有种种之拟议。言其大体，不外以宇宙为天帝百神所创造与主持。人生短促，死而为鬼，则返于天帝百神之所。此可谓之"素朴的宇宙论"。中西诸民族，荒古以来，传说信仰，大率如是。迨于群制日昌，人事日繁，而民智亦日启。斯时也，则始有人生哲学。此亦中外各民族思想曙光初启之世所同有的景象。其在中国，儒家思想，厥为卓然有人生哲学之新建。然孔子不云乎？曰："天生德于予。""丘之祷久矣。""敬鬼神而远之。"然则孔子于古代素朴的天神观，为皇古相传宇宙论之主要骨干者，固未绝然摆弃也。墨家继起，主"天志"、"明鬼"，无宁为重返于古代素朴的宇宙论，而依附益密。独至庄周、老聃氏起，然后对于此种古代素朴的宇宙论，尽情破坏，搷击无遗。故论中国古代思想之有新宇宙观，断当自庄老道家始。

宇宙论与人生论既必相倚为命，而中国古代道家之新宇宙观又甚卓绝而高明，故自有道家思想，而各家所持之宇宙观，乃亦不得不随之以俱变。墨家天志、明鬼，与道家新义绝相远，其求变较难；儒家之于天帝百神，本不如墨家之笃守，故其变较易。惟自战国晚世，下迄秦皇、汉武之间，道家新宇宙观既确立，其时之儒家，则多采取道家新说，以求融会于孔孟以来传统之人生论，而儒家面目亦为之一新。予尝谓当目此时期之儒家为"新儒"。以示别于孔孟一派之旧儒，而其主要分辨，即在其宇宙论方面。

予论此时期之新儒，以《易传》与《小戴礼记》中诸篇为代表。古代素朴的宇宙论，以天帝百神为之主；而道家思想则破帝蔑神，归极于自然，偏倾于唯物。今《易传》与《小戴礼记》中之宇宙论，亦正大率近似乎主自然与唯物者。古籍《诗》、《书》凡言"天"，即犹言"上帝"。天帝至尊，创制万物，不与物为伍。即论、孟言天亦然，亦不与物为伍。及庄周、老聃书，乃始"天地"并言，则天亦下侪于地为一物，与上世天帝至尊创制万物之意迥别矣。《易传》、《戴记》亦每天地并言，如《易传》："天尊地卑，乾坤定矣。""法象莫大乎天地。"《乐记》："大乐与天地同和，大礼与天地同节。"《中庸》："致中和，天地位焉、万物育焉。"此中之宇宙观，接近道家，异于上世之证一也。

天既与地为伍，下侪于一物，则彼苍者天，与块然者地亦无以异。天帝之创制不存，宇宙何由而运转，种物何由而作始乎？此在庄周、老聃，则曰是特一气之聚散耳。阴阳家承之，始详言"一气"之分而为"阴阳"，阴阳之转而为"四时"，散而为"五行"。阴阳家宇宙论之前一段，明承道家来。其后一段"五德终始"、"五人帝"，始配合之于儒家言。《周易上、下经》，本不言"阴阳"，《十传》始言"阴阳"。故曰："《易》以道阴阳。"其实乃据《十传》言。其言"阴阳"，即天地也。《戴记》亦每以阴阳、四时、五行与天地并言。此皆兼承道家与阴阳家，而颇以道家为主，其胜于阴阳家而得目为新儒者在此。

故《易传》与《戴记》之宇宙论，实为晚周以迄秦皇、汉武间儒家所特创，又另自成为一种新的宇宙论。此种新宇宙论，大体乃采用道家特有之观点。庄老道家所创之宇宙观，可称为"气化的宇宙观"，以其认宇宙万物皆不过为一气之转化也。《易传》、《戴记》承其说，而又别有进者，即就此一气之转化，而更指出其"不息"与"永久"之一特征也。《易传》曰："一阴一阳之谓道，继之者善也，成之者性也。"此所谓"一阴一阳"，即指阴阳之永久迭运而不息也。

《哀公问篇》尤明言之："哀公曰：'敢问君子何贵乎天道也？'孔子曰：'贵其不已，如日月之东西相从而不已也，是天道也。无为而物成，是天道也。已成为明，是天道也。'"夫"无为而物成"，斯乃道家所喜言；然所以无为而能物成者，则胥此"不已"与"久"者为之。论此尤详尽者为《中庸》："不息则久，久则征，征则悠远，悠远则博厚，博厚则高明。博厚所以载物也，高明所以覆物也，悠久所以成物也。博厚配地，高明配天，悠久无疆。如此者，不见而章，不动而变，无为而成。天地之道，可一言而尽也：其为物不贰，则其生物不测。《诗》云：'维天之命，于穆不已。'盖曰天之所以为天也。"此极言天地之道之尽于不已而久也。博厚所以载，高明所以覆，而苟非悠久，则物且无以成。物之不成，而天覆地载又何施焉？故知天地之道，尽乎此不息不已之久也。

此不息不已之久，《中庸》又特指而名之曰"诚"。故曰："至诚无息。""诚者，物之终始。不诚无物。"又曰："诚则形，形则著，著则明，明则动，动则变，变则化。唯天下至诚为能化。"道家论宇宙万物最喜言"化"。而《易传》、《戴记》之观化则异是，而特名之曰诚，而后此宇宙之意义与价值亦从而变。此《戴记》之论宇宙，所由绝异于庄周、老聃者也。然则试问此悠久不息至诚实有之化，又何为乎？《易传》曰："天地之大德曰生。"《中庸》曰："赞天地之化育。""万物并育而不相害，道并行而不相悖。"故《易传》、《戴记》言化，则有其必具之征，与其所必至之业。此征与业为何？曰生、曰育、曰开、曰成是也。

"天地之大德曰生"。大德犹言常性。凡天地之生成化育，此皆天地之自性而自命之。故《易传》曰："一阴一阳之谓道，继之者善也，成之者性也。"《中庸》："天命之谓性，率性之谓道，修道之谓教。"此之所谓"性"，犹庄周、老聃之所谓"自然"。天地自有此性，故天地自成此道。往者庄周、老聃"自然的宇宙观",至是遂一变而为秦汉以下儒家"德性的宇宙观",亦可谓之"性能的宇宙观"。

故天地一大自然也。天地既不赋有神性,亦不具有人格,然天地实有德性。万物亦然。万物皆自然也,而万物亦各具德性,(即各具其必有之功能)言自然,不显其有德性。言德性,不害其为自然。自然之德性奈何?曰"不息不已之久",曰"生成化育之功"。此皆自然之德性也。以德性观自然,此为《易传》、《戴记》新宇宙论之特色。所以改进道家畸物的自然宇宙论以配合于儒家传统的人文德性论者,即在籀出此自然所本具之德性,以与人事相会通也。

天人之际,所以为之沟贯而流行其间者,则有鬼神焉,此上世素朴的宇宙论则然也。自道家自然的、畸物的宇宙论既出,上帝失其存在,鬼神亦不复有。天地皆一物,人死曰"物化"。而其势转将无异于机械之必然,此与儒家人文的、德性的观点大悖。故《易传》、《戴记》言宇宙,虽不言天帝造物,而尚主有鬼神。惟其所谓鬼神者,亦如其言天地,仅为德性的,而非人格的。《易传》、《戴记》中之鬼神论,实为其宇宙论中至关重要之一部分,抑且为其宇宙论与人生论所由融通透洽至关重要之一部分。

《易传》曰:"《易》与天地准,故能弥纶天地之道。仰以观于天文,俯以察于地理,是故知幽明之故。原始反终,故知死生之说。精气为物,游魂为变,是故知鬼神之情状。""气"字由庄老始言之,"精"字亦然。《易传》"精气为物"之说,显袭诸庄老;而"游魂为变",则《易传》作者自足成之。而论鬼神之义最明备者,则在《戴记》之《祭义篇》:"宰我曰:'吾闻鬼神之名,不知其所谓。'子曰:'气也者,神之盛也。魄也者,鬼之盛也。合鬼与神,教之至也。众生必死,死必归土,此之谓鬼。骨肉毙于下阴,为野土。其气发扬于上,为昭明、焄蒿、凄怆。此百物之精也,神之着也。'"朱子曰:"精气就物而言,魂魄就人而言,鬼神离乎人而言。"又曰:"鬼神盖与天地通。"此即谓鬼神之为鬼神,乃弥纶周浃于天人、物我、死生之间,而为之实体,为之共性。

凡物莫不具精气,凡人莫不具魂魄。精气、魂魄,其实则为一物,即鬼神是也。如是则岂不无我无物、无生无死,而通为一体,此一体即所谓之鬼神。鬼神即阴阳也。故求之鬼神，亦求之阴阳而已。鬼神何以能有感通之德？因其本在阴阳一体之内，岂有不相感通。此意《中庸》言之最透彻，曰："鬼神之为德也，其盛矣乎！视之而弗见，听之而弗闻，体物而不可遗。"曰"鬼神之为德"，犹言其性情功能。今为其宇宙论乃是一种"德性的宇宙论"，则其鬼神论亦是一种"德性的鬼神论"。不必实有鬼神之人格，而实有鬼神之德性。此种德性，弥纶周浃于天地万物之中，而即为天地万物之实体，此即谓万物莫勿具此德性也。

《礼运篇》曰："人者，其天地之德，阴阳之交，鬼神之会，五行之秀气也。"其实此处所谓"天地"、"鬼神"、"五行"，亦莫非阴阳，亦莫非一气之化，此即道家气化的宇宙论之所创；惟秦汉间儒家于此阴阳一气之化之中，而指出其一种不息不已之性能，而目之曰"诚"。又于此阴阳一气之化之中，而指出一种流动充满感格灵应之实体，而称之曰"鬼神"。故人生即一诚之终始，亦即一鬼神之体之充周而浃洽。

道家喜言"化"，秦汉间儒家则继而言"变"。盖化纯属于自然，而变则多主乎人力也。《易传》："化而裁之存乎变。"又曰："功业存乎变。"是知变、化之辨，即"功业"与"自然"之辨也。道家尚自然，故主言化。儒家重功业，则转而主言变。而功业又贵其不悖乎自然，故变者不能悖化以为变，贵乎因化之自然而裁制之以成其变，此《易传》言变之宗旨也。

《易传》主言变，以异乎道家之言化。又常言"器"，以异乎道家之言"物"。盖物属自然、器则人为。道尚自然，儒言人事。圣人因物以制器，犹之因化以裁变。所由言之虽异，其所以为言则一也。故曰："形而上者谓之道，形而下者谓之器。"言器而不言物。物者纯于自然，器则虽不离乎自然，亦不尽出于自然。

是知变通之与形器，其本皆起于自然，而又皆主于人事。然而与道家之纯言夫阴阳气化以为毕宇宙之蕴奥、穷人物之能事者，有间矣。此《易传》之所以修饰改进道家之说又一端也。又曰："以通神明之德，以类万物之情。"其所谓"通德"、"类情"者，即求以合天人而融物我；必如是而后可以尽变化之妙，亦必如是而后可以穷运用之宜，亦必如是而后始完吾德性之全。故曰："精义入神，以致用也。利用安身，以崇德也。"在宇宙万物谓之"神",在我谓之"德"。"崇德"即所以"入神",亦必能入神乃始为崇德。而其论人生之最精邃最博大者,则莫如《中庸》:"其次致曲。曲能有诚。诚则形、形则著、著则明、明则动、动则变、变则化。唯天下至诚为能化。"此即《易》家至繁赜而至变动之人生论也。

《中庸》又曰:"惟天下至诚为能尽其性。能尽其性,则能尽人之性。能尽人之性,则能尽物之性。则可以赞天地之化育。可以赞天地之化育,则可以与天地参矣。"《中庸》言"尽性",即《易传》之所谓"崇德"。"赞天地化育以与天地参",是即《易传》之所谓"入神"也。其机括惟在自致己诚,自尽己性。何者?盈天地万物皆此一性之弥纶周浃,即皆此一诚之所始终贯注,亦即此一神之所充满流动。故天也、人也、物也、性也、诚也、神也,其实皆一也,其机括则只在于一己之自尽而自成。故宇宙虽繁赜而至简易,虽变动而至安定。

北宋理学兴起,始复有儒家自己一套的宇宙论。逮于南宋朱子之理气论出,而此一番新起的宇宙论,乃臻完成。若以孔孟时代为天帝人格化的古昔素朴的宇宙论,《易·系》与《戴礼》为"畸于神"的"德性一元的宇宙论",则两宋理学可谓是"畸于理"的"理性一元的宇宙论"。欲探究中国儒家思想所抱有之宇宙论,必分别此三者而加以探究。其畸于神与畸于理之两部分,虽在其贯通人生论方面,莫不上承孔孟,而无大扞格;但畸神、畸理,终不能谓其无所歧异。继今而后,于此畸神、畸理之两面,是否重有所轻重取舍,以为调和融通,再产生一种更新的宇宙论,以使儒术更臻于发扬光大,则尚有待于此下新儒崛起之努力。

五月,《神农与黄帝》,刊于《说文月刊》第四卷合刊本。收入联经《全集》第三十六册《古史地理论丛》页一六七~一八五。摘要如下:

(一)

神农、黄帝,为中国古史传统中最有名之两人。神农似为一耕稼部落之酋长,黄帝则为一游牧部落之酋长,故《史记》谓其"迁徙往来无常处,以师兵为营卫"也。但不久黄帝部落当亦学得耕稼,故史记又言其"修德振兵，治五气，艺五种"焉。

《史记集解》徐广曰："黄帝号有熊。"皇甫谧曰："有熊，今河南新郑是也。"《元和郡县志》："郑州新郑县，本有熊之墟。"又黄帝号轩辕氏，今新郑县西北有轩辕丘。此皆黄帝居地在今新郑之证。又按：《清一统志》："新郑西北有黄水，源出自然山，经县城北，东南流入于洧。"《水经注》："黄水出太山南黄泉，东南流径华城西。至郑城东北，与黄沟合，注于洧水。"

疑黄帝之名与黄水、黄沟有关。太山即自然山，在新郑县西、黄水所源。疑"自然"乃"有熊"字讹。然则古代黄帝部落之居地，应在今河南新郑，断无疑矣。《列子》言："黄帝梦游华胥之国。"今新郑县东南有华阳亭，即古华国也。《周礼职方》："河南曰豫州，其山镇曰华山。"《国语》："前华后河，右洛左济。"是则华山为豫镇，尚在洛东，其即今之嵩山矣。则广而言之，今之登封、禹、密之间，皆相当于古之所谓"华"。黄帝为华夏之祖，殆由此也。

（二）

《括地志》曰："厉山在随州随县北百里。神农生于厉乡，所谓列山氏也。春秋时为厉国。"《帝王世纪》："神农氏起烈山，为烈山氏，今承厉乡是也。"是古传神农生地，在今湖北之随县也。今按：西周封申、吕二国，皆在今河南南阳县；申、吕姜姓，为古神农氏之裔。然则神农姜姓部族，其居地殆自今湖北随县绵延而北，直至今河南之南阳境。正当汉水之东。

又按：今山西稷山县南五十里有稷山，《左传》宣公十五年："晋侯治兵于稷"是也。此山一名稷神山，俗呼稷王山，跨闻喜、万泉、安邑、夏县界，相传为后稷始教稼穑地。则古代神农部族，或自南而北，由今河南南阳境，越嵩山、熊耳山脉，北渡大河，而移殖于今山西之夏县、安邑一带者。

（三）

由上论之，黄帝、神农实为当时中原东西对峙之两部落。黄帝部族较在东，居沼泽低洼之地，而以游牧为业；神农部族较在西，居黄土河谷之地，而以耕稼为生。而神农部族之居地，复与虞舜、夏禹同其方域。

故《史记》载伯夷之歌，其辞曰："神农、虞、夏，忽焉没兮。"独以神农与虞、夏连言，非无由也。

《史记》："神农世衰，诸侯相侵伐。蚩尤最暴虐，黄帝乃与战于涿鹿之野。"是蚩尤者，乃神农氏后世一诸侯，殆亦可谓属于西方系统之下者。《吕刑》："乃命三后，恤功于民；伯夷降典，禹平水土，稷降播种。"伯夷为姜姓神农之后，周亦起于西方。故曰"神农、虞、夏"，曰"伯夷、禹、稷"，此皆当时西方部族之历史系统也。

（四）

今试再由此推绎言之，则黄帝、帝喾似属古代较东之一支。黄帝既征炎帝、蚩尤，为一时共主，姬、姜两族渐趋合流，故周人与黄帝俱为姬姓，而其祖妣曰姜源，则显为东西之相融也。至若虞、夏世系，皆溯源于帝颛顼。而秦、楚先祖亦出颛顼、秦、楚皆发迹于西方，是帝颛顼之苗裔，皆西系也。西系多本诸颛顼，而东系则多本诸帝喾，此则可征论者。商人之先出自帝喾，既确可证其为东系矣；而周之先祖亦为帝喾，与虞、夏不同，是周人殆亦以东支而西移者也。若如《史记》所载，颛顼亦黄帝后，则颛顼必黄帝以后，以东帝而传衍为西支之最先又最要之一人也。

（五）

辜较论之，神农、虞、夏为西系之大宗，秦、楚为西系之旁孽。自黄帝战蚩尤于涿鹿，东方部族之势力，乃渐伸展而西；久则与同化焉，如周人是也。故周人亦俨若为西支焉。若论其原始，则西方部族断当推姜姓神农氏为远祖。而神农部族之开化，亦似在东方黄帝部族之前。古史以农事言古帝者，惟神农、虞舜、后稷；此三人者，其所传耕稼地之位望，以今推之，皆在西方。故知中国古史上农业文化之开始，应在中原之西部，南自汉、北至汾。再具体言之，就其文献可征者，应南起今湖北省之随县，北至今山西省之临汾，中经今河南省南阳、嵩县，划一微向西北斜倾之直线，定为神农、虞、夏一系农业文化之发祥与繁荣地。

据近代地层发掘，知河南仰韶附近，当新石器时代之末期，已知稻之艺植；此等智识，无疑为自南而北者，而姜姓部族神农氏之一支，尤应为中国古代农业发展之主体。要之西系文化开展，神农诸姜在先，虞、夏颛顼之裔继之；而西周尚在其后。

今若果以颛顼、帝喾同为黄帝之后，则必颛顼一系先向西殖，而帝喾一支多留东方。惟自文化系统而言，则虞、夏在先，西周继之，楚、秦又继之，皆承续神农姜姓部族而成为中国古史上之西系，亦关键则自黄帝战涿鹿启其机。《史记五帝本纪》开始独详此事，知古人传述自有所受。近人论史，于黄帝、蚩尤之战，亦有能言其崖略者，惟昧于地望，遂多误失，因再为探究而略论之，以待治古史者之详定。

六月，《与缪彦威书论战国秦汉间新儒家》，刊于《思想与时代》第三十五期。收入《中国学术思想史论丛》（二），二〇〇〇年台北素书楼文教基金会·兰台出版社整理新版印行，页六〇~六六。摘要略。

九月，《辨性》，刊于同前第三十六期。收入同前兰台版《中国学术思想史论丛》（五）页二九三~三四三。摘要如下：

儒家论性，大体就实平正，亦并无甚深微妙晦昧难明之处。惟儒家思想，绵历二、三千年，其对于"性"的观点，自身内部便有许多不同。兹篇试分儒家论性为四派，其实即分属四个时期。一孔、孟；二《易》、《庸》；三程、朱；四陆、王。以下按次略说。

（一）

孔子很少论性，今《论语》二十篇，只有"性相近，习相远"一语，算是说到性字。但论语虽少言性，却屡言心。《论语》里最重要的一个观念，自然要推"仁"字。孟子说"仁，人心也。"又说："仁者爱人。"窃谓千古解说仁字，只此两语最明白，最干净，人人易晓，却更无剩义。因此我们可以说：《论语》论仁，便是论心；而《论语》言心，实亦即是其言性处。

《论语》言及人民，最重要是一个仁字，其次如孝悌，此亦言人心也。有子曰："孝悌也者，其为仁之本与。本立而道生。"此说人类孝悌之心，便是仁心之根本。人类之仁心何由生，即生于其孝悌之心。仁只是爱人，孝悌则是爱父母。天下那有不知爱父母而知爱他人之理。心并非有两个，仁心与孝悌心，还是一心。《论语》于孝悌外，又说到忠恕。

仁与孝悌忠恕，同是此心。尽己之谓忠，推己及人之谓恕，忠恕只是一心，即人之仁心也。亦即孝悌之心也。

《论语》言孝悌、忠恕，孟子又益之以爱敬。曰："君子以仁存心，以礼存心。仁者爱人，有礼者敬人。"爱敬即是孝悌、忠恕也。故论孝悌、忠恕之实际，舍爱敬无他物。而爱敬又只是一心。未有爱不兼寓敬，亦未有敬不兼寓爱者。《论语》常以仁、礼兼言。仁之发乎外必有礼，礼之本乎内必有仁。若单言之，则人道必由中达外，故言仁即可以兼礼，言爱即可以兼敬也。

《论语》虽只言心，其实即已包括性，不能说心、性乃不相关之两物。故孔子虽少言性，而后代儒家言性，其大本源，则全出于《论语》也。到孟子始屡言性，并坚持"性善"之主张。孟子说："恻隐之心人皆有之。羞恶之心人皆有之。恭敬之心人皆有之。是非之心人皆有之。恻隐之心，仁也。羞恶之心，义也。恭敬之心，礼也。是非之心，智也。仁义礼智，非由外铄我也，我固有之也。"

所谓仁、义、礼、智，所谓孝悌、忠恕、爱敬、皆属人事、亦皆出于人心，故孟子之所谓性，亦专指人性言。其谓性善者，亦特言人之性善而已。告子曰："生之谓性。"孟子非之，曰："生之谓性也，犹白之谓白与？"此处之辨，极关重要。犬牛与人同有此生命，却不能说犬牛与人同有此心灵。犬牛之心与人类不同，即不能说犬牛之性与人类相似。故只能说人之性善，不能说犬牛之性皆善。孟子只谓善是性，却不能说生命是性。故孟子说："尽其心者知其性也，知其性则知天矣。"因人类之心性，乃天所独赋予人类，而未以畀之禽兽之凡有生命之属者，故非尽心知性，亦无以知天之所以与人以独厚也。

（二）

孔、孟论性，专就人性言，并不兼及物性。乃即就人心之流露呈现处指点陈说。因此后下及秦汉时代之新儒家，其论性便不如此。《中庸》云："天命之谓性，率性之谓道。"开宗明义，便与孟子意味有别。孟子将性、命分别疏说，《中庸》却把性、命混为一谈。孟子所说之性重在心，《中庸》所说之性却重天。心偏内，演出为人文；天偏外，本之于自然。若照《中庸》说法，以天命为性，则人禽同具天命，便与告子"生之谓性"之说转相近。所以《中庸》又说："能尽己之性，则能尽人之性；能尽人之性，则能尽物之性；能尽物之性，则可以赞天地之化育；可以赞天地之化育，则可与天地参。"

此处将己性、人性、物性一串说下，好像人己之间与人物之间同样没有多大分别。犬牛之性决不能与人之性相提并论。尽己之性、尽人之性，未必即可以尽犬牛之性。这里便是孟子与《中庸》言性之大分别处。今再说"率性之谓道"。当知《中庸》此一"道"字，实乃指天地之化育言。亦属自然的，而不尽属人文的。故曰："道也者，不可须臾离也。"人岂能须臾离此大自然，又岂能离此天地之化育乎？又曰："中也者，天下之大本也。和也者，天下之达道也。致中和，天地位焉，万物育焉。"可见《中庸》言道，必极乎天地位、万物育，多指"天道"。天道中自可包有人道，却不能谓人道即尽得了天道。故曰："君子之道，造端乎夫妇，及其至也，察乎天地。"孔孟皆以孝悌为人道之本，而《中庸》则必以夫妇之道为人道之本。《中庸》言道之极，即必察乎天地，故其造端开始，亦必以夫妇之生生化育为主。又说："天地之道可一言而尽，其为物不贰，则其生物不测。""道并行而不相悖，万物并育而不相害。"可见《中庸》"道"字，必说到万物之发生化育，则宜乎谓君子之道必造端乎夫妇矣。孝悌本于人文，夫妇则较多出于自然。故《中庸》虽亦常说孝，而亦复与孟子不同。孟子主从内面说，《中庸》转向外面说。《中庸》与《孟子》两书，意味确乎有别。孟子只言人事，《中庸》所重则偏在天道。因此孟子论"性"乃专指人性言，《中庸》论"性"则必兼包物性。孟子即心见性，《中庸》则必本乎天以见性，其实则为即物而见性。此孟子、《中庸》二者之别也。

（三）

《易》、《庸》与《论》、《孟》间的分别，形成了古代儒家思想之两大系统。汉儒见解，多承袭《易》、《庸》。魏、晋、隋、唐时代的儒家思想，依然偏在《易》、《庸》方面。直到宋儒，始再回头看重《论》、《孟》。但对《易》、《庸》一系的理论，无形中感染甚深，因此常不免将《论》《孟》、《易》《庸》两系思想搅在一起，而自不免在此中间发生矛盾冲突。这一现象，最显著者便表现在程、朱的学说里。

二程极尊孟子，然论性颇近《易》、《庸》。故曰："告子言生之谓性，通人物而言之也。孟子道性善，极本原而语之也。生之谓性，其言是也。然人有人之性，物有物之性，牛有牛之性，马有马之性，而告子一之，则不可也。"其意似偏向孟子，而实则不然。又曰："犬牛人其性本同，但限以形，故不可更。如隙中日光，方圆不移，其光一也。惟所禀各异，故生之谓性，告子以为一，孟子以为非也。"可见二程虽亦谓犬牛之性与人性不同，然论其本原却属同一。此种性论，较近《中庸》，而与孟子迥异。然又受孟子之影响，认为人性、物性之所以不同，则只在形气之间。故曰："形易则性易，性非易也，气使之然也。"又说："动物有知植物无知，其性自异，但赋形于天，其理则一。"此处又说"性异而理则一"。理即天命之理，性即禀受之性，故二程又常言"性即理"，如此则性在本原处，在天之授与处，即为理而无不善。其落在禀受之后，则性各异而不能无不善矣。

程子把性既分成"本原的"与"禀受的"两截，则不免使人要时时回头去看本原的前一截境界。因此程门修养工夫，也不免要落到常使人去静坐"看未发以前气象"。此种工夫，不仅孟子没有，亦《易》、《庸》所未道。因此程门遂另抬一"理"字来替代。程子说："性即理也，所谓理性是也。天下之理，原其所自，未有不善，喜怒哀乐未发，何尝不善。发而中节则无往而不善。"因此《易》、《庸》里的天道观，到程子手里便改成了天理观。孟子本说"尽心知性，尽性知天"，程门则更爱说"穷理尽性，以至于命"。孟子尽心是使人求之内，程门穷理则使人求之外。

（四）

朱子的理气论，大体沿袭二程，而尤更阐发到尽头处。二程说话，尚多偏人生方面，朱子始正式推广到宇宙论上来。朱子说："未有天地之先，毕竟也只是理，有此理便有此天地。若无理，亦无天地，无人无物，都无该载了。有理便有气，流行发育万物。"庄、老言道先天地，道即气。今朱子言理先天地，理与气虽是一体，但必分说。理不即是气，但必附搭在气上，故成为理气浑合之一元。朱子的"理"字，便代替了上古"天"与"帝"的地位。因庄、老言道，不复须主宰，故转成万物自然。朱子也如二程般宁肯说理，不大情愿说道。因说理，便见有一主宰。

换言之，则是有了一"所以然"。有了所以然，便非尽"自然"。故程子说一阴一阳只是气，所以一阴一阳者是道。此为程、朱与《易》、《庸》最大分别。朱子则从程子"性即理也"之说，更进一层论之，确说理即是天命本原，未有天地之先，毕竟有理了。如此遂比程子更进一步，正式闯进了形而上学的境界。

然理实无是物，朱子说："理毕竟却无形影，只是一个道理。"理只是规范，非动作。倘那天地只有一理，又如何运行？如何活动？所以理必与气相配搭。与孟子之即心见性却微有不同。可见朱子心、性之辨，即犹其理、气之辨。心属气，能动，因此便有善恶，不如性之纯善。在朱子意，心属气，亦可善可恶，所以不教只在"尽心"上下功夫，要在"尽性"上下功夫。惟尽性先要穷理，穷理要赖此心，如此则理不便是心，性亦不便是心，而穷理尽性，则要在此心上下功夫。故用功夫者在"心"，而功夫有对象，此对象则非心。程、朱大意略如此。

（五）

由上所说，《易》、《庸》已较孔、孟走远了一步，程、朱则想绾合《易》、《庸》与孔、孟，而有些处，则程、朱之于孔、孟，却较《易》、《庸》更走远了一步。但始终是在一条路线上向前。我们只要认此一条线，而行在线上的地位有不同，却不该说《易》、《庸》、程、朱，都和孔、孟不同，都错了。此下才有陆、王兴起，有人问象山："先生之学亦有所受乎？"曰："因读《孟子》而自得之于心也。"只此一句，象山道尽了自己的学术精神。其脉络自孟子，其功夫则在自得于心。所以象山教人，只在发明各自的本心。

象山要把人生一切义理力量全放到人之"心"上来。孟子言心，可诉之于常识；而象山言心，则成为哲学的，形而上的。故象山说心，便不需再说性，象山只说"心即理"，可不再说"性善"。象山意，天地间有善有恶，人心中同样有善有恶，"天理"是人心，"人欲"亦是人心。只人心自能知，自合天理，自能向上。

阳明继续象山精神，畅阐其"心即理"之说。从前孔子不言性与天道，孟子便言了，《易》、《庸》言性与天道更详。程、朱又为心、性、天三字详加分别。象山则言一"心"，阳明又把"性"与"天"绾合到

"心"上，力求简易，而终不免言之单薄。惟阳明从心的能动、能前、有倾向的方面来看性，则是其直接象山、孟子处。但自《易》、《庸》以下，儒家理论早已不能专一关闭在人生日常方面，而不再涉及宇宙万物的广大范围；尤其是经过佛学传入，儒门淡泊，几乎收拾不住人心，因此理学诸儒继起，也不能不多从宇宙本体论上思索作解答。总之阳明论性，语虽无多，然后没有一句话说程、朱分"气质之性"与"本原之性"是错了，可证阳明心中，至少已不自觉地接受了朱、程的见解。

既讲到性之本体，又很容易过渡到天地万物与我一体的理论上去。孔、孟言仁、孝，只就人心人事上说，绝未说到与物同体。将天地万物看成一体，在儒家则始于《易》、《庸》。北宋家最大文章说此事者，莫如横渠之《西铭》，然《西铭》理论，决非孔、孟古义。故朱子《大学格物补传》，修、齐、治、平明属人事，而须"即凡天下之物而格"，正为万物与我一体耳。阳明倡为良知之学，力求简易直捷，然于万物一体的理论，则未牟自外。

上文述孔孟、《易》《庸》、程朱、陆王四派论性异同竟。若再扼要说之，则不妨将孟子、《中庸》、晦翁、阳明作为此四派之代表。大抵孟子重在"即心见性"，一切从人心人事上推扩。《中庸》则重在"因物见性"，一切从天行物理上来和会。孟子切实简易，《中庸》阔大恢宏。孟子由内以及外，《中庸》举物而包人。这是显相殊异的两条路。晦翁偏近《中庸》，阳明偏近孟子。惟此两人似乎都承认孟子、《中庸》自有障隔，因此晦翁常要牵拉孟子到《中庸》一边去，阳明又常要牵拉《中庸》到孟子这边来。因此两家思路便不免各生几许罅隙与漏洞。大抵晦翁讲宇宙方面，思路较完密；但其所谓"理"，则规范的意味重，推动的力量薄，平铺没气力，落到人生方面，使人感到一种拘检与散漫疲弱无从奋力之感。故朱子定要在"心"上做工夫。亦可谓宇宙之主宰在理，而人生之主宰则在心。要之在"太极"之外还须自立一"人极"。即横渠所谓"为宇宙立心，为生民立命"也。抑且《大学》论心不及性，朱子奉为学者入德之门，在《四书》中当先读。《中庸》论性不及心，朱子谓当读《论》、《孟》后始读。其间实寓甚深妙义。惜乎后儒对此尚少阐发，此亦中国学术思想史上一大堪惋惜之憾事也。阳明在人生方面言之，若亲切易简，当下可使人用力向前，此乃其长处。但要把心来包罗宇宙万物，又嫌唐大不实，在理论方面太单薄，牢笼不住。此则王学之所短。但此处亦并非谓孟子、《中庸》两条路，竟不能会通和合；只是说朱子在此方面工夫较深，阳明则工夫较浅。若更求圆融浑成，更求简易明白，更求少流弊误解，则实宜从朱子方面进而求之耳。

《中庸》说："尊德性而道问学，致广大而尽精微，极高明而道中庸。"孟子说："可欲之谓善，有诸己之谓信，充实之谓美，充实而有光辉之谓大，大而化之之谓圣，圣而不可知之之谓神。"无论如《中庸》之大气包举，无论如孟子之孚尹旁达，总之必有如此境界，乃始得为将来儒学开新天地。而比较上，朱子所阐，于此路近；阳明所论，却不免要远离此路。此为本篇分析阐述之主要论点，幸学者再详之。

十一月，《说良知四句教与三教合一》，刊出同前第三十七期。收入同前兰台版《中国学术思想史论丛》（七）页一三六～一六七。摘要如下：

治阳明王学者，率谓其简易直捷，虽愚夫愚妇，能知能行。然阳明自谓："自幼笃志二氏，其后见得圣人之学，始自叹悔。"又其于宋贤之说，濡染亦深。龙场驿一悟，始指点出"良知"二字，自谓是千古圣贤相传一点滴骨血。然其所提良知宗旨，犹多未及深究。其平常言教，颇杂老、释与宋贤陈言，与其良知之说多有错差。而阳明包和混会，不及剖析。故其身后，门人后学即多分歧，梨洲所谓"各以意见搀和，说玄说妙，几同射覆"也。其最为诟厉者所借口，则莫如龙溪《天泉证道记》所举"无善无恶心之体"一语。窃谓此实王学中一大节目，研究良知学者，于此不宜轻轻放过。

据《天泉证道记》，阳明论学，每提四句为教法。绪山谓此是师门定本。龙溪则谓："夫子立教随时，谓是权法，未可执定。"时阳明将征思、田，绪山曰："吾二人所见不同，盍相与就正。"阳明晚坐天泉桥上，因各请质。阳明曰："正要二子有此一问。吾教法原有此两种。四无之说为上根人立教，四有之说为中根以下人立教。上根之人，悟得无善无恶心体，便从无处立根基，意与知物皆从无生，一了百当，即本体便是工夫，易简直捷，更无剩欠，顿悟之学也。中根以下之人，未尝悟得本体，未免在有善有恶上立根基，心与知、物皆从有生。须用为善去恶工夫，随处对治，使之渐渐入悟，从有以归于无，复归本体。及其成功一也，世间上根人不易得，只得就中根以下人立教，通此一路。汝中所见，我久欲发，恐人信不及，徒增躐等之病，故含蓄到今。此是传心秘藏，颜子、明道所不敢言者。今既说破，亦是天机该发泄时，岂容复秘。汝中此意正好保任，不宜轻以示人。德洪却须进此一格，始为玄通。德洪资性沉毅，汝中资性明朗，故所得亦各因其所近。若能互相取益，使吾教法上下皆通，始为善学耳。"自此海内相传天泉证悟之论，道脉始归于一云。

今按：此文所记，应为阳明晚年绝大理论，乃于阳明书中无之。而独见于龙溪之传述。而王学亦由龙溪而变。厥后王学流弊日著，无善无恶之论大为东林诸贤所攻击。故袒护王学者，乃疑阳明本无是说，或又为此四句意义别立解释者。今就阳明《传习录》细加籀绎，乃知阳明实自有此无善无恶为心体之意见，此乃阳明讲学本身一歧点。欲辨此事，先当一论阳明之所谓"良知"。阳明有时以良知为吾心之本体，亦有时以良知为天地万物之本体。即此歧义，便大可商讨。而阳明于此忽彼忽尔，殊未细剖。循此推说，便生许多歧点。

阳明谓："知是心之本体，心自然会知，见父自然知孝，……此便是良知，不假外求。"此以良知为心体之说也。又曰："夫心之体，性也。能尽其心，是能尽其性矣。""性是心之体。"既谓良知是心体，又谓良知即性。考"良知"一语，本于孟子，孟子道性善。今阳明即以良知为心体，又认其为性，此若直承孟子，而实已与孟子有歧。此缘阳明见性未真切，故其言性时有鹘突。

阳明又言："天理在人心，亘古亘今，无有终始，天理即是良知。"他处又言："心之体，性也，性即理也。"又："心即性，心即理。"若以会之天理即是良知之说，可见阳明所谓良知，实相当于其所谓性。"良知"与"心"与"性"与"理"，皆混说无分辨。

今再说"理"字。理必有一个是非，但必是公是公非，非小我个己之所得私。故理曰"天理"，取与"人欲"对。理、欲之分，即天、人之分，亦即公、私之分。存天理，去人欲，此亦朱、王两家之所同。阳明曰:"心之体,性也。性之原,天也。天之命我者,心也,性也。"又曰:"心也,性也,天也,一也。"此乃以心性即理,又以心性即天;不仅心与性不见有分别,心与天亦不见有分别。心有公心、私心,性则只曰"天性",不得谓有公性、私性也。阳明歧义,正在不于心、性作区别。

阳明常曰:"心之感应谓之物。"又曰:"万事万物之理,不外于吾心。"实则心物相交而有所谓"感应",亦由心物相交而见有所谓"理"。谓心之感应而谓之物,显有语病。而有时阳明又曰:"心外无物。"此则又说之更极端,与前说迥殊,而语病更大。

"良知"二字,本从孟子来,今阳明所谓"良知",究不知当作何解?前人每谓象山只言"心",不如阳明言"良知",较更亲切明白。其实不如象山之但言"心"字矣。且阳明说"心外无物",专从心上说,显是一种绝对的唯心论。

继此有当附论者,则晚明学者盛行之"三教合一"论,其源亦起于阳明。阳明早年濡染于老、佛之说者既深,及其晚节,告于学者,于二氏之说,常明白称引不讳。张元冲问:"二氏与圣人之学所争毫厘,谓其皆有得于性命也,不知亦须兼取否?"先生曰:"说兼取便不是。圣人尽性至命,何物不具,何待兼取。二氏之用,皆我之用,即吾尽性至命中完养此身谓之僊,即吾尽性至命中不染世累谓之佛。但后世儒者不见圣学之全,故与二氏成二见耳。譬之厅堂三间共为一厅,儒者不知皆吾所用,见佛氏则割左边一间与之,见老氏则割右边一间与之,而己则自处中间,皆举一而废百也。圣人与天地民物同体。儒、佛、老、庄皆吾之用。是之谓大道。"

此可谓是阳明之三教合一论。至龙溪,乃昌言无避忌。可见王门当时确有以"良知"二字范围三教之意。夫范围三教,融通归一,岂非学术界一大业,思想界一大事。惟其言思意境,必能卓乎有以超乎三家之上,乃始可以包络乎三家之外,而后三家之异同乃可融会消摄于我范围之内,而俱以为我之用。否然者,随顺含湖,管摄不住,终必决裂以去。故君子之论学,别异尤审于会同。至若阳明、龙溪之为辨,则后人实有不得其不得已之所在者,是亦不可以无辨也。

十一月，《知识青年从军的历史先例》，刊于重庆《大公报》专论。收入同前兰台版《中国文化丛谈》页一八三～一九五。摘要如下：

知识青年从军，似乎是一件崭新的运动，但在历史上则很早便不乏先例。专举学术界事情来说，孔子的学生便无不习御习射。门下也着实有几个真能临阵出仗的，子路、有若、冉有、樊迟等，可说是中国历史上青年学生从军建绩最早最鲜明的先例。墨子门下的军事领袖禽滑厘，正是一个未满三十岁的青年。

秦汉时代，那时中国出了两位震古铄今、最可夸耀的青年军人，一位是西楚霸王项羽，一位是汉武帝时骠骑将军霍去病。项王初入军队年二十四，有名的巨鹿会战，破釜沈舟，把秦国章邯大军整个击溃，奠定了东方革命的基础，做了联军的大统帅，时二十六岁。霍去病初随大将军卫青远征匈奴，怕只有二十二岁。开始以校尉封侯，二十三岁。此后临敌屡建奇功。元狩二年，匈奴浑邪王来降，武帝派霍去病去接，亲自督带匈奴降众四万人渡河。时二十五岁。武帝为他屡立大功，特地为他盖一所宅宇，要他亲自去看，他说："匈奴未灭，无以为家。"死时，年仅二十九岁。

东汉，光武帝起初革命时，二十八岁，一个地道的书生，虽在军中，依然脱不掉温文儒雅的太学生派头。主持昆阳大会战，亦仅二十九岁。此后在他军队里，有一大批往年的太学同学，知识青年。邓禹二十二三岁，耿弇二十一岁。说到三国，见称为一世之雄魏武帝曹操，初次参军拜骑都尉，讨伐黄巾，亦只二十九岁。刘先主三顾草庐，亲访诸葛亮于隆中，出而参加军队生活，恰恰二十七岁。江东破虏将军孙坚，开始来显出他军事天才的时候，还在十七岁的幼龄。正式跟随皇甫嵩讨伐黄巾，是十八岁。他大儿子孙策，当他父亲为黄祖所害，自己招募部下得数百人，那时才十七岁，后来袁术正式授他部队时，二十岁。二十一岁时，便独自带领军队，进取江东，死时仅二十六岁。弟弟吴大帝孙权，十五岁便随兄征伐，策死权继，才十八岁。吴国青年将军周瑜，开始领军，三十四岁。周瑜好友鲁肃，开始军队生活，也只二十岁。

说到唐朝。唐太宗李世民是中国历史上数一数二的英武人物，他说："朕年十八，便是经纶王业，二十四而天下定，二十九而居大位。"他真是一位历史上极出色的青年军人。他手下最有名的军人李绩，二十为大将。

再说到五代与北宋。五代的周世宗是唯一的英主，二十四岁登极为青年皇帝，同时也是一位青年军人。征北汉、南唐，北伐契丹，死时亦仅二十九岁。宋太祖是周世宗整顿军旅时提拔的一位小军官，开始从军时二十二岁。宋初名将潘美，追随周世宗出入军旅，也还是未满三十岁。宋室南渡诸将，韩世忠十八岁应募为军，岳飞二十岁入伍。吴玠也是南宋一位读书有学问的名将，未到二十早已从军了。弟弟吴璘，同在军中，同建大功，亦只有二十五岁。辛弃疾更是一位有名的文学将军，开始从军二十二岁。

明朝，明太祖初在濠州从军，是二十五岁。徐达初从明太祖二十岁，常遇春二十六岁。徐、常是明初两员大将。李文忠十九岁便以饶勇冠军，邓愈十六岁自领一军，沐英十八岁为帐前都尉。明祖麾下一般战将，多是年轻军官。

以上所述，只是就历史上最著名的人物，择要举例，数千年历史固非止此也。今日知识青年从军，正是俊杰识时务者之所为，这个时势是极需要英雄的。此乃国家民族前途祸福所系，全国知识青年，其速奋起！

十二月，《禅宗与理学》，刊于《思想与时代》第三十八期。收入同前兰台版《中国学术思想史论丛》（四）页二五五～二七一。摘要如下：

后世言理学，必谓其涉禅。顾理学家必辟禅，虽陆王亦然，而程朱尤甚。今平心称量，姑拈其言性者论之。禅宗意见，反有较程朱转近孔孟处。罗整庵《困知记》排击陆王，亦反禅学云："'有物先天地，无形本寂寥，能为万象主，不逐四时凋。'此高禅所作也。……为此诗者，盖尝窥见儒书，遂窃取而用之耳。故《系辞传》曰'一阴一阳之谓道'，又曰'阴阳之谓神'。佛氏初不识阴阳为何物，故无由知所谓道，所谓神。推其用而偏于阴界入，则以为神通。所谓有物者此耳，以此为性，万无是处。"

今按：《困知记》此条引儒书皆属《易·系》。整庵讥佛氏初不识"阴阳"，不悟孔孟亦不道阴阳。即《周易》上下经，亦不言阴阳。《易传》中所谓"道"与"神",复与孔孟所谓道与神者异。盖《易·系》已羼入道家言,非孔孟本旨。孔孟言性,特据人心言之,未尝就阴阳万物以言性也。朱子言气,即本《易·系》之"阴阳";言理,承孔孟则有辨。《困知记》此条,正可看出禅宗与程朱异处。余固非谓禅宗即近孔孟,然就孔孟言心性不广涉外界天地万物一点,则禅宗意态,实与孔孟相近。

整庵谓:佛家万象即万法,实不过阴界入。此颇近西方哲学上之唯心论。孔孟虽不言阴阳,然并不抹煞外界事物。盖孔孟所重在人生界,《易》、《庸》、周、朱则越入自然界,而另创其一套形上学之意见。《易》、《庸》所涉,大体仍在宇宙论范围,而宋儒如横渠,朱子则更富于形上学精神。此种转变,实受佛学影响,此则为整庵之辨所不及也。

《困知记》又云:夫《易》之神即人之心,程子尝言:"心一也,有指体而言者,'寂然不动'是也。有指用而言者,'感而遂通'是也。"盖吾儒以寂感言心,而佛氏以寂感为性,此其所为甚异也。良由彼不知性为至精之理,而以所谓神者当之,故其应用无方,虽亦识圆通之妙,而高下无所准,轻重无所权,卒归于冥行妄作而已矣。"

整庵谓释氏"不知性为至精之理",此不徒达摩以来宗门不之知,即孔孟当时言性,亦未尝谓性是至精之理也。孔孟言性,皆就人性言之。"性即理"之说,出自程门,而朱子守之为极训。盖当时程朱唱学,正患禅宗言性,高下无准,轻重无权,圆通之极,流于冥行,故务反宗门以为说。此乃程朱之特创,以今日语述之,禅宗乃一种唯心的宇宙论,程朱则为一种人本位之宇宙论。乃于孔孟人本位之传统精神下,而羼进了庄老、《易》《庸》之一套宇宙论,故其言乃益见为会通。整庵虽一尊程朱以斥禅,而亦嫌其阐发之未尽明晰也。

要而论之,整庵分析儒、释异同,洵为有见。若纯就人文本位之大纲节处着眼,则程朱儒,陆王亦儒。其一段淑世不离事之精神,自与宗门出世不着事者分别,不得谓程朱儒而陆王禅。盖禅宗所由异夫孔孟者,主要在其为宗教形式所拘,既已出家离俗,修、齐、治、平,非分内事,故其精神面貌,终不能不与孔孟异。程朱虽毕生孳孳,时亦有渐染于禅学而不自知者。后人必谓理学原起于禅,此固大误。然矫枉过正,认禅学绝无近理处，则亦误。故宋明理学，亦可谓乃是先秦儒学与唐宋禅学之一种混合物。论其精神，则断然儒也。若必谓儒是禅非，以陆王为禅，以程朱为儒，则终自陷于门户之见，不足以语夫学术思想源流派分之真相也。

一九四四年 甲申 五十岁

一九四五年　乙酉　五十一岁

一　国内大事

二月，美、英、俄三国订立雅尔塔密约。

七月二十六日，中、美、英三国领袖于波茨坦发表声明，对日本提出最后通牒，促令日本立即宣布无条件投降，否则其本土遭到完全的毁灭。

八月六日、八日，美国先后投第一、二颗原子弹于广岛、长崎。

八月十五日，日本天皇颁勅令，宣布日本无条件投降。

九月二日，日本政府在东京湾的美国军舰上签署投降书。九月三日，国民政府定本日为胜利日，即九三军人节。九月九日，何应钦代表中国战区最高统帅主持中国战区日本投降仪式，由冈村宁次代表日军签署降书，在南京举行。

九月三日，国民政府已决定胡适为北京大学校长，回国前由傅斯年暂代。

十月二十五日，中国战区台湾省受降典礼，在台北举行，沦陷五十年又一百五十六日之台湾自此正式光复。台湾光复后，列于中国行政区域为一省区。初为便利接受，暂设台湾行政长官公署。

十二月十五日，美国总统杜鲁门（Harry Truman）发表对华政策声明，主张中国各方面代表共商和平团结的有效办法，并在二十日派遣特使马歇尔（George C. Marshall）来我国调处。

十二月十六日，中共以周恩来为首的代表团从延安飞赴重庆，参加政治协商会议。

十二月二十七日，台湾省决设九市八县。

二 事略

先生仍任教华西大学，兼四川大学教席。

抗战胜利后，昆明盛呼北大复校，聘胡适为校长，当时胡氏尚留在美国，由傅斯年暂代，旧北大同仁不在昆明者，皆函邀赴北平，但先生并未得来函邀请。当时先生对国事等的看法、感想与打算，在《师友杂忆》页二四九有简短记载。

三 著述

一月，《再论禅宗与理学》，刊于《思想与时代》第三十九期。收入《中国学术思想史论丛》（四），二〇〇一年台北素书楼文教基金会·兰台出版社整理新版印行，页二七二～二九一。摘要如下：

余尝谓唐代禅宗，实佛教出世思想之反动，乃东土之宗教革命。六祖乃佛门中之马丁路德，《坛经》则其宗教革命之宣言书也。宗教必依他力，《坛经》则曰："自性迷即是众生，自性觉即是佛。慈悲即是观音，喜舍名为势至，能净即释迦，平直即弥陀。"——返向自心，由外转内，舍他归己，即心即佛，教味淡，理味深，此一也。六祖告韦使君："佛言随其心净则佛土净，使君东方人，但心净则无罪。虽西方人，心不净，亦有愆。东方人造罪念佛，求生西方，西方人造罪念佛，求生何国？"如是则皈依蕲向，一无所著，西方极乐世界之念可歇，此二也。宗教必有经典、有教条，期于共信共守。六祖谓："一切修多罗及诸文字，皆因人置，因智慧性方能建立。若无世人，一切万法本自不有。故知万法本自人兴，一切经书缘人说有。"如是则经典法训，自性不实，如病与药，药随病除，此三也。宗教又必有戒律，使人由此出世离俗。六祖曰："若欲修行，在家亦得，不由在寺。在家能行，如东方人心善。在寺不修，如西方人心恶。"如是则出家限制亦不存在，四也。成佛、往生、求法、出家，此四者，皆佛教成为宗教之大节目，今既一一为之解脱破除，是非一种极彻底之宗教革命而何？

一九四五年　乙酉　五十一岁

禅宗初期历史，亦有出后人添造，未尽可信。若确然对佛法树革命大旗，正式提出一种反抗精神者，则断自六祖始。故在当时，禅宗虽分南、北，而禅门正宗终归曹溪。而中国自宋以下，则禅学推行日盛，乃若惟有禅宗始为佛法，可见其掩袭之厚，披靡之广矣。

禅宗接对，有所谓"机锋"者。禅家为一大事因缘出世，此一大事因缘维何？曰佛法之革命是。革命不得不带杀机，然禅家主于教人自心自悟，故其运用机锋，亦在使对方自心发露，自心悟彻，实乃一种活泼机警之辨慧。禅门大德，运用此种辨慧，乃以摧破对方外在的宗教信仰，解脱其内心缠缚，使之废然知返，耆然堕地。此实一种大权大用，一种慈悲渡人之方便法门也。惟其具此机锋，而后此一大事因缘，乃得圆滑遂行，仅以扬眉瞬目，而顺利完成此一番革命大业，更不烦剑拔弩张，箭上弦而刀出鞘，若西方之宗教革命然。

宗门又有所谓"棒喝"。似始于马祖，已在六祖下第二世。此乃宗教心理中一种变态心理，一种宗教信仰之革命精神与其反动心理之幽默而和平的流露。宗门常言："无佛可成，无法可得"，对于佛教教理施以一种一扫而空之态度。当诸祖师披剃入山，参谒上堂，在彼心中，何尝不视佛法为神圣，为庄严，为正觉，为胜果，而竭诚赴之以必得必成之宏愿。及一旦大彻大悟，乃知毕竟无法可得，无佛可成。安知诸祖师意根心底有不留丝毫烦恼未净未化者？故棒喝者，纵谓诸祖师本身对佛法一种革命心理之表现，亦无不可。

临济有言："逢佛杀佛，逢祖杀祖，逢罗汉杀罗汉，逢父母杀父母，逢亲眷杀亲眷，始得解脱，不与物拘，透脱自在。"此岂姑妄言之？佛果云："德山棒，临济喝，并是透顶透底，直捷剪断葛藤，大权大用。千差万别，会归一源。可以与人解粘去缚。"宗杲亦曰："德山见僧入门便棒，临济见僧入门便喝。诸方尊宿，唤作劈面提持，直捷分付。"孟子曰："不屑之教诲也者，是亦教诲之而已矣。"宗门棒喝，正是不屑教诲之教诲，亦即一种莫大聪明、莫大慈悲之教诲也。故宗门之棒喝，在施者实是一种革命精神之亲切指点。在受者则回头是岸，经此当面极大摧挫，好把一心向外求法证果之一番迷惑，痛切捐弃，如大梦之醒，乃可于当下立地得正觉也。

且佛法深微，其来东土，缠缚已久。魏晋以下，积数百年，一时宗门诸祖师，乃得于佛门中大彻大悟，解放摆脱，此非具异常心力者不办。当知唐代以来，六百年佛法革命，正在此种喜剧中轻松演出。凡所以打破山门之岑寂、发泄诸祖师之精力情趣者，正不得专以严肃的理智眼光绳之。宋儒说："独立圣门无一事，却输颜回得心斋。"这便是禅学精神。

至宗杲大慧禅师，则明白提倡居家在俗。彼云："入得世间，出世无余。世间法即佛法，佛法即世间法也。父子天性一而已，若子丧而父不烦恼，不思量，如父丧而子不烦恼，不思量，还得也无？若硬止遏，哭时又不敢哭，思量时又不敢思量，是特欲逆天理，灭天性，扬声止响，泼油止火耳。正烦恼时总不是外事，且不得作外边想。永嘉云：'无明实性即佛性，幻化空身即法身。'是真实话，不诳不妄语。"此所谓"烦恼即是佛"之真实注脚也。则父子男女俗者皆不俗，出家独身，不俗者转成俗。即欲脱却尘俗，岂在出家？

要之以世俗常识，反宗教信仰；以幽默机智，破严肃理论。可见当时社会大众有此智慧，有此风趣，而后禅宗思想乃得广遍。亦必禅宗思想广遍社会，此等智慧风趣，乃始益益成长。要之世、出世间，本无障隔，本相通透，互为主客，互成因果。而后魏晋以来四五百年宗教尊严，所以约制人心者，终于解体坠地，不可复拾。些则论唐代禅宗思想之演进者，不可不知。众生是佛，佛即众生，如是如是。

二月，《三论禅宗与理学》，刊出同前第四十期。收入同前书页二九二～三三〇。摘要如下：

三国魏晋以下，乃南北朝隋唐佛教与宋明理学迭起争长之时期。简言之，此乃宗教与义理之争；以昔人语述之，即所谓"教""理"之争也。

首举此教、理二字为学术分野者为南朝宋代之谢灵运。《广弘明集》卷十八，其《与诸道人辨宗论》答法勖有云："华民易于见理，难于受教。故闭其累学而开其一极。夷人易于受教，难于见理，故闭其顿了，而开其渐悟。"此已为教、理两途开设疆域。佛法首贵受教、贵渐修。学则贵悟理、贵顿了。此乃佛教与孔学之不同。亦即将来理学与佛学之不同也。

教、理之辨，不仅异顿、渐，亦复判内、外。教者资外为知，故必渐修而尚信。理者由中起照，故必顿悟而贵知。此即宗教与理学之大辨，释氏偏于教，儒家偏于理。顿、渐、内、外，遂为魏晋以下迄于宋明，学术争衡两大轨辙，绵历逾乎千岁，其事固非往者春秋、战国、秦、汉诸儒所得预闻也。佛家顿悟义，始创于竺道生。所谓"顿悟"者，指其入理，不指其信教。何以众生皆能顿悟入理，则以众生皆具佛性故。《维摩经注》云："理不从我为空。"《法华经注》云："穷理乃睹。"后及宋儒，高抬理字，实已由生公蕴孕其大意。故后起之禅宗与理学，生公已先着其朕兆，先露其端倪矣。换言之，不仅宋明理学对魏晋以下之佛教一种教、理之争，即唐五代之禅宗，南北朝竺道生之大乘顿悟义，其在佛教中，亦已早为一种教、理之争矣。故自魏晋以迄宋明，年逾千祀，而学术史上唯一中心问题，厥为此信于外与悟于内之教、理之争。此其所以异于两汉以前之争官学与家言也。

尝试论之，凡宗教必求出世。求出世，必本个人小我观点为出发。即如西方耶教，亦靡不然。至于西方人之个人主义，则应以植根于宗教信仰中者为更深。在中国文化体系中，宗教非其所自发。自魏晋以下，迄于宋明，正为宗教时代。其在思想界所占分量，虽不如西方中世纪之甚，然其较偏重于个人出世则一。佛教至禅宗崛起，已不主出世，然在形迹上仍沿旧辙，遁迹山林，是不出世而逃俗也。禅宗盖欲摆脱宗教之出世精神而未尽者。宋明理学，转讲修齐治平，不再逃俗，然必以个人之存心养性为之主。明道有言曰："不得以天下万物挠己。己立后自能了当得天下万物。"故宋明儒最要精神，到底偏向如何立己，不如两汉前之偏

向在如何了当天下万物。若专据此一点论，则宋明儒依然未脱净禅宗形迹，仍是此一时期中之反教而未尽也。

兹姑舍"教"言"理"。"理"有超于欲外者，有随于欲后者。随于欲后，俗谓之物理、事理。超于欲外，俗谓之道理、情理。若专据物理、事理言，则宇宙间事事物物尽有理。宇宙间不能有不合理之事物。所谓人文之理，即俗所谓之情理与道理。其分别则人文之理起于欲之外，事

理、物理随于欲之后。儒家以人文为本位，道家以自然为本位。故儒家言理，常主前者，即超欲之理。道家言理，则常在后者，乃随欲之理也。物理、事理之在道家，则美其名曰"天理"，即自然之理也。故道家尚道德而讥仁义，彼以"道德"为"天理"，"仁义"则"人文之理"也。

惟其仅主有天理，即事物之理，而不欲重有人文之理，故道家流而为权谋术数，此皆妙审事物之理以求遂所欲者。又变则流而为方伎符箓，亦在妙审事物之理以求遂我欲而已。道家主清净无欲，而曰"全性葆真"，盖得之天曰性，兴于人曰欲，苟其得之天，则欲即性也。所谓"神欲"，即天德也。所谓"天理"，即自然大道。彼之所谓循乎天理以全性而葆真，此即《易·系》之所谓"穷理尽性以至于命"。要之大体则理随欲变，理在外，不在内。在外者，以其为事物自然之条理。不在内者，以理不干性，真人率性，不为理缚。若建理缚性，此即道家所讥之仁义，无当于性真。是为儒、道两家言理之大别。

尝试论之，古今人类凡奉以为制行之标的者，不外四宗。一曰天，二曰世，三曰物，四曰心。荀、韩皆"世宗"也。在上者制礼作法，以临制其下，使在下者不敢各展其欲以乱群，斯乃藉于群以各遂其欲者。庄老则欲解散群体，谓使人不得恣其性而遂其欲者，皆群体之为害。故必离群而造于独，以使人遂其性焉。然亦必因顺乎天地万物自然之大理，而自节适其欲。而后我之性得以全，欲得以遂，此以谓之"物宗"也。斯二者，其主有群与无群异，其或主节欲，或主遂欲，亦各不同。"天宗"者，推本上帝，信神道。凡上帝之所欲，我始欲之。上帝所不欲，则人斯舍其欲而不敢存。故曰天宗。"心宗"者，可欲可不欲，一判诸其心，而不论乎其外。凡信教者皆宗天，崇法者皆宗世，考寻物理者皆宗自然（物）。惟主张人伦道德者则宗心。

孔孟儒家，宗于"心"以替"天"，以此较之上古素朴之天帝观，已为一种教、理之争。惟至西汉，儒者尊经，以训诂章句为务。及至东汉，察举专尚孝廉，社会争崇孝廉之名。其精神皆不免向外，而孔孟宗心之旨渐晦，于是乃有所谓名教。魏晋以下，反动随起。此又是一种教、理之争矣。惟庄老道家之所谓理，实不足以胜其任，于是佛教东来，大引其道，而后乃有谢灵运"教、理之争"之新说之提出。继此而观以下宋儒之所谓"理"。明道自言："吾学虽有所受，天理二字，却是自家体贴出来。"天理取与人欲对，上本《乐记》"灭天理而穷人欲"之语来。宋儒常引此言，则宋儒所谓之"天理"乃超欲而为之主，决非随欲而为之使者，显然矣。故宋儒言理，实是孔孟心宗也。

近代西方言自然科学，亦主个人自由，其态度积极，与中国道家异，其理想之所趋赴，则与中国道家实有其大体之相似。故自然科学之发展，仅人类所求之一方面，其另一方面，则当以无政府主义为归宿。否则得其一，失其一，人性仍无绝对伸舒之境。然无政府终不能无社会。而且科学昌明，正赖群力。若觊觎无政府之境界，即当牺牲科学之隆盛。即谓科学昌明而人尽自由，可以无政府，甚至无群碍，然人欲则终于不能尽。

耶教主有超欲之理，惟归其理于天，不谓人心所自有。独释氏与他教异，他教皆尊天，释氏则曰"诸天奉行"，不尊天而尊己。释氏所尊者"佛"，佛者己心之内觉。凡有心皆可有觉。抑且佛教最不许有欲。此心之觉，贵在于无欲。亦可谓耶教乃"天宗"，而佛教则为"心宗"。惟耶教尚许人有群，而佛教则必归于灭群。故西方反耶教者厥在科学，而东方佛教，乃独可有教、理之争。自佛教来中国，而有生公大乘"顿悟"义，又有禅宗"即心即佛"义，此皆佛教教义自身内部之演进。佛主出世，孔孟主淑世。惟其谓人心自有超欲之理则一。故自禅宗又一转而为宋明之理学，此亦一种教、理相争之历史阶段中所自有之演进也。若其自程朱展演出陆王，则程朱不成为教，而陆王所持之理，亦不如程朱之宏通而圆密。故陆王思想之在本时期中产生，固亦是教、理相争之一波。而陆王之对程朱，则不得目以为教、理之争也。陆王犹如禅宗，禅宗以后可以不复有佛学。陆王以下将更不能有儒学，何者？满街皆是圣人，人人尽可以为圣，而圣学终必堕地以尽。尧、舜以前曾读何书，故禅宗可以不读佛教经典；陆学所主，亦可以不复读书也。

三月，《中国传统政治与五权宪法》，刊于《东方杂志》第四十一卷第六期。收入同前兰台版《政学私言》页一～一六。摘要如下：

窃谓政治乃社会人士事业之一支，断不能脱离全部社会人生而孤立，故任何一国之政治，必与其国家自己传统文化民族哲学相欣合，始可达于深根宁极长治久安之境地。民主政治为今日中国唯一所需，既为世界潮流所归趋，抑亦中国传统政治最高理论与终极目标之所依向，始可适应现势；符合国情。然民主政治仅一大题目，而非一死格式。英美同属民主，苏维埃亦同称民主，而英美之间复有不同。中国所要者，乃为一种自适国情之民主政治，重在精神，不重在格式。

（二）

所谓民主政治之精神，莫要于能确切表达国民之公意。中国人对政党兴味异常淡漠，此不得以中国人民教育程度不足，政治智识不够为理由。若求适合国情，则莫如创设一"公忠不党"的民主政治。此种政治，虽可有政党，而政党退居不占重要之地位。中国传统哲学，民族特性，皆与欧、美不同。然则必求中国强效英、美之先例，此亦何见其可者？强不可以为可，不仅无成效，抑且转生病害。所谓自适国情之政制者，大体言之，即所谓公忠不党之民主政治。"公忠不党"者，乃超派超党、无派无党，或虽有党派而党派活动在整个政制中不占重要地位之一种民主政治，亦即所谓"全民政治"。

（三）

则此种政制在理论上，事实上皆已有之。若言其大体之结构，则孙中山先生之"五权宪法"，即其理想之一型。中山先生之五权宪法，本为融通中外而创设，故其精神所寄，亦自涵有公忠不超党派超党无派无党之精义，其所以为适切国情之点亦在此。西方学者言政体，率分三类：一、君主专制。二、贵族政体。三、民主政体。

中国传统政治，既非贵族政治，又非君主专制，则必为一种民主政体矣。若论中国传统政制，虽有一王室，有一最高元首为全国所拥戴，然政府则本由民众组成，自宰相以下，大小百官，本皆来自田间，既非王室宗亲，亦非特殊之贵族或军人阶级。政府既许民众参加，并由民众组织，则政府与民众固已融为一体，政府之意见即为民众之意见，更不必别有一代表民意之监督机关，此之谓"政民一体"，以政府与民众，理论上早属一体。故知中国传统政治，未尝无民权，而此种民权，则可谓之"直接民权"，以其直接操行政之权。

中山先生五权宪法中考试、监察两权，厥为中国传统政制精义所寄。考试制度之用意，即在"公开政权，选贤与能"。故西方政制为政民对立，而中国传统政制则为政民一体。西方政制为间接民权，而中国传统政制则为直接民权。西方政制为多数代表，而中国传统政制则为贤能代表。多数代表亦可称之为统计代表，统计投票数与举手数之多少而决从违，贤能代表亦可称之为人才代表。中山先生于民权主义中即详论"权""能"之分别，又特倡"知难行易"之学说以为其政论之根据。然真能代表民众中不知不觉之多数者，转在少数先知先觉与后知后觉之人才，故据中山先生之意见，亦必主张贤能代表之传统观念。而与考试制度相副为用者，尚有铨叙制。因有考试制，故能妙选全国人才，开其从政之路；因有铨叙制，故吏途之进退迁转，皆凭公开客观之资历。英国文官考试制度，即由采纳中国考试制度而创生。故中国传统政治，只除王帝一人，自宰相以下全部政府人员，依理论之，皆当由考试制度选拔，皆当依铨叙制度任用。惟其如此，故人民之有志从政者，乃不需自结党派以事斗争，而每以公忠不党为尚。

其次请言监察制。中国传统政府，其在政府内部。则仍自有监察机关之存在，所谓御史制度是也。尚有与御史制度相足互成之一制度，则为谏议与审驳。谏议封驳，在汉已有之。下迄唐、宋，发展益着。在唐为门下省，在宋为谏垣，在明为尚书六部分科给事中。故依中国传统政制之惯例，王帝诏勅，必由宰相副署，始得行下。而宰相政令，得由门下省或谏垣驳议纠正。中国传统政制，因有此等制度之存在，故虽不能如西方之有国会与政府为对立，而政府权力仍有其自身调节之机能。

（四）

顾当知古今中外，绝无一种十全十美有利无病之政制。亦绝无将其以往传统政制，一笔抹杀，一刀斩割，而专向外邦他国模拟抄袭，而谓可使其新政制得以达于深根宁极长治久安之理。今试再指陈中国传统政治之病害，最大者在上到底多了一个迹近专制的王室，在下到底少了一个代表民意的国会。此均为中国历史环境所限，无足深怪。抑且正为其缺乏一国会，故能逼出考试与铨叙制度。正为其有一世袭之王室，故能逼出监察与审驳制度。今中山先生之五权宪法，既于西方民主政治三权鼎立之理论上，提炼出中国旧政制中考试、监察两权而改成五权，又于其上面抹去一王室，于其下面增添一国会，此诚斟酌尽善，不可谓非外顺世界潮流，内适传统国情之一种创制。

（五）

五权宪法中，国会权能之减轻，实为甚关重要之一点。英、美三权分立，国会占其一。而行政部分常与国会多数党通成一气，则国会权能，实际上已占全部政制中最关重要之三之二。故国会实为全体政制重心所寄。若论五权宪法，则行政部分只占全体政制权重之五分之一，其活动机能实较英、美制度为削弱。国会中之多数党，纵与行政部分通成一气，其影响于全体政制者，亦仅五之一耳。且于国会外别有立法院。此则于中国传统政制中亦可寻得其痕迹。中国自秦汉即特设博士官参加朝廷之政议，并不负政府实际行政责任，而仅为一种自身具有学术性质的顾问与参议而已。隋唐以下，每遇政府大法律大政典之修订编纂，亦多妙选贤才，择其学识渊博者司之，此亦传统政治侧重贤能代表之一种表现。今于国会以外别设立法院，实有其与国会立法相辅互成之妙用。而要之五权宪法下之国会，其权能职任，较之英美政制显见轻减，惟此并不妨于民主精神之发扬，此实中国传统政制精神所在，其用意偏于贤能代表与直接民权之运使。

中山先生论政分军政、训政、宪政三期，并常谓国民党乃一"革命党"。夫革命决非为一党之争夺政权而革，革命运动亦可暂不可久。故革命党乃应一时不得不有之需要而产生，其本身即为一过渡，其本质即是一公忠不党之党。一俟党政完成，则革命事业便告终止，其时则革命党功成身退，还政于民，此非公忠不党而何？惟革命党还政于民，同时即是宪政开始。既为五权宪法，则自将侧重于贤能代表与直接民权。既主贤能代表与直接民权，则国会任务，自必轻减。循此演进，使政党政治渐失其重要性而逐步趋于超派超党无派无党的理想之境地，即所谓全民政治是也。

而今日一般国人之意见，则若谓召开国会即是宪政开始；还政于民即是开放党禁；由国内各政党公开竞选，即为民权。纯是根据英、美先例，此与中山先生之所谓宪政，实有其毫厘之当辨。其尤要者，在中山先生之意，必为切实完成五权宪法，并切实推行之，使能以贤能代表运用直接民权，以达于理想的全民政治，即我所谓超党超派、无党无派之民主政治。惟有如此，始为适合传统国情，顺应世界潮流。

（六）

中山先生谓训政结束而后宪政开始，而今日之国民政府则早在训政期间已先摆出一五院之规模，因此五权皆隶于一党。然五权宪法究与一党训政不同，此在中山先生初意，决不如是。依西方民主先例，司法权既独立于党派之外，则考试、监察、立法三权亦必当独立于党派之外可知。今日国会权能尚未确立，政党发育尚未饱满，中国政治既必向民主方向趋进，而同时又期求政治之易获安定，则五权宪法纵退百十步言之，亦尚不失为一种过渡救时之良法。当知今日国人所需者乃贤能代表与直接民权之全民政治，当要求考试、监察、立法、司法四权各各独立，使此四权先能超然于政党政治之外，而容许在野少数党之贤杰，以及无党无派之优秀分子以尽量之参加。若本此而论，则"五五宪草"，亦尚未为真得五权宪法之精义。要之，今日中国政治之出路，惟有切实推行五权宪法之一途。

四月，《选举与考试》，刊出同前第四十一卷八期。收入同前书页一七～三二。摘要如下：

（一）

中山先生五权宪法，特设考试一权，其用意本为防制选举流弊。五权宪法中之考试权，不仅将用以考试官吏，抑且用以考试议员。议员或官吏必自考试获得其初步之资格。凡政府所除各部官吏，如国会中某党占多数，推举其本党人组织政府，亦必推举其党中之已经考试而获得进仕之资格者，始为合法。若连铨叙制度言，则必推举不违背铨叙资格者始合。此始为考试权之独立，此始为考试权在五权宪法中应有之职任。

（二）

中山先生此种"考试""选举"相辅为用之意见，求诸英、美并世诸邦，诚为无此先例，故中山先生谓五权宪法为其个人所独创。中国考试制度本所以补救选举制度之流弊，故谓与中山先生之理论有不谋而合之妙。西汉时，中国则有选举无考试。其时有不定期选举，如"选举贤良"。有定期选举，如"举孝廉"。汉廷乃定孝廉为按年之定期选，每一郡至少各以二人应，自后孝廉遂为常选。及东汉和帝时，孝廉察举始勒为定额，至顺帝时，乃为限年，并加考试。此中国考试制度由选举制演变而来，其用意在防选举之流弊之历史的明证。

惟汉代选举，皆由地方官任其事。直至隋、唐统一，乃始正式有考试制度出现，此即所谓"进士科举"制。故两汉以下中国政府官吏之登用必经选举，而隋、唐以下则不经选举而改经考试，考试制度乃正式与选举制度为代兴。自唐以下，历代考试，各区域皆有录取定额。其政府官吏大率平均分配于全国各区域，不使有偏枯偏荣。此与近世英、美选举议员以区域配额之用意亦复相似。

（三）

惟中国与西方异者，西方选举议员，代表民众，监督政府；而中国则直接选举官吏，组织政府，行使政权，此其异一。故余谓西方民权乃"间接民权"，而中国民权则为"直接民权"。又西方选举由民众，而中国选举由官吏，此其异二。此种异点，亦因双方政治观念不同，西方以政府与民众为敌体，中国则认为政府与民众为一体。故官吏自身即为民众之代表，则选举由官吏任之，自亦不见其违理。中国传统政制中之选举制度，又有与今日西方选举制度更大不同之一点，即西方注意在选举人，而中国则注意在"被选举人"。盖西方民主政治，起于小国寡民，又为人口集中之都市，故可于选举中尽量表达民意，并主选举权之尽量普及。中国则既为广土众民，而又为散漫分布之农村，故主于选举中尽量拔取贤才，又主被选举者之尽量限制与尽量严格，此其异三。

中国既于被选举人加以限制，而对主选者则任之官吏，则常为主选者之不公。隋、唐以下，针对此一流弊，径将选举人废去，开放考试，使有志被选举者皆得自由投考。自此官吏主选者祖私舞弊之病遂获革除，尚人的意义愈少，尚法的意义愈多。然隋、唐考试，其间仍不免有流弊。于是宋代以下，糊名弥封，销院眷录，种种关防，次第发生。中国后期考试制度之严密，可谓已尽法治之能事。

凡政制必与其民族哲学文化传统相欣合，必与其社会背景历史沿革相调和。然要之有两大义为一切政制所不能背：一、在求如何使贤能登进。二、在使贤能既跻高位，不致滥用权力以假公而济私。使能达此二境，此即为一种好政制。今诚承认政制不能与民族哲学、文化传统、社会背景、历史沿革之全体违离太远，则中国旧政制固有其作参考之价值，抑且有推陈出新之必要，中山先生之五权宪法，其可贵即在此。抑犹有进者，国会特表显民意之一角度，特运使民权之一部门。官吏议员，皆人民也。政权治权，皆民权也。国会非与政府对立，乃与政府为协调。故国会与政府，同为代表民意，同为行使民权，何以于政府之外又要一国会。而尤要者则在求其内部自身相互间之衡平。

若深究中国传统文化与民族哲学之精义，则实当要求此种新国会之产生。中山先生"五权宪法"中已有监察一权，分去国会一部分之职权；又有选举一权，限制议员候选人之资格。此在英、美观点论之，或可有减削国会权力不够代表民意之感想，然若从政民一体之新观点立论，则一切当从全部政治机构中意见与权力之平衡着眼，即无所谓职权低落与不够民主之嫌。

（四）

政府与国会，既同为代表民意，又同为行使民权，故议员与官吏，亦当同经国家考试，不必专认选举为民意之表达，而不许政府之插手。又国会之在全部政治机构中亦以期求全部政治意见与权力之衡平为宗旨，不必专凭国会为与政府相敌对。"区域选举"最先即为西方所注重。其用意本亦在求全国各区域之衡平，惟依中国传统考试制度之用意，则其谋取衡平之方法，颇有可以变通用之之处。如清代考试，各省均有配额规定。区域选举之外，又副之以"职业选举"，此亦多方罗致贤才之意，而又不失于在各部门各方面寻求衡平之精神。区域选举职业选举之外，窃谓尚可有"学术选举"与"名誉选举"之规定。此亦多方求衡平之一道。政府对于此种名誉选举及学术选举之候选人，亦得规定有若干比数之提名，此或为一适当之办法。

（五）

当知彼我国情不同。西方自由都市兴起，中产阶级发展，始奋起要求参政。政治并非科学，并不能外袭而取，迎头赶上。且普选未必即是民意，即在英、美，亦大抵以政党操纵舆情，以私人资本养育政党。而政党不能无经济而存在，苟非由私人资本支持，则必挟政府之公库以自存。此皆一种经济背景之潜势力有以操纵之。

今日之中国，并非如英、美然，先有社会私资产阶级，乃起而向政府争自由、争政权。今日乃全国民众希望有一好政府，能襄助人民造产致富。政党活动必仗经济，苟非有社会私产扶掖，则惟有盘踞政府，以公帑植私门。故中国若求上轨道之党争，其先导当为求社会私资本之充盈。然则中国非自适国情，自创一新政制，中国政治之出路终将何在乎？

五月，《论元首制度》，刊出同前第四十一卷十期。原题名《论元首》。收入同前书页三三～四五。摘要如下：

（一）

一国之有元首，乃为一国政治组织之中心。乃全国民众拥戴之最高象征，乃为各方向心凝结之萃集点。中国传统政制，为近人诟病，莫过于其有一传统之王室。然中国文化所以得绵历四千年之久，又其间一统治安之日较长，分崩动乱之日较短，使人生得以宁息，文化得以长养，王室传统，正亦有莫大之助效。今专就王位自身论，则王统之所以长久，举要言之，厥有两因：（1）王位继承法之确立。（2）王室与政府职守之划分，君权与相权互为调剂之克尽其宜。

（二）

中国传统政制中之王位继承法，远在西周以迄春秋时代，渐已确定。盖中国王位继承，主于传子，传子又主于传嫡长子。乃为一线相承，此种一线相承，乃出人为。故中国之王位继承，乃超出于家族理论之外而自有其用意。王者之贵贵于其在政治上之地位，而不贵于其家族。故嫡长子继统为王，次子庶子则与平民庶人伍。室以王贵，王不以室贵。王位继承，乃一"法理"问题，而非血统问题。此为中国政治超出封建思想一重要表记。

元、清两代，未能瞭此，故每遇王统绍续，争衅横生，而几于牵动全盘之政局者，屡屡有之。即看西史，如罗马帝制，以及中世纪以下奥、法、英、西诸邦，因王位之继承之纠纷而引起国内国外之战争与动乱者，亦指不胜屈。然就政治实际言，中国乃一广土众民之大农国，无论由民众公选，抑由官吏互选，皆多窒碍。求贤不必得，而酿乱则甚易。古人之理想，以为求贤之需，尚不如弭乱息争之急，故舍彼而取此。然亦未尝奉一君而肆其专制，故"君统"之外复有"相统"，"君统"代表一国之团结与持续，"相统"则负实际行政之责任。宰相则务主得贤，其崇高不如君，而权任有过之。故不幸而相位屡易，尚不至于遽乱。君位之崇高，则不可屡易，不幸而君不得贤，亦尚不至于遽乱，而宰相之人选则不可以不贤。

故论中国传统政制下之王室，其理论与习惯上之地位，亦与近代英国王室，约略相等似。至君权相权若何划分，则并无明白规定，此亦如近人所谓一种不成文法。历史上极多明君贤相，相得而益彰者；亦有雄主庸相，暗主能臣，虽不兼美，而犹得调节弥缝，不至于甚坏者。

（三）

今若本此历史上粗大之教训，案《五五宪草》中之元首制度，则窃谓有数端资商榷者。《五五宪草》中之总统，由国民大会选举之，亦得由国民大会罢免。窃谓此制之可资商榷者，在于总统地位之不稳固，而连带有损于总统地位之尊严与政局之安定。其上更无再尊严再崇高者可以维系全国之人心以资团结与安定，此可商者一。今案《宪草》第三章第三十条，国民大会任期六年。三十一条，国民大会每三年由总统召集一次，会期一月，必要时得延长一月。是总统仅有隔三年乃得一次听取国民大会意见之机会。不幸而总统之措施，不得国民大会之欢心，国民大会既无由表示，总统亦无由觉察，双方隔膜，郁久而发，三年以后，国民大会召集，不幸而龃龉横生，更不幸而径趋极端，对总统施用其罢免之大权。此既非总统之过，亦非国民大会之过，此可商者二。六年之内，最多亦只四月之会期而已。若使国民大会滥用此无上大权，此断非国家之福，然使国民大会而毕竟无力行使此权，是使总统有对国民大会负责之名，而无对国民大会负责之实。总统既手揽全国行政实权，平日不必听取国民大会之同意，临时又不存国民大会对之行使罢免权之顾虑，是总统之权实无限制，此亦决非国家之福，此可商者三。《五五宪草》仅有国民大会罢免总统之权，无总统解散国民大会之权，则欲保持总统之尊严与其地位之稳固计，惟有减少国民大会之召集与缩短其开会期之一法，此不啻阳予而阴夺之。其所影响于国本政局者，又如何避免乎？此可商者四。

（四）

衡之以国情，揆之以政理，参之以并世列邦之利害得失，莫如尊奉元首，而不使负行政之实责。即元首者，乃受全国之尊崇，而不受其质询与斥责。故元首之政令，必经政府其它有关之各院各部长官之副署，元首不得径自出命，元首不得直接处理政事，此正表示元首之尊严。元首者，举国之所仰望，政治重心之所寄托，一跻其位，不动不摇，四时行，百物生，彼则正南面恭己而已矣。

（五）

今《宪草》第四章第四十七条，中华民国国民，年满四十岁者，得被选为总统，此一条亦当修正。窃谓当年满五十，又曾任职各院院长三年以上或前后几度任各院院长在五年以上，卓建功绩，品高德尊者，乃得膺总统选。盖总统为一国元首，称其德不称其力，年耆则信孚而望协，又必曾任中央政府要职，阅历已深，乃可不陈力而服人。

然则元首与五院院长职权之关系当若何？曰：五院院长皆当由总统之任命与罢免，而复各自对国民大会负其责任。元首代表国家，国民大会代表民众，民众与国家，则义属一体，元首之不预实际政事，亦犹国民大会之不与实际政事，二者皆至尊无上。今《宪草》立法，监察两院，皆由国民大会选举，不由总统任命。窃谓五院义属一体，不必强分彼此。惟此两院院长之人选，宜以不隶党籍者为主，庶可超然于党派之外，渐以养成政治超党之精神。又宪草本有副总统，闻近议复主取消，谓副总统既不任职，可勿虚立。《宪草》主张总统缺位，径由行政院长代行职权。行政实责由行政院负之，如是则五院平等，各有职守，何独总统缺位，必由行政院长代理。总统之选既以德望，不负实责，可设副总统位为其优游回翔之地，亦得备总统之周谘襄赞，遇总统缺，则副总统代理之，此条似可留。

五月，《中国学术思想之分期》，刊于重庆《中央周刊》第七卷第十七期。收入素书楼文教基金会·兰台出版社《中国学术思想史论丛》(三)页二七七~二八四。摘要如下：

(一)

近贤讲论中国学术思想，每以先秦为第一期，两汉以下为第二期。细审实有未当。若论政治史，以先秦为限断，此甚贴切。先秦前为"封建政治"，而秦后则为"郡县政治"也。若论社会经济史，似不如以五代为划时代之界线。五代以前，可称为"门第社会"。宋以后则为"平民社会"。论其经济，宋以前中国经济偏在北部黄河流域，大体为大农制度。宋以后则偏于南方长江流域，大体为小农制度。

但论学术思想，则其情形又不同。窃谓中国学术思想，当以两汉以前为第一期，魏晋以后又为一期；直至明末以来，则渐渐走上第三期。

(二)

第一期学术，为经学与子学对抗之时期；第二期学术，则为佛学与理学争衡之时期。先言第一期。《汉书·艺文志》以古代经籍为六艺之学，又称为"王官之学"；后起诸子则为"百家之学"，凡分九流十家，并谓其皆出王官。"王官之学"者，实当时之贵族学，出于政府，在社会之上层。而"百家言"则为当时之平民学，出于私家，在社会之下层。

古代贵族之学演变而为战国以下之平民学，其过接之桥梁，则为孔子。其后墨子既纯粹一平民阶级之人物矣。更以后诸子百家，则大率皆平民也。所谓古代贵族学者，后世即谓之"经学"；所谓平民学则"子学"也。贵族学中最重要者则为《礼》、《乐》与《诗》、《书》，战国以下便散于社会。及秦人统一，意求恢复古体，重复"政教不分，官师合一"之旧传统，以政治力量统一学术思想。于是从王官学递衍而来之平民学，转又一跃而成为当时之"新王官学"。

秦始皇即诛吕不韦，又来一套焚书坑儒，重新整顿博士官学。汉武帝亦来一套博士官之整顿，表彰五经与罢黜百家。从此以后，王官学再起、百家言转息。但那时期以下的王官学，其实只是战国以来百家言之变相。经学其貌、子学其里，所依据的是古代经典，所讲的则大体还是后起的百家言。

（三）

再说第二期。此为佛学与理学争衡代兴的时期。魏晋南北朝以下之学问，是佛学与宋明理学的问题。理学亦非经学、子学，而是一种"儒佛合流"之学。所以魏晋以下学术史上划时期的新现象，则为古代的王官学与百家言皆衰，而道、佛两教兴起，是为宗教旺盛的时代。此种潮流，直到隋唐，继续不辍。

宋代理学，则为与宗教抗衡争长的一种新学问。宗教重在"信仰"，理学则是一种义理之学，重在"自觉自悟"。信仰重心在"外"，觉悟则重心在"内"。信仰重在"修"，而觉悟重在"证"。宋人理学，只是沿袭禅宗这个大趋势，走到尽头，便成为儒家学复兴。

（四）

第一、第二两期学术不同之点。古代学术无论那一家那一派，都注重在集体意识上，以国家大群为讨论的出发点与归宿处；孔、老、墨、法，莫不皆然。而魏晋南北朝以下的学术，便比较偏重个人方面，以自己内心为出发点与其归宿处。故第一期为集体观念之学、第二期为个人观念之学。第一期学术思想的重要问题，多偏重于历史、社会、政治、经济、天下治乱、民族盛衰，而第二期之学术思想的主要问题，则更偏重于自己的"心"、"性"。

（五）

晚明以下，应该是第三期学术思想的开始，惟仍在萌芽时代。自道、咸以下，西方新学术、新思想东渐，情形更复杂了。这条路，大体说之，应该仍是晚明以来想走的路子。应该是重新回复到第一期的集体观念上去，而同时也应该以第二期之学术，个人心性之自修自证悟其本，而以第一期所看重的国族大群、治国平天下之大经大纶尽其用。这庶乎是"内圣外王"与"全体大用"合一之学，庶乎是第三期学术之康庄大道。

六月，《东汉以下宗教思想之复活》，刊出同前第七卷第二十一、二十二期。收入同前书页二八五～二九〇。摘要如下：

中国宗教思想复活于东汉一代，此为中国学术思想史第一、第二期之转折点。宗教必有其特征，此可分两项言之：一、出世：凡宗教必讲出世。二、个人主义：凡讲出世，必讲个人主义。若现世之学，则必讲大群，不能讲个人。

中国古代一样有宗教信仰，一样相信上帝鬼神。但在很早以前，中国人的宗教却已政治化了。因此宗教势力在中国古代思想界里即不占重要。宗教重"出世"，而政治则重"现世"。因此就一般论，宗教可包括政治，政治不可包括宗教。宗教讲出世，一定要讲"灵魂"。所谓灵魂，则是个人的。灵魂既能超世，则便能超群，因此宗教的祈求也是个人的。

既信有灵魂，则连带信有"轮回"，或一种变相的轮回。远从无量过去世，直至无量未来世，灵魂自有其存在，则所谓现世亲子、夫妇、恩仇、亲疏等分别，在宗教观念里，尽失其地位。当知无量过去世与无量未来世，未必仍如现世一样，彼我间还是此亲子、夫妇、亲疏、恩怨。因此宗教多认现世一切关系如梦如幻，不以为真，至少不以为有甚大的价值。

中国自古便是一个大一统的国家，一个皇室共主，往往绵亘数百年数十代的传统。因此地下组织，不见为暂时与渺小，宗教转消融于政治，一般人只看重地下的，不管天上的。广土众民与长治久安，增高了地下一切的价值。因为宗教消融于政治，故中国古代的天子，成为民众宗教上的代表。总之，宗教给人们的希望与安慰在将来，而政治则给人们的希望与安慰在现世。

中国古代，只为由政治消融了宗教，故一般兴味，都趋重现世生活上。直从春秋到两汉，中国学术界，也都想创造一个"地下的天国"。所谓"太平"、"大同"，都是地下天国的理想。这种理想之完成，则有赖于政治。

六月，《由老庄思想到道教》，刊出同前第七卷第二十三、二十四期合刊。收入同前书页二九一～三〇〇。摘要如下：

（一）

东汉以后，中国有两种宗教，即道教与佛教。中国道教演进凡历三度变化：即道家（庄、老自习哲学）、神仙（方术）、道教（符箓）。道家以庄子、老子为代表。他们的思想，虽在先秦时代已经比较偏于个人主义，但庄子有"内圣外王"之说，老子也常有"王天下"之说，也还都讲到现世大群。但庄子到底是一个无政府主义者，他说："人相忘于道术，鱼相忘于江湖。"这是庄子理想中的个人主义与无政府主义的最高境界。

现世界的人群相处要如江海鱼龙一般，自由自在，不相照顾，不相闻问。既讲个人主义。自必反对现世大群。所以反对现世大群者，自必反对他的组织，因此必然要反政府，由此遂主张"复古"与"反归自然"。这就稍微带有了"出世"意味。因此庄、老思想递变而成为神仙思想。

道家哲学，可谓是一种自然哲学，里面也含有极重要的科学意味。何以道家思想不能走上科学的路子呢？正因为道家带有出世意味，不肯犯手脚用气力，因此他们的看重自然，只能成神仙，不能成科学。譬如列子"御风而行"，是想象的、出世的、享受的。近代科学发达，乘坐飞机，也是"御风而行"，但这是奋斗的、入世的、现实的。

庄子、老子在某一方面似乎比西方人聪明。他们一面要应物、驭物、为所欲为，一面又要出世自由，无拘无束。此种生活享受，太想象了，不悟二者间根本矛盾。一举两得，只有"神仙"才能达此境界。因此道家哲学，虽说看重自然，却不免变而为修真慕道，教人作神仙去。

（二）

依照道家理论，神仙无他谬巧，只在一本自然，因势乘便，循乎天理，顺乎天道。若能"去私寡欲"、"清静无为"，便自然因应自然。因应之极，即成神仙。这是道家哲学中应有之演变，要由此成神仙，便贵能"修炼"心身。最普通的方法则为"吐纳"，吐纳是一种深呼吸法，由此可以却食长生。东汉时代魏伯阳的《参同契》，便是讲究此道，后人称此为"内丹"。

别有"外丹"，则是一种由"修炼"而演进到"服食"的方法。即以汞（水银）入铅锅加高度热烧之，使由固体变液体，再由液体变气体，升华再变；如是者九转而丹成，是为"外丹"。当时认为外丹炼成即为黄金与不死之药，但无实效。因此又转为"神仙接引"，甚至'勅召'等符箓之法了。道家思想，往往易从理论变入想象，又往往易从已力变入外力，只因它爱享受，不乐费力。

（三）

"方士"与"儒家"之关系。《说文》："儒，术士之称。"儒家称"术士"，与阴阳家、道家称"方士"、"道士"，论其语义本属一致。"方"、"术"、"道"，都是有一条路径可以由此达彼之意。儒、道同源，"术士"与"方士"同源。但以后则儒家中之"礼家"与道家中之"方士"，显然不同，那可说他们是一非二。

道家神仙思想，原是流行在帝王贵族间。但一到东汉，此风大变，普遍盛行到全社会，成为东汉以下的道教了。庄、老哲学变成后世道教的节次如下：修炼、服食、接引（以上求为神仙）、勒召（符箓）。亦即：清静无为（自习）、神仙（方术）、符箓（道教）。因此"道教"只是道家哲学之退化，严格讲，说不上是宗教。宗教必信上帝，信灵魂，讲出世，讲永生；道家则只讲无为、无欲。要人"循天理"、"顺自然"，因利乘便。一个人果能无欲、无为、因应自然，由化达神，那就到了超人的境界。这种一任自然的超人生活，即为神仙思想之滥觞。但逐步堕落，却成道教之符箓，并不是信仰鬼神上帝，也不是要出世永生。

儒家虽不讲灵魂及出世，但尊重大群，所以虽是现世主义者，而同时也是一种严肃主义者。故儒家哲学是一种现世大群的哲学，亦可称为现世大群的宗教。庄、老则不讲个人的未来世，又不讲现世大群，因此其心理态度不严肃，对于人生观念并不认真。他们是一种现世个人的哲学家。

儒家的现世大群主义，是一种"淑世主义"，总想把现实社会造成理想国。庄、老的态度则有些近乎消极颓唐，不主出世，亦不主淑世，乃是一种"现世主义"者。因此道家思想之末流，就不免演变出权谋、术数、阴险、狡诈。所谓"因利乘便"。倘无此现成利便，便不免要造一利便的环境出来。严格说，东汉以后，道教开始，只是个人主义抬头，却还不是出世思想。又不信上帝与灵魂，还说不上宗教精神。

六月，《地方自治》，刊出同前第四十一卷第十一期。收入同前兰台版《政学私言》页四六～六〇。摘要略。

七月,《魏晋玄学与南渡清谈》,刊出同前第七卷第二十六期。收入同前兰台版《中国学术思想史论丛》(三)页一〇四～一一三。摘要如下:

政治无出路,激起庄老个人思想之复活。但个人思想盛行,则政治更无出路。因此儒学衰而道学盛,济其偏者必为法家。东汉末叶,朝野竞趋个人主义,权谋势诈,乘之纷起。政府若求整饬社会,则必用严法峻刑以绳束。然当政者重法治,在野者趋消极,依然是道、法平分天下之局势。东汉之法家思想,可以崔寔《政论》为代表,道家则以仲长统《乐志论》为代表。曹操、诸葛亮等承崔寔,而阮籍、嵇康等则承仲长统。一方是循名责实,一方是乐志肆意。

时当天下大乱,个人主义益奔放不可收拾,曹操、诸葛亮皆不得不以严刑峻法为规束;直到两晋,法家思想整个支配了政治的上层。但政治尽管尚法治,在野知识分子仍是各行其道,道家思想则支配了整个文化界。从此玄学遂大盛。王弼、何晏倡于前,阮籍、嵇康继其后,向秀、郭象承其末。此为魏晋之际玄学演进之三大宗。

何晏、王弼,乃魏晋之际玄学开始的大学者。何晏曾作《论语集解》。今据以研究其思想,亦尚不失儒者矩矱。议论去取多平允,实为儒学功臣。与其认何晏为道家,不如认其为儒家还较允惬。王弼之学,细加研究,亦可说其是一儒家。他的《易注》,更是儒学大功臣,与何晏《论语集解》同列《十三经注疏》,而影响功绩更为远大。他摆脱汉儒旧缠缚,回到战国,本庄老初意来说宇宙万物之起源。正要把《周易》的宇宙论来代替前汉经学家五天帝主宰的宇宙论。因此王弼认为只有庄老思想转与《周易》相近,只有从庄老入手转可入得孔学。此等见解,从两汉经学传统言,实发前人所未发。因此不仅王弼的《周易注》出世而汉《易》遽衰,实是王弼的新宇宙论出世而两汉经学上旧的宇宙论亦告解体。此乃王弼在学术思想史上的大贡献。

前汉人以阴阳家学说讲孔学,现在王弼、何晏则以庄老思想讲孔学。此事王弼开端,而何晏承流赞扬,我们不妨称之为魏晋时代之新儒学。故由王、何以下,如郭象、孙盛,都非全尊庄老,都置庄老于孔子之下。此为魏晋学术的正宗思想。后人一误于史书之歪曲事实,以正为邪;二误于读书不精，横议先贤，以王、何为道家张目——其实都错了。

王、何开始以庄老学来讲孔子，流风所被，却不免叫人推挹庄老在孔子之上，这就成为魏晋之玄学。嵇康、阮籍是此种转变之主要人物。当时司马氏政权一面笼络私德很高的贤士，来隐蔽其恶化政治的丑相；一面又不愿正人君子干预政事，以便为所欲为，因此逼得一般学者都意态消极，趋向庄老。此非王、何之罪，而实是司马氏之罪。

阮籍、嵇康在司马氏这种政权虚伪空气笼罩下激发，使他们决意转向庄老。庄老本来反对儒家之礼。老子说："礼者，忠信之薄而乱之首也。"他们认礼为文饰虚伪，而尚质朴、尚率真。东汉以来，社会早走上虚伪文饰之途。曹氏、司马氏篡窃相承、丑态百出，更令有心人深恶痛疾。又自郭泰、许靖提倡人伦、臧否人物，社会上交朋接友，彼此推尊，渐成风气，因此朋党交游虚文末节，更充满了整个社会。直到魏晋之际，上下虚伪成习。阮籍目击此种情况，遂要破弃礼法，放浪人间，自称"礼法岂为吾辈设"。其言论行迹，容有过激；其心情怀抱，实已可悲，而且可敬。

但阮籍、嵇康虽与当时政府不合，他们的文采风流，则为世所重、蔚然成风。此后玄学兴盛，嵇、阮两人实有大功。现在再将阮、嵇与王、何一比，则其间已有很大的不同。王、何只就庄老通儒学，阮、嵇则弃儒举就庄老。嵇、阮以后，向秀、郭象便专来注释《庄子》，显然是专尚玄虚，与王弼注《易》，何晏解《论语》，态度意境绝不同。我们若认王、何为儒家，则嵇、阮虽薄周孔、崇庄老，而思想意趣仍未出儒家范围。

故王、何还是有规矩，还是积极的。嵇、阮虽放荡，还是有性情；虽消极，还能超然远俗，至少于世无大碍。向秀、郭象则是无性情的放荡，抱着消极态度，而又不肯超然远俗，十足的玩世不恭，而转把儒家的理论来掩饰遁藏。向、郭实不足为《庄子》之功臣，却不免为两晋之罪人。这是元、康以下向、郭时代的风气，与正始王、何时代截然不同。《世说注》："竹林诸贤之风虽高，而礼教尚峻。迨元康中，遂至放荡越礼。"可见正始、元康应有分别，当时人是知道的。后人推本穷源，遂把王、何、嵇、阮连类同讥了。

及东晋南迁，大家索性在放荡上自娱自怡，连像向、郭般的理论也没有了,这就成了东晋之"清谈"。清谈家还要讲究自己的真性情,而蔑视世俗之伪。他们看不起功利,不肯做一切事前事后的打算,他们认为如此才算率真。但此种意味,清而不深,如一潭秋水,没有波澜壮阔鱼龙出没之观。因此也经不起大风浪,不能奋斗,易为外物所累。强要任情,反转成为矫情,不够真,不够率。如此般的庄老,如此般的玄学,实不足以满足时人内心之真要求,于是只有让出佛教来指导人生。

七月,《佛教之传入与佛道之争》,刊出同前第七卷第二十八期。收入同前书页三〇一～三一一。摘要如下:

(一)

佛教是中国文化大流里面很重要的一派。中国因环境关系,文化自创自造,很少与其它民族之异文化接触。只有佛教,唯一的自外传入,经过中国人一番调和融化,成为此后中国文化里一主潮。

东汉以下,佛教乘机东来,在中国发荣滋长,也还有其它原因。单就思想方面讲,中国自儒、道思想发展,本对上帝天神不再信重,尤其是庄、老,破弃天帝神道的理论极彻底。佛教东来,消极方面与庄、老思想不违背;积极方面,人性皆善。人皆可以为尧、舜,正如人人皆有佛性,人人皆可成佛。儒、佛归极,亦可以水乳相融。中国虽奉佛,也不见与传统思想有大冲突。

佛教入中国,大体在东汉初叶已开始。此下演进,约可分为五期:先是"小乘佛教传入期",略在后汉、三国时代。次是"大乘佛教传入期",约略在两晋、南北朝时代。再次是中国人对佛学"融化创新期",约略在隋代至唐之前半。更次是"中国佛学确立期",约略为唐之后半至宋代。以下则为"因袭期",为元、明、清三代。

(二)

大抵佛教初期传入,主要思想,只在"灵魂不灭"与"轮回报应"。佛教一入中国,则与当时社会所正盛行之"鬼道"观念相配合,此种鬼道思想,再与小乘佛教相扶会,于是成为中国社会之"灵魂轮回观"。亦正合《易经》上所谓"为善必有余庆,为恶必有余殃"之理。此虽误解佛义,却与中国社会发生相当影响。因此魏晋南北朝动乱衰颓的人心,全得赖佛教来支撑。所以佛教在印度是偏于消极悲观而出世的，而一到中国来，已转入积极乐观与入世的道路上去了。

但虽如此说，佛教思想初来中国，到底还是偏于出世的方面多，因此他的修行方面，不免要看重个人现世生活上的爱欲之克制。人心爱欲之着于外者为财产，其见于内者则为贪、瞋、痴等。佛教对此诸类之克制，则以"仁慈"、"施舍"为主。此复与老子"三宝"首尚慈、俭，又称"既以与人己愈有"之旨相合。因此佛教初入中国，最先便容易与庄、老及道家混流。东汉宫中，在桓帝时，既以老子、浮图合祀，稍后即有"老子化胡"的传说。直到南北朝，老称"道士"，释称"道人"，老、释还是同样以"道"为名。取其与"俗"对立。道教的一切，亦由攘窃模仿佛教而逐渐形成。因此在当时思想界首起冲突者，亦为道、佛两家。

（三）

佛教初来，最先只流行在下层社会。尚未与中国上层的学术思想界发生接触。中国僧人见于慧皎《高僧传》的，以朱士行为最早，已在三国魏时。但到东晋以下，形势全变。中国名僧辈出，而且佛义代替了庄、老义，盛行于名流贵族间。佛教思想乃始正式与中国士大夫界接触，而且把握到一种权威的地位。

道教本由庄、老思想堕落而来。东汉末年，道教初起，如张角、张道陵辈，并没有深的教理作后盾，只因当时思想界无出路，故而低级迷信亦得发展。他们仅有方术而无义理。义理则在庄、老，不在道教。因此当时道教在真理上根基极薄弱，很难与佛家抗衡。

佛家在当时，到底有深妙的教理作根据。其时思想界佛义战胜庄、老义之迹象，可从支道林讲庄子与向、郭虽同一诠《庄子》，而义趣迥殊。他如法雅"格义"，即是用外典、佛书递互解说。当时僧人所尊言者是佛法，视儒、道如糠秕，特为解悟流俗，时引相发，此即"格义"也。他们无疑的都从庄、老入，而以到达佛理为究竟。而且那附位的庄、老，亦已超过以前向、郭义时代的主位的庄、老了。

（四）

南渡以还，又渐渐有绌庄、老返孔、孟之趋势，如孙盛着《老聃非大圣论》，谓老、彭之教已笼罩乎圣教之内。此即回到王弼时代以孔子为大圣、老子为大贤也。这种转变，在佛家一边也同样看得出。释道安有《二教论》，抑老子之教在儒下。可见当时僧界亦复尊儒绌老。此下竺道生"一阐提亦具佛性"与"顿悟成佛"之说，便与孟子合辙。谢灵运和之，便以孔、释两家相拟立论。

这里说明在中国传统学术地位上，孔、老两家又已相互倒转，回复到正始时代的见解。在此以前，僧界多以老、佛参说，其运思立论偏在宇宙本原有无等问题，此可以僧肇为代表。在此以后，僧界多以儒、佛参说，其运思立论偏在人生修养、心性善恶等问题，此可以竺道生为代表。肇、生先后，正是佛学思想一大转变之界线。

相因于此而可见者，以前的道、佛之争，现在亦要转成儒、佛之争。其先阮籍谓"礼法岂为吾辈设"，到后则变成"沙门不敬王者论"。此后如顾欢道士《夷夏论》，虽属辨道、佛，仍不免借重儒义。今欢文多连称"孔、老"，可见道、佛显分轩轾，故不得不引孔增重。

其时直据道家义辟佛最有力者，则只有"神灭"一义。梁时范缜主"神灭论"，梁武帝至令臣下六十四人答之，可见此辨之重要。但那时大乘佛法早已宏扬，灵魂不灭、轮回果报之说，不复是佛家之根本义。因此"神灭"之理虽胜，仍无碍于佛法之广被。

以上只是说明了佛法到中国来，虽则适逢乱世，故尔获得社会一辈人之信奉，但其后之逐步发展，则因佛教自身本有甚深妙趣；若专靠外面机缘凑合，内无本因，则众雌无雄，到底不得胜果。又见当时佛学思想界之转变，处处与中国固有学术方面之变化发生紧密联系。若中国自身学术界生气断绝，则亦接受不上佛法也。

七月，《大乘佛法与竺道生》，刊出同前第七卷第二十九期。收入同前书页三一二～三二六。摘要如下：

开示众生悉有佛性，一切皆得成佛，乃为大乘之终致。但佛义与庄子、儒家各有异同。佛学中国化，要归功于竺道生，他俨然成为佛门中的孟子。

（一）—（四）略

（五）

现在特别的要提到竺道生，他是讲《涅盘经》的，在他的思想与态度上,渐渐透露出儒、佛相关之痕迹来。《出三藏记集》有一段说:"六卷泥洹(即《涅槃》之异译)先至京都,(竺道)生剖析佛性,洞入幽微,乃说一阐提人皆得成佛。于时《大涅槃经》未至此土,孤明先发,独见忤众,于是旧学僧党以为背经邪说,讥忿滋甚,遂显于大众,摈而遣之。生于四众之中,正容誓曰:'若我所说反于经义,请于现身即表疠疾。若与实相不相违背者,愿舍寿之时据师子座。'言竟,拂衣则游。星行命舟,以元嘉七年投迹庐岳,销影岩阿,怡然自得。山中僧众咸共敬服。俄而《大涅槃经》至于京师,果称阐提皆有佛性,与前所说合若符契。生既获斯经,寻即连讲,以宋元嘉十一年冬十一月庚子,于庐山精舍升于法座。"

今按:"一阐提人皆得成佛",此犹孟子"人皆可以为尧、舜"。此义在儒家早极平常,乃当时僧界竟如此掀起大波,迫逐生公,几成教祸,此何以故?正缘佛教本是宗教,教主与信徒地位不得平等;后来大乘佛学逐渐走上哲学思辨的倾向,宗教意味逐渐解淡,教育意味逐渐加浓,则一阐提人皆得成佛,亦并不奇怪。此是大乘佛法之进步胜妙所在。

生公又唱说善不受报、顿悟成佛之义。既主无我,自不再认有灵魂之轮回;既无轮回,自无果报;佛性人人皆有,即见性皆可成佛,自可顿悟。此以理言,自极平畅。如此则成佛工夫只在自己心性上。自此以往,不再是信奉"教",乃是明悟"理"了。中国僧众自此始有勇气与高兴来创造他们自以为是的新佛教。从此中国人始有独立的佛学思想。佛学中国化了,成为中国佛教,成为中国文化重要的一支流。

七月,《神会与坛经》,刊出同前第四十一卷第十四期。收入同前兰台版《中国学术思想史论丛》(四)页一〇〇~一三八。摘要如下:

《胡适之论学近著》第一集,有好几篇关于考论中国初期禅宗史料的文章,认为《六祖坛经》的重要部分是神会所作,抑且认为《坛经》里的思想,亦即是神会的思想,故谓神会乃"新禅学的建立者"。又说:"凡言禅皆本曹溪,其实皆本于荷泽。"这一断案,实在很大胆,可惜没证据。胡氏根据《韦处厚兴福寺大义禅师铭》,以为是"一个更无可疑的证据",其实是胡氏误解文义。(韦文引略)

胡氏云："韦处厚明说《坛经》是神会门下的习徒所作，可见此书出于神会一派。"又云："传宗不知是否《显宗记》。"今按：韦文所谓《坛经》传宗，犹云《坛经》嗣法。韩愈《送王秀才序》云："孔子没，独孟轲之传得其宗。"即用此传宗二字。今俗语犹云传宗接代。传宗亦可称绍祖，元僧德异《坛经序》云："受衣绍祖，开辟正宗。"韦文之意，习徒迷真，橘柘变体，竟成《坛经》传宗，乃指曹溪以下，专宗《坛经》，成为教外之别传者。其谓习徒，乃指曹溪南宗，决不指神会。"神会得总持之印，独耀莹珠"，是谓惟神会能承袭慧能。总持者，谓教与宗能兼持而得其总会也。传宗不离教，此征神会之优。离教传宗，乃见习徒之劣。而胡氏乃谓《坛经》成于神会之习徒，又谓《坛经》乃神会所假托捏造。岂不误解之甚乎？

（以下略）

八月，《佛教之中国化》，刊出同前第七卷第三十二、三十三期合刊。收入同前兰台版《中国学术思想史论丛》（三）页三二七～三四三。摘要如下：

（一）

台、贤、禅、净四大宗派，是经过中国化的佛学。其中以禅宗为中心台柱，天台唱于前，华严和于后。及其既衰，则以净土为尾闾，为归宿。大抵佛学之中国化，正相当于隋唐时代，中国统一盛运再临，社会精力弥满，生气蓬勃；佛学界亦在此环境下转变，人人想自创法门，自开宗风。这已是佛学中国化的时代了。

自东汉、三国之际，迄于南北朝，中、印僧人努力翻经，数量庞大可观。中国一向是单元文化的国家，在长期政治一统、社会调融的环境下，学术思想亦趋向调融统一。此一时期，虽则政府分裂，社会崩离，但文化空气依然未失旧贯。当时南北僧人，此来彼往，绝无地域隔阂。现在面临着翻来的大、小乘各宗各派繁复经典，在中国僧人的脑海里，感觉有把它调和融整使归一统之需要。这是中国僧人依照中国文化旧传统，对于印度佛学教义之一种新要求。所谓"中国佛学"之内部动机，主要者在此。

抑且中国人常有一种"历史癖"。大乘佛法究竟起于何时？佛法内部各种异论，究竟谁先谁后？在中国僧人之脑海里，一面要将各宗各派调和融通，一面又要把历史的线索贯穿成一个头绪。互足互成。"历史贯串"与"调和一统"，这是中国文化之两大特性，用在佛法教义上，便成中国之新佛学。

（二）

"戒"、"定"、"慧"为佛法三学，"非戒无以生定、非定无以生慧。三法相资、一不可缺"。（《三藏法数》语）但佛法初入中国，即与道家合流；道家以放任纵浪为主，对"戒律"自不注意，因此初期佛学，亦颇倾于道术而戒律不严；此后佛学在中国，戒律一门，亦比较上最不发达。至于"禅定"，本为佛教中之重要部门，其来中国，最先即与道家"治气养性"之说欣合，其后又与儒家"明德正心"之学交流，因之禅法最为中国僧人所崇尚。至于"智慧"，像佛法大乘经典中的理论，并非不为中国思想界所欢迎，但中国人在此方面之发展，则颇又与印度异趣。这里面有一些关于语言文字方面的问题。

印、欧文字与语言之间隔近，中国文字与语言之间隔远。思想本属一种无声的语言，因此西方文字乃为思想之直接代替，而中国文字则成为思想之间接记录。西方人心中想，手中写，同时并进，以写为想，以写代思，想与写只是一个头绪。中国则往往心下先想了一节一段，再凝炼成文字写出。想与写更番休歇，不是一个头绪。因此中国人翻译佛经与中国人阐扬佛义，其间自必不同。中国人是默而识之，因此"分析"与"演绎"非其长。故中国文字所表达者，常是思想之结论。只是一种观念，而此种观念则从实生活经验里积久酝酿而始成熟，所以较深、较稳。佛学在根本精神上，还是与中国思想近，与欧洲哲学远。但印度佛学与中国思想大体上仍有分别。印度佛学还偏胜于"理论"，而中国佛学则偏胜于"观念"。总之，大乘佛学如三论、法相，到底"言辨"气味深；中国台、贤、禅三宗，则"修习"意味重。

（三）

我们试再各就其偏重分别言之，则小乘佛法偏重在"宗教"，大乘偏重在"哲理"，中国佛学则偏重在"心性修养"与"自我教育"。当时台、贤、禅三宗，莫不主张"即身成佛"义。所以我们研究中国佛学，应该注意其心性修养，即其所论心性修养之实际方法与其最高理论。由此便可直接将来之宋学。所谓"心观"，所谓"一心具万行"，所谓"圆顿"，所谓"一念顿发诸法"，要知此即中国佛学之精髓，将来禅宗所唱到底不外于此。

慧能是达摩以下禅宗的第六代祖师。其实是正统禅宗（南宗顿教）的开创者。他说："自性迷，佛即众生；自性悟，众生即佛。""不悟，即佛是众生；一念若悟，即众生是佛。""但识众生，即能见佛；若不识众生，觅佛万劫不得见也。"此自是竺道生所特提"一阐提具佛性"以来应有之含义。惟所重者尚不在"众生皆可成佛"，而在"离却众生无佛可觅"。这并不是提高众生到佛地位，而是平抑佛到众生地位。应知如此思想，不得不认为是宗教界里一绝大革命。

（四）

中国学术思想界，往往可从南北分区；唐初中国佛学天台、华严、禅宗皆盛于南，华严则与唯识盛于北。南尚清通，北尚繁密。

今按：即主人人皆具佛性，则转言之，佛性即人性也；人不异佛，即佛不异人。一阐提亦众生，一阐提性具恶，故知佛性亦具恶。既谓"一心具万行"，则恶行不得在心外。再者，既主心、佛、众生三皆无尽，而善恶亦同无尽，故知心、佛、众生皆同具善恶也。今则进而主"佛性亦具恶"，洵可谓中国佛学界之绝大进步。至此境地，则佛教精神迥非宗教崇拜所能拘缚。

故谓唐代中国佛学，早已远离宗教信仰，越过哲理思辨，而进入心性修养与自我教育之路径。他们虽各分宗派，但尽有许多大义互相通假。他们早已是宋、明儒学之先驱者。后人多说宋学与禅学有关，其实台、贤两宗，一样与宋学有甚深关系。到此、佛学遂确然成其为中国文化之一要流。

八月，《论首都》，刊出同前第四十一卷第十六期。收入同前兰台版《政学私言》页六一～七三。本文要义见于一九四二年《战后新首都问题》，兹略。

八月，《学统与治统》，刊出同前第四十一卷第十五期。收入同前书，改题名《道统与治统》，页七四~八七。摘要如下：

（一）

中国传统政治，尚有一端义当阐述，即是"政治"与"学术"之紧密相融洽。中国古代政治之转折点，乃在春秋战国之际，其时自由学者兴起，百家争鸣，并多握得各国政治之实权，由此而贵族政治解体，士人政治代兴。孔子曰："学而优则仕，仕而优则学。"秦汉以下，仕途几为学人所独占，此实中国传统政治一至堪注意之大特点。

本篇所谓政治学术紧密相融洽者，乃指于政治机构中，有不少专属学术文化事业之部门，不仅为学人占仕途，乃谓于政途干学业。政府中多设专官，不问政事，而主持一切学术文化事业之保存扩大与流传。略而陈之，在先盖有"史官"与"博士官"之两途。古者政教不分，学术掌于宗庙、天文、历法、音乐、农事、医药、方技诸端，皆隶焉，总其任者则史官。《汉书·艺文志》所谓"王官之学"。战国以下，百家风起，其势上撼政府，各国皆争养士，有授以大权，责之重任者，亦有养以厚禄，奉以敬礼，而不烦以事，仅备顾问，不治而议论者。而齐之稷下先生为尤著，演变而为秦、汉之博士。此乃代表社会下层平民学者新兴势力，与传统史官遥遥相对，汉志所谓"诸子百家言"率属之。故秦、汉政府中学职流别，以史官与博士官为两大类。

史官承旧统，然太史公自谓"文史星历卜祝之间，主上以倡优畜之"。然史公上追《春秋》而为《太史公书》，不仅卓然脱出宗教氛围，抑且褒贬讽谕，文无避忌，保言论之自由，树后世正史以典范。至秦、汉博士官，尤为显职，得预朝廷大议，备左右顾问。名臣硕学，多出于此。然魏、晋而下，博士议政之事渐稀。至隋别设国子监，博士始不隶太常，此为学术正式脱离宗教之最后一步。自唐以下，国子监仅一冷署，博士徒素餐，不闻于国家教育有所建白。不知此正中国传统政治一优点，亦汉、唐古今政制变异一大界线。

古者政教不分，史官属于宗庙，尊严无上，列国之史，皆由周天子分出。自战国鲁、魏、宋、齐皆立博士，迄于秦、汉，博士位任超越史官，家言驾于官学之上，是为世运之一进。汉武表彰六艺，专设五经博士，掌教子弟，皆予出身，其势骎骎，将复由家言转官学。然哀、平以下，即有古学流行社会，与朝廷博士争衡，东京博士弟子盛至三万人。然博士多倚席不讲。其时经学之流传，则古学伸而今学绌，即亦家言盛而官学衰之一征。所谓"家言盛而官学衰"，此即学术自由，统于下不统于上。此后历代正史，论其官职，虽仍上统，而其精神则皆家言，皆下统也。

若论教育，孔门七十二弟子，墨徒三百，其它诸子亦皆有徒属，则皆私统，皆统于下而不统于上者。自刘歆、扬雄迄于马融、郑玄，皆私言，皆下统也。然政教合一终不可久，教育之权终亦不移。教育重家言，不重官学，循下统，不循上统，此正中国传统文化一绝大特点，而政府亦具洪度稚量，不轻肆压制包揽。故知中国传统政制，虽称政学紧密相融洽，政府于文化事业虽保护宣扬，不遗余力，然于教育大权，则让之社会私家之手。

（二）

中国历代政府，又以收藏图籍，为首先注意之一事。其王室藏书尤著者，前汉有天禄阁，后汉有东观，魏、晋以下有崇文观、总明馆、士林馆、文林馆、麟趾殿诸称。及唐遂有三馆，宋又增秘阁而为四。及清代遂有四库七阁，蔚为政府藏书之大观。此等藏书，皆有典司专官。中国传统政制，注意文献，网罗散佚，保藏整辑之功，殆举世莫与京，而秘阁藏书，又使学者得恣意渔猎其中。如扬子云校书天禄阁，下逮东京，硕学名儒，皆藉东观为著作之地。马融拜校书郎中，诣东观典校秘书，蔡邕召拜郎中，校书东观之类。此皆无政事职守，专典校书著作。及魏、晋遂以著作郎名官。齐、梁以下，著作为令仆子起家之选。一历此职，遂为名流。其实所谓校理、修撰、校勘、检讨，或径称直某馆、直某阁，皆无政事责任，专以学业为职。汉武时又别有所谓文学侍从之臣，如东方朔等之徒皆是。宣帝时刘向等待诏金马门，亦其职也。唐制，国君乘舆所在，必有文辞经学之士。其后翰林学士遂掌内命，至号内相，权重礼遇甚至。及明代专设翰林院，其地位极清高，故于政事多匡救将顺之益。明代又有庶吉士之制，以新进士未更事，俾先观政，其先学于内阁，后则隶之翰林，此等亦无政事实责。为政府培植候补人才，至有深意。清代亦沿明制。于政府中专设机关，育养贤俊，奖兴学术，终不失为一种优良之制度。

（三）

今就中国传统政制与学术文化事业相联系相融洽之要义，再扼要言之。一者在有考试制度，专为拔取学人使之从政，故其政府僚吏乃全为学者。此种政制可名为学人政治，或简称"学治"，以示别于贵族政治或富人政治。故中国传统政制复于政府机构中多设专守学业不问政事之衙门，如此则可使政治学术密切相融洽相渗透。言中国以往成绩，则历史记录（国史馆）与图书保存（秘书监）尤为其最著之两事。"学治"之精义，在能以学术指导政治，运用政治，以达学术之所蕲向。为求跻此，故学术必先独立于政治之外，不受政治之干预与支配。学术有自由，而后政治有向导。学术者，乃政治之灵魂而非其工具，惟其如此，乃有当于学治之精义。

故中国传统政制，君主政，师主教。孔子以前其道统于君，所谓"王官学"；孔子以下，其道统于下，所谓"百家言"。孔子为其转捩之枢纽。孔子贤于尧、舜，此则师统尊于王统。故政府当受学术之指导，帝王亦当有师傅。治权上行，教权下行。天子必当尊师向学，其风自东汉而著，后代遂有经筵日讲之官。及于隋、唐，政府遂掌考试，不主教育，宋明而下，莫能革也。故中国传统政治，于学术文化事业，虽尽力保护而扶翼之，然于教育则一任社会自由，抑且尊师崇道，王统自绌于道统，未尝以政府而专擅教育之大权。

中国古代政教合一，自春秋、战国之际而始变，儒墨开宗，皆趋向于此，而儒家独传于后世。故中国儒家非宗教，而实兼宗教之功能。盖惟如此，乃使人知政府不为举世之至贵，人间犹有尊于从政者，人道之大端，在师统，不在君统。故真求民主精神之实现，必使人道大统，下行而不上凑，必使教权尊于治权，道统尊于政统，礼治尊于法治，此乃中国儒家陈义，所由为传统文化之主干，亦即中国传统政制精义之所在。

(四)

今考《五五宪章》，特定教育一章，甚为重视教育之意至显。此皆与中国传统政制注重学术文化事业之精神，甚相符合，极可赞许。中华民国之教育宗旨，在发扬民族精神，培养国民道德，训练自治能力，增进生活智能，以造成健全国民。窃谓此种列举，亦有可商。人类教育宗旨，犹有超于造成健全国民之上者。窃谓将来中国新宪法，教育必尽量自由，不随政府政策为措施。民主精神自得逐步实现。今国民党人尊推孙中山先生，称为"国父"，此由模效美国，以华盛顿为国父之先例。然此仅以言政统，非所以言道统。故言中华民国之政统，必推中山先生为不祧之祖，若言中华民族之道统与教统，则中山先生亦一孝子顺孙，岂得同样奉为不祧之祖乎？若细籀中山先生民族主义之遗教，此等崇拜，恐亦非中山先生所乐受。

九月，《人治与法治》，刊出目前第四十一卷第十七期。收入同前书页八八～一〇二。摘要如下：

(一)

时贤率谓中国尚人治，西方尚法治。夷考其实，则翻其反而，毋宁谓中国重法治，西方重人治，犹较近是。中国自古为广土众民之大国，而西方希腊、罗马，本皆城市国家，双方体制不同。中国则悬诸象巍，与众周知者，法也。削竹铸鼎，昭布不毁者，亦法也。谓中国重法治，莫如证以具体之事实，若自秦汉以来，则史绩厘然，如赋税、如兵役、如法律、如职官、如选举、如考试，何一不恪尊严守至于百年之外而不变。秦、陇之与吴、越，燕、冀之与闽、峤，人物材性异秀，俗尚礼乐异教，于此而求定之一统，向心凝结而无解体之虞，则非法治不为功。中国之所以得长治久安于一中央统一政府之下者，亦惟此法治之功。又可以征之典籍。言政治如唐《六典》，言刑法如《唐律》，其书皆现在。自唐以下，递演递密，列代会典，其荟萃之所也。

(二)

言历代政制之敝，则莫不敝于其尚法之过。周尚文，尚文即尚法也。故曰"舞文弄法"，又曰"文法吏"，盖法之必流于文，文之必成于法，

"文"与"法"之不可分也久矣。故自春秋递变而至秦,特自封建之法,变为郡县之法耳,其为法则一。汉治尚质,若为大变乎春秋以往之文,然仍无以自脱于法治。宣帝之告太子曰:"汉家自有制度,本以霸王道杂之,奈何纯任德教,用周政乎?"是汉人之变文尚质,不过为循名责实,其不能不以法为治,则一也。光武中兴,尚法益甚,及其末季,崔寔、荀悦之徒,皆主以法治。曹操、诸葛亮承其流风,稍致政绩,莫非尚法。五胡以还,南北分裂,中国复见统一中兴之盛运,则本于苏绰之变法。中国传统政制,隋前本于秦汉,越后则一遵隋唐。大抵有法守法则治,违法无法则乱。盖法治之偏胜于人治,此乃中国历史环境使然,虽有圣智,亦莫能违矣。明亡,黄宗羲著《明夷待访录》,言此尤剀切。黄氏之言,正为中国传统政制之法弊言之。

(三)

中国自古乃无纯儒之治。两汉儒生,皆如公孙弘以文学缘饰吏事而已,不足当纯儒。苟为纯儒,又患无济于吏事。尝试论之,中国政治之不能不趋于尚法,此乃历史环境所限,无可强避,而尚法之弊不至甚害者,则幸有儒学与之相调剂。大抵偏至、分裂与用违其宜则败,如秦败于偏至,东汉晚明败于分裂,新朝变法与王安石之新政则败于用违其宜。凡使中国传统政治之不陷于偏霸功利,而有长治久安之局者,厥惟儒家之功,若在儒家积极之贡献,则固在下不在上,在学校不在政府。中国传统政制之所重于法治者,并非渊源于法家。法家者,其先本出于儒,法之与儒,同为一种政治理想,同为对于现实政治有起衰救弊之功效。法治之弊,必为文胜,等因奉此,章规则例,纸片文书,涂饰虚华,此亦中国传统政制重法不重人,尚文不尚实之流弊所极。法家则主变旧而趋新。若管仲之于齐,吴起之于楚,商鞅之于秦,非无法而创法,乃因法而变法。而尚法治之国则必惮于变,故曰"利不百,不变法",故儒家之于传统制度常见为迂阔,而法家则见为刻急,盖二者皆讥。

道家思想之对中国传统政制,有其补偏救弊之功用,犹之儒法两家也。中国传统政制既为一尚法之治,乃不断有道家思想蹑其阴影。若以儒家为迂阔,法家为刻急,则道家又流于虚无,为文吏者,皆不能纯取以为治。政治者,乃人群最现实之活动,而儒、道、法三家,则皆为一种理想,皆不能完全适合于现实，故中国不仅无纯儒之政，乃亦无纯道、纯法之政。然使中国现实政治不致困陷于现实而不能自拔，则亦惟此儒、道、法三家之功。儒家积极，导于先路；道家消极，清其后尘；法家则周于近卫，护翼前进。

（四）

今试论中国传统法治之所为，乃异于近代西方宪政国家之法治者，明白言之，西方之法治，尚多留人治之余地；而中国之法治，则已损及人治之范围。中国既为广土众民，听于人则难，听于法则易；听于人则乱，听于法则治，故常抑人而尊法。又为大陆农国，居天下之广居，有唯我独尊之象，遂使其国家之政治，对内总重于对外，因此尊传统，少变动，而法典传袭，往往传世历久至数百年，虽有智者，不敢轻言变易。重于法则轻于人，故中国之偏尚法治，西方之偏尚人治，此亦现实所驱，大势所趋，有不知其然而然者。今若以此而论中山先生之五权宪法，则实亦一种法治偏胜于人治之制度。此非中山先生之有意于如此，此正我所谓传统文化潜力，国情现实，有以阴驱而潜持之，使有不知其然而然者在矣。

今五权宪法国民代表之资格之获得，必先经国家之考试，此则被选举人之变动性必较少。国民大会以外，又有监察院、立法院分其权任，则国民大会之所是非，其变动影响于国是者，亦随而减矣。此种政制，其长在于静定；其短在于动进，其偏倚在于听之法者其常，而听之人者其变。其较之西方之宪制，则西方疏而中国密，西方质而中国文，仍无以大相违于双方传统之相异也。

（五）

世固无有利无弊之法，善为政者，贵能因其偏而矫之。西方长于动进，其人气坦以舒，制法而不为法所制，喜自由，尚独立，其弊在奖争而肇裂，故常相戒以守法。中国适于静定。其人气摄于法制，爱和平，大一统，然人之受制既久，则阴狡诈伪，惟求一脱于羁绁以为快。中国政治之不能不偏于法治，此乃国情现实，此乃文化传统，有不知其然而然者，中山先生五权宪法之斟酌古今中外而得其宜者正在此。而今日国人之言法治，若惟恐法之不密，文之不备；法密矣，文备矣，桎梏人者既极，人之心智终不为法缚，终不为文溺，必旁邪轶出，桀骜以自喜。

（六）

孟子曰："徒法不能以自行"，夫法者死物也，人创之而人守之，故若惟法之为尊，则必有司法者转得逃于法之外矣。今若尊人胜于尊法，人之所是则是之、人之所非则非之，则司法者自亦无所逃于法之外。非无所逃于法之外，乃无所逃于人情之外也。夫法律可以治常，不可以治变，司法者何所不可至以自便其私乎？民藏其志而不敢肆其情，此自大邦众民之所不得已，非曰生于此华夏之土者，乃皆奴隶其性。中土之圣哲，亦有懔于此之为弊者，故乃倡为"礼治"之说，曰"法以治小人，礼以治君子"，"法以制已然，礼以防未然"。孟子曰："闻诛一夫纣矣，未闻弑君也。"乃后世弑君尚易，诛一夫转难，明夫此，乃可以谈国史之演变，乃可以与论夫传统文化得失是非之所在，乃可以针对现实国情而谋所以补偏而救弊。

十一月，《政学私言》，重庆商务印书馆初版印行。一九六七年台北商务印书馆再版。一九九七年联经《全集》第四十册。二〇〇一年素书楼文教基金会·兰台出版社整理新版印行，页三二~二六二。摘要如下：

自序

客岁，胃痛时剧，医嘱入院检验，谢事静摄。值寇氛嚣张，独山沦陷。后方惶扰，讹言日兴。开岁小痊，颇能兴起。其间偶得数十分钟闲，握笔排闷，隔越旬日，亦成篇幅。春尽花落，病乃向已。检点成稿，凡获七章。其所论刊，皆涉时政，此为平生所疏，又不隶党籍，暗于实事。区区所论，三俱无当，谥曰"私言"，亦识其实。率本所学，吐其胸臆，邦有君子，当不悯笑。要之为一家之私言云尔。

上　卷

一　中国传统政治与五权宪法

（摘要见本年三月）

二　选举与考试

（摘要见本年四月）

三　论元首制度

（摘要见本年五月）

四　地方自治

（摘要略）

五　论首都

（摘要见一九四二年）

六　道统与治统

（摘要见本年八月）

七　人治与法治

（摘要见本年九月）

八　变更省区制度私议

（摘要略）

下　卷

一　中国传统政治与儒家思想

（摘要见一九四一年十月）

二　中国社会之剖视及其展望

（摘要见一九四一年十一月）

三　农业国防刍议

（摘要见一九四三年八月）

四　战后新首都问题

（摘要见一九四一年十二月）

五　中国传统教育精神与教育制度

（摘要见一九四二年二月）

六　中国人之法律观念

（摘要见一九四二年三月）

七　法治新诠

（摘要见一九四三年七月）

八　政治家与政治风度

（摘要见一九四二年五月）

九　中国之前途

摘要如下：

（一）

中国之前途，将决于中国之文化。文化即人类之生活。大地人生，不越三型：（一）沙漠草原区。（二）平原江河区。（三）滨海岛屿区。大抵草原宜于游牧，江河利于耕稼，海洋便于贸易，此三型之生活，发展而为三型之文化。游牧部落，逐水草而迁徙，支帐幕为居处。其人必好大群集合，行动飘忽，剽悍不驯。滨海居民，浩渺无际，土地蹙狭，不足依存。惟有跨海远出，冒险求利，大率乐于独行而长机智。平原居民，以气候温和，雨量沾足，并有河流灌溉，土地肥饶，四季循序，便于播植，故其人率安土重迁，勤于稼穑，生活平凡而有远虑。

（二）

兹再进而言之，则高原型之生活，颇多与海洋型者相近似：一则、二者皆内有不足，必赖向外寻求。二则、游牧必资乘骑，航海必待船舶。故此两型，莫不有一根深蒂固之观念，曰"工具"，曰"征服"。船与马，皆我生之工具，所凭赖以为向外征服之资。三则、牧队商旅，漫游异土，故其人喜进取，尚侵略。四则、此两型者，均极富于财产欲之刺激，长袖善舞，多财善贾，商人重爱资本，其理易晓。五则、既贪财富，必爱积聚。

今试返观农业社会之意态，则适足与上陈者相反照：衣食所需，皆由自给，不烦外求，此其一。土膏之养，立我蒸民，胥出帝力，天人合一，轻视工具，不尚征服，此其二。井邑相望，阡陌相连，故农村人观念，常有睦邻之谊，而无凌敌之心，此其三。稼穑所获，年有常限。而天灾水旱，亦往往三年而必复，歉于此或丰于彼，有无相通，得免冻馁，彼乃不知财富之可贵，此其四。农民之所重，曰布帛菽粟，仅知节啬，不尚积聚，民生在勤，勤劳则善心生，终不流于奢汰，此其五。积此诸异，遂成文化之两态，我将称前者曰"富强之文化"，称后者曰"安足之文化"。惟其富强而不安足，必故尚进取，贵侵略，是为"征服"之文化；惟其安足而不必富强，故尚保守、重和平，是为"保全"之文化。故前者为"空间文化"，后者则为"时间文化"。空间文化为权力的文化，为扩张的文化；时间文化则为生命的文化，为绵延的文化。

（三）

今试再进一步论之，人生亦自然之一化耳。苟必以戡天为尚，则戡天之极，无异自戕。何者？人不能超天以自存。虫生于木，还食于木，木尽，虫亦不活。故征服文化之终极。必陷于自己征服而止。故人类标准文化，必自农业文化而发轫，亦必向农业文化为归趋。农业文化，使人安足，不相争夺，此为人生理想之最先步骤。农业文化使"天人合一"，人生与大自然相协调，此为人生理想之最后境界，故曰"惟农业文化乃为人类可能之标准文化"。盖农业文化有小型、大型之别，埃及、巴比伦，土壤狭，河流短，此属农业文化之小型。易于萌生文化，而不易于发皇滋长。其小型者，易受外界征服文化之侵凌而不克抵御。

如中国则为大型农国，其先唐虞文化兴于汾水之区，夏文化兴于伊洛之区，殷文化兴于漳水，周文化兴于渭水，此皆小型农区易于文化之萌生。然中国地形，分则各具，合则大全，此诸小型农区合而为大河文化，又扩展而及淮汉，再扩展而至长江，北达辽河、黑龙江；南及珠江、澜沧江，惟中国为全世界最理想之一大型农国，故其文化继续绵延，且有新生。亦由团结力强，不易为外围侵略文化所征服。

然则农业文化何以常见屈于游牧文化与商业文化？此由一主"存全"，一主"征服"，故主征服者常先见胜利，然其最后存全者，则必仍在主存全者，不在主征服者。故在昔日，惟大型农国可以存全，其在将来，则惟大型农国之与新工业相配合者始可存全，而中国则得天独厚，故能独自兀立于人类文化史之全程。而常见其生新不衰老。

(四)

抗战中，华莱士来中国，见我西北之荒芜，而联想及于往昔美国西部之开发，不胜其向往眷恋之情。是美国景运在以往，而中国景运在方来。若以文化言，美、苏两邦，虽擅大型农国天赋之厚，然其文化渊源则实自滨海小岛向外争取之文化而来。若中国则四千年传统，正为一发展已臻最高度之农业文化之唯一标准，若能善保其传统文化之美点，又能济之以新工业化，使终不为四围征服文化所压迫，则其将为全世界文化放一异彩，而启示人生大道之归向者，夫复何疑。（一九四七年元旦昆明《民意日报星期论文》）

一九四五年 乙酉 五十一岁

十、建国信望

摘要如下：

（一）

孙中山先生之三民主义，将为此后新中国建国之最高准绳，其首先着眼点则为"民族主义"。一独立之民族，创建一独立之国家，必有其独立之文化业绩。必然以独立之姿态而出现。新旧只是生命之一串，古今只是历史之一环，毁灭旧文化，即是窒息新生命。中国民族之文化，在以往有价值，在将来仍有其存在。文化工作之下手处端在教育制度，新中国建国时期之教育制度，必然摆模仿抄袭，而有其独特的文化立场与创建精神。新教育制度下本国语言文字之地位，先将与外国语言文字取得平衡，再次则将超出之。各级学校将全用本国文字之教科书，其各科参考书，亦将以本国文字者为主。大学文法学院的人文科目，其属于本国方面者，最先将与属于外国方面者取得均衡之地位，再次则将超出之。如法学院讲授西方政治思想史、制度史，同时亦必讲授中国政治思想史、制度史。讲授罗马法与大陆法，同时亦必讲授唐律与明律。文学院同然，讲授西方教育思想史、制度史；伦理学与道德哲学，同时亦必讲授中国教育思想史、制度史与伦理学道德哲学以为比较。缘将来新中国建国完成，无疑仍是接续中国以往的历史文化而生根，决非抹杀中国以往，横插上西方的历史传统而出现。

（二）

发扬民族主义之第一阶段，为"国内文化之独立"。发扬民族主义之第二阶段，为"国外文化之倡导"。同一历史疆域者，将融凝为同一"文化"；同一文化系统者，将团结为同一"民族"。中国欲负荷东亚之和平，必由其国内独特之文化发生力量，若稗贩西方文明，依仗国外领导，则担不起此重任。

（三）

发扬中山先生民族主义之第三阶段，则为"王道大同"。新中国之政治发展，必然将向"民主政治"之途而迈进。而断然为中国文化圈里的中国式的民主政治。新中国之政治理想，将为一种"王道"政治而非霸术政治，并将为一种"全民"而非政党政治与阶级政治。王道政治全民政治之精神，在"政民一体"，而非政民敌立。政民一体的政治乃"尚理"的、"和协"的。

(四)

中山先生主张"治权"与"政权"划分,又主张以"考试"限制人民之被选举权;此两理论,必将透切发挥,以为中国新政治之基石。尤其是后一理论,乃中国传统政治精义所在,中国人将大胆提出,以确然完成将来新中国的新政治。

(五)

农村自治将为新中国民主政治最下层最坚稳的基石。从此基石上与中国传统文化相衔接,与世界最新潮流相呼应。将痛洗个人权利观念的尚力政治之积弊,而转向大群义务观念的尚理政治之新途。中国是一个农业国,因此中国文化亦是一种农业文化,将来民生主义完成,中国将为一新的农业国,中国文化亦将为一新的农业文化。将来新中国之经济建设,将大量采用新科学,将急速工业化。但此二者,仍将以繁荣农村为前提,仍将以工农相配合为新中国经济建设之重心。工农相配合的经济政策,将以"安足"为目标。期求安足,其极可以富强;期求富强,其极将不安足。尚安足则主"和平",尚富强则必主斗争。

(六)

中国经济区域以西北为最落后。新中国之经济建设将以西北为最重要。将来新中国之新首都,无疑地当在西北,而以东北为副。

(七)

新中国当以西安为首都,建设西北,兼顾西南;当以北平为陪都,调整东北,兼顾东南。第一首都西安,回复民族生机,唤醒历史光荣。第二首都北平,吸纳世界新潮、开展国际和平。中山先生说:"革命的中国,首都宜在武汉。建设的中国,首都宜在西安。领导亚洲的中国,首都宜在伊犁。"这一节话,将再新宣示其内在精神之含义,而悬为新中国建国途径之一种新启示。上述的建国三纲领,"民族"主义是一个"明道设教"的问题。"民权"主义是一个"立法创制"的问题。"民生"主义是一个"亲民行政"的问题。此道、法、政三问题之逐步建设,全国上下只有坚苦卓绝、笃实践履,将为中华民族乃至全世界人类造无穷之幸福。

一九四六年　丙戌　五十二岁

一　国内大事

一月十日，联合国安全理事会成立，我国为常任理事国之一。

二月十一日，联合国大会决议，以中、英、美、俄、法文字，为正式语言。同时英、美、苏公布雅尔塔密约协议。二月二十日，我外交部宣布中国不受雅尔塔密约之束缚。

五月一日，台湾省参议会成立。

五月五日，国民政府还都南京。

十二月二十五日，制宪国民代表大会在南京开幕，大会三读通过《中华民国宪法》，并决定一九四七年十二月二十五日为行宪日。

十二月，马歇尔在华调解未获致协议。

二　事略

先生仍任教华西大学，兼四川大学课。

夏，乘飞机赴重庆，再乘飞机至南京，转往苏州。

秋，应滇人于乃义之邀，前往他新创办的五华书院任教。先生认为云南气候山水既所欣赏，又以其偏在边区，西南联大已离去，他再前往，正可谢绝人事，重回他书生苦学之夙愿。遂欣然允诺，只身前往。讲授《中国思想史》为主，又兼任云南大学课务。

三　著述

一月，《佛教传入对中国思想界之影响》，刊于南京《中央周刊》第八卷第二、三期。收入《中国学术思想史论丛》（三），二〇〇一年素书楼文教基金会·兰台出版社整理新版印行，页三四四～三五五，摘要如下：

佛教传入，在中国文化史上，各方面各部门，都有极深宏的影响。现在只就其属于思想史部分者扼要述说几点。

（一）

中国思想传统，以儒家为中心。儒家思想以人文为本位，故于人群以外，天地万物，儒家皆不与以甚大之兴趣。此后阴阳家采道家观点，将儒家之人文本位大大展扩，于是有邹衍之"大九洲说"及其"五德终始论"，这不可不说是古代中国思想阈域一大解放。但若拟之印度佛学思想，则一拘一旷、相差尚远。

佛学小乘派说空间有三千大千世界。彼谓以须弥山为中心，九山八海交互绕之，更以铁围山为外廓，是曰一小世界。故大千世界之数量，乃为千万万个以须弥山为中心之世界之集体。此乃佛家之空间观。若论其时间观，彼谓人寿以八万四千岁为度，历百年减一岁，如是递减至人寿十岁而止。至此又递增至八万四千岁，乃谓一小劫。积二十小劫为一中劫。又分中劫为"初成"、"安住"、"坏灭"、"空虚"世界。历"成、住、坏、空"为一大劫。此为佛家之时间观。又有"六道轮回"说。地狱、饿鬼、畜生、阿修罗、人间、天上，乃众生轮回之道途。现世大群只是此六道中一道与一轮而已。

佛家用此眼光来看尘世，与儒家的人文本位真如天渊之隔。佛家原始态度，本属一种极浓重的"出世"精神，因此彼对一切现世人文殊不注意，历史更非其所重；然对宇宙时空，人圈子以外的，则颇多胜妙的理想境界。惟其有此极胜妙的理想境界，故能看轻一切现世人文而抱出世精神，亦遂因此而成其为一种宗教。

（二）

佛家之时空观与其六道轮回观，若深细说之，则佛家看此世界，常把来分成"现象"与"本体"之两部。若粗略地用现行哲学语说之，不妨谓现象界略当于今之所谓"物质界"，本体界则略当于今之所谓"精神界"。至于佛家教理则不然。无论大乘、小乘，在一切现象背后有一本体，在一切"器界"之上有一"灵界"，实在是与中国思想很不同的另一种宇宙观。我们不妨说，中国思想里有"精神界"与"灵界"之存在，都是受了佛教影响。中国思想无论是儒、是道，都只是一种"惟实的一元论"，并未在心与物之外或上再另寻一本体。

佛家则不然。佛教思想渊源于古代印度哲学之"梵"的观念。"梵"之含义即为"绝对独存"，而为宇宙之本体者。又有"我"，亦为常住而唯一之体。"我"与"梵"盖为一物而异名。此等于现实世外别有一本体界之观念，实为西方思想与中国思想绝不同之点。若粗略言之，可谓中国乃"现实的一元论"，而西方思想均为"理想的二元论"。故佛教教理，到底以此世界之存在为苦，故求脱离此世以达永久安稳之"涅盘"境界。所谓"法性"，所谓"真如实相"，均指一本体界，超乎现实。儒家所谓心，只是肉团心，佛家尚有"自性清净心"、"如来藏心"，则为不生不灭之心，为"真如"之异名；此乃总该万有，遍一切处，无住而常在者。此等观念，亦为中国思想所未前有也。

佛家因有此两重的世界观：一重是"本体界"，一重是"现象界"，现象界如幻如虚，本体界为真为常，因而遂有他的出世的宗教。中国人则自古只有一重的世界观念，天帝鬼神亦都与俗界牵连，故而中国实际并无出世的宗教。佛教传入之后，不啻为中国人又辟一个世界，这是佛教传入后对中国思想界一最大的贡献。

此后中国化的佛教却又把此出世思想渐渐冲淡，天台宗之"一心三观"，空、假、中，三一圆融；贤首宗之理事无碍，一摄一切，一切摄一；此在天台宗则谓"诸法实相"，在华严宗则谓"一真法界"，要之，已把真俗体相融成一片。至禅宗所谓"人境俱不夺，本分做人"，则已确然还复到中国思想的老路上来。但到底佛家理论的影响，一时洗涤不净。直到宋儒，如张横渠以"义理之性"与"气质之性"对立，朱晦翁承之，以"理""气"分说；此皆确切受了佛家影响。当时理学家爱说陆、王近禅。其实陆、王单指一心，比较近于中国儒家之真传统。禅宗本已是佛家思想之中国化了。至于张、朱两家，后世目为儒门正统者，其实反是佛法骨子多些。即此可见佛学在此后中国思想界潜力之大。

《孔子的史学与心学》，刊于五华文史讲座《五华月刊》第一、二期。收入同前兰台版《孔子与论语》页三四五～三五二。摘要如下：

(一)

春秋时代，乃一礼文繁缛之时代，又为一政治、社会、种种人事方面将次崩溃转变之时代。其时则有无数术士，环绕于贵族阶级之四围，而为之执行其种种繁之礼文。此所谓"术士"者，盖指其擅种种之专艺。此种专艺，约言之，可分礼、乐、射、御、书、数六类。其能通习六艺者则尤为上选。此在当时则称为"儒"。许氏说文："儒、术士之称。"是证也。孔子亦当日一术士，即通习六艺之儒者。然孔子不仅习其礼，抑又进而究其礼之意，乃觉当时所谓礼者实多非礼。

(二)

孔子反对批评当时贵族阶级一切现行礼之根据则在历史。由孔子明习礼文，对于当时一切现行礼之历史本源与其掌故沿革皆探索明了。故曰："殷因于夏礼，所损益可知也。周因于殷礼，所损益可知也。其或继周者，虽百世可知也。"又曰："周监于二代，郁郁乎文哉！吾从周。"

在古代之所谓"礼"，本即是全部规定了的贵族生活，亦即包括了古代全部的政治。孔子在历史演变中研穷了自古到今的种种礼，即是研穷了自古到今的政治与人生。其够标准合理想者，此在孔门则谓之"道"，道之具体表现则曰"文"。孔子认为那种政治和人生之沿积，到他的时代而穷了，故曰："文王既没，文不在兹乎！"此说只有他知道得这些。

(三)

孔子研穷史学，却为种种因革变迁的礼文找出一个本原，这就成为是孔子的历史哲学。孔子认为一切礼的本原，不在外部，而在创礼与守礼者之内心。这是孔子之心学。孔子的心学，是孔子的历史哲学之最后的结论。他说："人而不仁，如礼何？人而不仁，如乐何？""仁"与"礼"是孔子常提到的两件事。"礼"是外面的节文，"仁"是礼的本原，即指的人之心。此后孟子说："仁，人心也。"此语便把"仁"字解释完尽。汉儒又把仁字另作解释云："仁，相人偶也。"相人偶，便是指的人与人相交接。我们应该把汉儒解释来补充孟子的语义，则仁是一种社会心，乃人与人相偶处时之心。

《论语》里说到"仁"字处最多，仁只是人心。孔子只怕人对此心态不易把捉，遂又提出一"孝"字来。孝是子女与父母相人偶时之一种心态,此种心态,人人有之。人能识得孝心,自能推广识得仁心。在孔门又特拈"忠恕"二字说之,故曾子曰:"夫子之道,忠恕而已矣。"忠恕、孝悌全是仁,全是人与人相偶时之一种心态。

(四)

由上述说,孔子思想便由史学转入了心学。"哀公问弟子孰为好学,孔子对曰:'有颜回者好学,不迁怒,不贰过。不幸短命死矣。今也则亡,未闻好学者也。'""迁怒"如怒于甲者移之于乙,"贰过"如过于前者复之于后。此皆非相人偶之道。此等学问自指心学,因其须在自己心上用工夫。当知人类正因有此心境,故能产生"礼",故能产生"道"。此种心境,则为一切"礼"与"道"之本原。

一月,《五华书院中国思想史六讲》,刊于《五华月刊》第三至八期。收入联经《全集》第五十二册《讲堂遗录》页一~九一。摘要如下:

第一讲 上古

(一)

一个国家,一个民族,既有文化历史,也就有思想。思想继续不断,有生命,有系统,有组织。它必要能对付得几个大问题,才足以见此民族的力量,才足以见此国家与民族的特色。文化历史都是次第相续的心的历史。换言之,只是一部思想史。

普通史只说的历史的浮面和外层。文化史说到历史之各方面各部门,始是历史之全体。思想史则是历史之中心主脑或骨干。合此三部,始成为历史之全部,始可了解中国以往之一切。

(二)

讲思想史,必须从本原处看到末梢,由粗大处看到细微,由共通处看到个别。这是一定的方法,否则将看不到各派思想之真际。大抵人类思想,从其源头看,从其粗大处和共通处看,都逃不了两个问题:一个问题我们叫它"宇宙论",另一个问题我们叫它"人生论"。前一个属于"自然科学",后一个属于"人文科学"。西洋人对此两问题大体是喜欢分开讲的。中国人却喜欢合拢来讲,这叫做"天人合一"。

（三）

现在再进一层谈，还有一个介于宇宙、人生二者之间的问题，则是"生死"问题。"生"是人生问题，"死"便进入了宇宙。每一个人必碰到这问题，每一个人必定会感觉到他有生必有死。全世界的宗教，全世界的思想家，明知我们必死，而还是要对此问题求解决、求安慰。最普通的解决与安慰，便是信仰有灵魂。

一人的死生，只是灵魂的出入。既然"身体"和"灵魂"是两件事，那么身体以外还有生命的存在，还有另外一个世界，岂不得了莫大的安慰吗？如此则讲人生便转到宇宙问题上去。肉体与灵魂，既是两个，自然要成两个世界。这在西方哲学上，一个叫"物质界"，一个叫"精神界"。前一个是属于"感官"的世界，后一个属于"理性"的世界。感官所接触的是"现象"，而灵魂所接触的则是"理性"，在哲学上叫"本体"。现象是容易了解的，一讲到本体，便难讲了。但不讲到本体，又觉人生得不到安慰。可见哲学、宗教上许多话，还是由安慰人生而起。

（四）

中国人于此问题如何看法呢？在中国古书里常说到"鬼神"和"魂魄"的话。《左传》鲁昭公七年记载了郑国大思想家子产说的一段话："人生始化曰魄。既生魄，阳曰魂。用物精多，则魂魄强。是以有精爽，至于神明。"可算是中国古代解释生死问题的一个最具体、最明显的记载。人的开始叫做"魄"，以"人生"说，自然是指初生下来的躯体而言。魄便是一段肉块。生了魄的时候，便连带的有"魂"。故可说"魄"是生命的实质，"魂"是他的作用。这可说是一种纯粹"唯物"的观点。

现在再说，魂既如肉体上所发的光，一个人的身体强健，五官百骸各自发挥最强大的作用，那光辉也自然随之而增大、增强。人到有病的时候，光便弱了。等到一死，便不发光了。这是子产的人生论，也是他的宇宙论。中国人所讲的"魂魄鬼神"，此种看法，与西洋的截然不同。西方人以为灵魂还要回到尸体上，还可复活。而中国人则说："尸归泥土，魂也散了。"

（五）

《大戴礼记·五帝德篇》，宰我问孔子："黄帝为什么活到三百年呢？"

孔子说："黄帝生而民得其利，死而民畏其神，亡而民用其教，所以有三百年。"这是说：并非黄帝的肉体，有三百年的寿命。他在世的时候，由于他政治、教育、文化等各方面的功业，泽及百姓。他死了，他的精爽、神明还能使人敬畏。及至他的精神也亡了，但他的话依然有效，可以作大众的教训，岂非等于生存三百年。所以中国人看生命便是一种阳气，换句话说，就是生命之"光辉"。这种光辉便是"神"。

第二讲　孔子

（本讲大要见一九四三年四月《孔子与心教》，兹略。）

第三讲　孟子和其它儒家

（一）

孔子的学说，分为两种：一种是"心学"；一种是"史学"。儒家思想的重要精神在此。孔子以后，能继承孔子而发扬光大之者，应首数孟子。"孟子道性善，言必称尧、舜。""道性善"就是"心学"，"称尧、舜"就是"史学"。孟子的性善论，是拿史学来证明心学，拿心学来完成史学。分析开来讲，可以分为"本体论"与"人生论"两部分，现在先讲本体论。

（二）

关于"性"善或不善的讨论，乃中国学术史上一中心问题。中国古代学者所说的"性"是否与外国学者所说的本能相同呢？"本能"是西洋心理学上的名词，"性"是中国思想史上的名词。中国人所谓性的意义何在？我以为还是孟子讲的好，即所谓"人心之所同然"。他说："至于心，独无所同然乎？心之所同然者，何也？谓理也，义也。圣人先得我心之所同然耳。故理义之悦我心，犹刍豢之悦我口。""人心之不同如其面"，只有圣人始找到大家所公认为对的说出来。大家一得此标准，也就认为对，认为好，这也就是人心之所同然。可见人性不殊，即便是人性之善处，此处便是孟子讲性善论的精义。

（三）

反对孟子的有荀子的"性恶论"。他立论的主旨，以为人群全靠着政府法律来管束和教育来指导，才能够有秩序。所以他认为人性是恶的，桀、纣是本性如此，尧、舜倒是修为而成的。不管、不教，人便要坏下去，所以他主张说"性恶"。孟子说："尧舜，性之也；汤武，反之也。"什么叫做"性之"？发之于本性，先得着"人心之所同然"，这便是性之了。什么叫做"反之"？在某一个人的偶然的天性流露，别人见了，反身一想，觉得他不错，也照样来模仿，这便是反之。

孟子又说："万物皆备于我矣，反身而诚，乐莫大焉。"现在人看到"物"字，便想到西方哲学上的"唯物论"。其实中国古书中所讲的"物"，是指"标准"说。故知一切人文演进，皆由人类天理自然要求，这便是孟子性善论之真义。天性是"自然"的，因此也是"常然"的。进一步说，又是"必然"的。

（四）

《中庸》说："自诚明，谓之性。自明诚，谓之教。"前两句即是性之，后两句即是反之。又说："诚者，天之道也。诚之者，人之道也。"第一句是性之，第二句是反之。又说："至诚无息。"真正的诚心是我心与你心所同然。进一步说，是一切人心所同然。再进一步说，是永久的人心所同然。始得谓之"诚"。

《中庸》又说："诚者，物之终始，不诚无物。"诚便是性。性便是自然。若说世上一切物全是自然，不如说世上一切物全是诚，全是真实不虚。真实不虚，才是性，才是性之善。儒家讲性善，是融会心学、史学而发挥的。这对人类文化演进的道理确有大贡献。中国的传统文化，正因为有此种精神贯彻在内，所以既悠久，又坚韧，直到现在，还能屹立于天地之间。这是由本体论表现在人生论上的伟绩。

第四讲　墨子

（一）

全世界的各思想家，大体可以分作三个宗派，也可以说四个系统，任何一个思想家必不能外于这个宗派和系统：第一是"天统"，这是宗教家，以上帝的意志为他们的最后根据，一切理论最后归宿都在上帝。此外哲学家里有宗天、法天的，也可归入这一派。第二是"人统"，此一系统又可分为两派：一种以"自我"为第一义，可称为"己统"。另一派是以人类大群为宗，最后归宿在大群集体，可称为"群统"。己统与群统，大抵多讲政治、社会，以及伦理、教育等问题。第三是"物统"，一切理论以物为根据，人也是一物。此派演成一切自然科学以及哲学中之"唯物论"者。主宰一切的不是上帝，也不是人自己，而是外面的物。

（二）

以上四系统，天统成为"宗教"，物统成为"科学"，人统中讲的是政治、社会、伦理、教育等等，由己统演成"个人主义"，由群统演成"社会主义"。若把"理"字来讲，天统讲的"天理"，物统讲的"物理"，己统讲的"情理"，群统讲的是"法理"，或说"事理"，因此他们便各各言之有理。

中国古代思想。孔子是属于人统的，在人本思想中，他又以自己为出发点，所以孔子是"己统"。儒家另一派荀子，则侧重群众大团体，他看重讲礼节、法律，着眼在大众上，应属"群统"。庄、老法自然，属"物统"，墨子宗法上帝，当然属于"天统"。汉儒讲"五常"，把孟子所讲的"仁、义、礼、智"加上一个"信"字，这五个字恰巧可以分给这四派思想。

孔子发挥的是"仁"字。仁是你自己的心，由心之所同然处出发。墨子认为孔子以自己为出发点，易流于自私，所以提出"义"字，义是公的，不是私的。孟子时代比墨子稍后，他便采取了墨子学说的优点，把"仁"字与"义"字一同讲，墨子的一半天下，仍然被儒家收回来。荀子学说以讲"礼"为中心。庄子既属自然主义者，所讲的还是偏重在"智"字，就是要找出事物的真相与自然的条理来。所以说仁、义、礼、智四字，恰巧形成学说上的四个大派别。但要成功一派思想，还有一个基本条件，就是要"信"、"自信"、"共信"。如果你自己不能自信，又得不着大众的共信，如何能形成一派学说呢？但思想上有主"融通"与主"简弃"的分别。孔子思想极重融通，因此后来儒家很注意把各家各派的长处吸取，再融而为一。如孟子已经融会了墨子，后来《中庸》讲"赞天地之化育"，便融会了庄子。

（三）

墨子要反对儒家的个人主义，他所讲的最高标准便是"天"。墨子不宗己，转而宗天。他说："天何欲何恶？天欲义而恶不义。"墨子讲"义"有三大法则，他说："天欲人之有力相营，有道相教，有财相分也。"这三条亦称"正义"。墨子说："义者，正也。"

墨子主张"尚同"。尚同之极，便是上同于天。尚同便只有一义，故说："尚同一义"。又说："一人一义则乱"，故他"置天志以为仪法"，使大家法天一仪，这便是"大同"世界。所以墨子要讲"兼爱论"。现在人都把他兼爱的意思讲错了，以为兼爱是泛爱、博爱，对任何人都同情，便是兼爱，其实此非墨子义。须知"兼爱"的反面是"别爱"。爱有了分别，如儒家"老吾老以及人之老"，此即是别爱。墨子说："顺天之意者兼，反天之意者别。"这是说天的意思是无分别的，分别的只是人。

墨子的兼爱是平等的，看别人的父亲要同自己的一样，所以说："视人之父若其父。"这层似乎不易做到。所以孟子说："墨氏兼爱，是无父也。"墨子的兼爱论，到底有些违反人情，所以墨子学说不容易得到后人的赞同。但墨子不仅他私人的人格有力量，他的学说也有力量，他反对儒家，儒家却不得不采用墨家。孟子书中曾和告子辩论过"仁内义外"的道理。告子意外的主张，很接近墨子。孟子把墨子的道理容纳下去，略为改变，说仁义皆由内发。此一段辩论，关系甚大。儒家思想因为能融化墨义，由此遂树立了儒家的不拔之基。

（四）

儒家有一部书名叫《孝经》，不知是谁作的，也很采了墨子思想的精英。《孝经》说："先之以兼爱，而民莫遗其亲。"孝道不仅对父母，还要推广到各方面，这些实在就是墨子尚同、兼爱的道理。此外《小戴礼记》中的《礼运篇》，也是采自墨子的。《礼运》讲"大同"，便是墨子的"尚同"。

大同是天下为公，小康是天下为家。天下为家，正是墨子最反对的儒家流弊所必至。今附带说及此："天下为公"的"为"字怎么讲？今人一般都当做"是"字讲，说天下是公的，这实在是误解文义。此句应连上句一起讲，说大道推行的时候，天下都是为了大众。我的气力是为了大众，我的钱财、学识也是为了大众。

儒家思想讲到大同，是最开扩的了，却是抄袭了墨家精彩的意见，但却排除了墨家的糟粕。因为他不再以上帝为出发点了，他也不说视人之父若其父了。儒家反对派的墨子，却完成了儒家思想的体系。我们由《孟子》、《孝经》和《礼运》的《大同篇》，可见到墨子的伟大，也可见到儒家思想的伟大，这也正是中国思想史上伟大的一点。

第五讲　道家

（一）

中国思想的三大派：儒家以"人"为出发点。墨家是儒家的反对派，以"天"和"上帝"为出发点。道家也是儒家的反对派，以"物"为出发点。墨家、道家的时代，都在儒家之后。他们多少都矫正了儒家思想的缺失和流弊。

道家思想，可以说是"非人本主义者"，或"反人本主义者"。他超出人的立场，把人类平放在万物中间。我们不妨称道家思想为"物本位"的思想。中国上古思想的三个宗派，归摄成两个：即是"人"与"物"的对立。所以古代最先是儒、墨两大派，而后来却变成儒、道两大派。

（二）

道家思想的代表，应该先轮到庄子，而老子在其后。《老子》书的时代后于《庄子》。荀子批评庄子说，他只"知有天而不知有人"，此话极深刻有力量。若用现代语说之，庄子是一个"物本位"主义者。但庄子讲的物，即是自然、即是天。此义似须解说。因为庄子对物的看法，与一般大不同。一般人所说的，指万物言，包括有生物、无生物。庄子的看法，却不这样。他以为要"视其所一"。就是要在一个地方去看万物的共通性。彻底的看，世界上只有一件东西。只有一物，而非万物。这便涉及了"一"与"多"的问题。即是"同"与"异"的问题。庄子说："自其异者视之，肝胆楚越也。自其同者视之，万物皆一也。"又说："假于异物，托于同体。"

他的意思是说：一切物，全是假借许多的"异"，来形成一个共同的"一"。这和佛经上说人的身体是地、水、火、风，四大和合；西洋人说人是几十种元素拼合而成的意义相同。一件东西，是许多东西混合而成的。因为和合，所以没有自性。照庄子的讲法，一切物都可合可分，拼起来成一件，分开来就没有。因此他又说："合即成体，散则为始。"这又涉及了"成"与"坏"的问题。所以说："道通为一，其分也，成也；其成也，毁也。凡物无成与毁，复通为一。"

这样，任何一件东西都有两个问题：一是"同"与"异"的问题，一是"成"与"坏"的问题。换句话说，也即是"是"与"非"、"生"与"死"的问题。你不要以我为我，须知我只是许多东西拼成的。拼成的东西一旦分散，便是死。此是人生最大问题。"死"在这一个集合之内算为结束，但又是第二个集合的开始。死和生是更迭为因果的。

"死生"问题同时也是"是非"问题。死了便非我，活着的是我。庄子思想的主要点，只在说明"死生"、"是非"的一件事，说明他是一个。天地万物，逐一分析，便只剩了这一个。他以为一切东西分析，到最后是"气"，希腊人叫"原子"。西洋近代科学分析到"电子"。电子只是一"动"。"动"与"静"相对待，也即是阴阳。庄子说："天地一气"，又说："气分阴阳"，很和希腊人及现代科学相近。

"气"要变的。"气变而有形，形变而有生。"气体拼合成物质，物质拼合成生命，这也很合于科学的，阳电、阴电配成了"电子"，以至于配成了生物。所以"人之生，气之聚也。聚则为生，散则为死"。此乃庄子的自然哲学，也即是庄子的宇宙论。讲到此处，我们回想到第一讲子产，范宣子的说法，同样不主张有灵魂，同样接近于唯物论。这是中国思想之共通点。我们讲中国思想，应该注意这一个共同倾向，莫忽略了。

（三）

现在再由宇宙论讲到形而上学，要比较难讲些。庄子既说万物原本于气，气还是在天地之间。有没有一种东西，先于天地的呢？他说："物物者非物。"就是说：创造东西的，必不是东西。譬如我必是非我所造。他又说："物出，不得先物也。"这意思是说：万物之先，必定没有物来造作。假如还有能造作的物，还应有造作他的物，便永远数不完。宗教家说上帝造万物，试问上帝又是谁造的呢？此亦无法回答。庄子的结论说：万物出于无，有不能与有为形，必出于无。这解答最彻底，在理论上当然如此。我们若再问"无"为什么能产生"有"呢？须知这是人类思想的习惯。却不一定和外面真理实际相符。你一定要问世界一切万有从那里来？便只好说从没有来。"没有"如何能生"万有"？讲到这里，便不能讲，不能想，此之谓"不可思议"。庄子教人"心斋"、"坐忘"，就是要领略这个境界。此一问题，已超于宗教、哲学、科学之上，已不是理论思想的问题了。必不得已而定要理论，定要思想，则"凡东西，必不是东西造成的。凡有，必不是有造成的"。此是庄子的形而上学。

（四）

讲到"生死"、"有无"，便已是讲到"时间"的问题了。印度人讲时间，分为过去、现在、未来三世。近代科学家亦是如此。往上面讲，讲不完。往下面讲，一样讲不完。由不可知的过去，到不可知的未来，所可知者，只是现在的一段。过去的不可知与未来的不可知，究竟是两件事呢？还是一件事呢？这两个无穷的两端，你如何又知道他们断不会碰头的呢？假如会碰头，岂不便成了一个圈子？庄子说："焉知其所始？焉知其所终？"又说："物有死生，道无终始。"

这是说：时间便是一大圈，所以没有终始。也可说终即是始，始即是终。你把一个圆圈，一段一段切开，便见段段有起讫，那便是"物有死生"。若把此一段一段依然连接成一圆圈，则并无首尾并无起讫，那便是"道无终始"了。一切物分析到最后极微点，叫他做"气"，气的以前和以后都没有名字，勉强叫他做"道"。"道"没有开头，也没有结束。便也没有"死生是非"。于此可知庄子的道理，他说没有天地以前就有"道"。"道"是生天、生地、生上帝、生鬼神、生一切万物的。《老子》说："有物混成，先天地生。不知其名，强名之曰道。"

这是道家的形而上学。但我们莫误会了，认为真有一个"道"，在那里生天、生地、生鬼神、生上帝，那又失了庄子的原义。《庄子》书中又设为子贡问孔子说："未有天地可知乎？"孔子曰："可，古犹今也。"没有天地以前，仍和既有天地以后一样，这就是说明"道无终始"的道理。道家的思想，总是警策人，不要根据你的小知识来瞎讲。时间无限，空间无限，无限不可知。因此庄子说："不知"是道，"浑沌"是道，而"明辨有知"反而不是道、不近道了。所以有知还是无知，有物还是无物。一切万有，只是一无。

庄子说："无始，非卒也。始卒若环，莫得其伦。""环"便是圆圈。

在圆圈上看不见始卒。每一个开头，即是结束。每一个结束，也即是开头。佛法与西洋科学讲的无始终，是一条线的两头无限。而庄子讲的开头结束是一圈，是当体具足，没有对待的。印度和西洋主张"无限"，而中国则主张"具足"。从他们形而上学的认识不同，而影响到他们的人生论。在这方面，道家思想，尤其是庄子的思想，他的循环无伦的看法，实在于全世界人类的思想史上，有他绝特的贡献。

所以庄子反对儒家以自己来衡量天地。他以为知识既无止境，所以最高的知识，要能在不可知的边缘停下。西方科学家和宗教家，都不肯在不知的边界上停下，所以还有时而穷。庄子说："以其知之所知，养其知之所不知。"此一"养"字最妙，就是叫你听其自然，不要性急，不要胡闹，我们遇不知道的，只拿你知道来培养。庄子并不叫我们去寻求知道以外的事，但也并不教我们全不要知道。所以，要解决了人"生"的问题，才能解决人"死"的问题。"善吾人者，乃所以善吾死也。"荀子说"庄子知有天而不知有人。"可算是不懂庄子思想的全体。

（五）

庄子又说："天与人不相胜"这和一般人所想"人定胜天"的道理，恰恰相反。知道与不知道，相对并行，天不能胜人，人也不能胜天。这是"以其所知，养其所不知。"

庄子并不是反对知识，看重自然，他以为生命就是自然，知识就是自然。但为什么定要固执的看重了生命与知识，而看轻了自然呢？不知道的让他不知道，知道的让他知道，各不相犯，便得其养。

（六）（略）

（七）

庄子的思想，是批评儒家的。但他批评的是儒家的流弊，而不是儒家的根本。所以庄子心中还是推尊孔子的。但是庄子思想也有毛病，如把心当成一面镜子，不将不迎，应而不藏。其实心不像一面镜子，并不是静的，心是要有感应的。

庄子似乎只讲到人的理智，没有讲到人的性格。所以庄子思想较近于科学。科学是冷静的、纯理智的。孔子便把"性格"、"理智"合一而谈。庄子讲"约分"，各走各的路，纯是个人主义。孔子讲孝道，孝不免要涉及到父亲、母亲。而"己欲立而立人，己欲达而达人"，虽然由自己出发，毕竟人我合一。

后来《易经》自"潜龙勿用"到"亢龙有悔"，是本于庄子讲"一气之化"而进步了。《中庸》讲"赞天地之化育"，也是本之于庄子而又进步了。儒家收纳了墨家，又收纳了庄子。"化育"两字，"化"是庄子的，加上"育"字就不同了。道家说"天地不仁，以万物为刍狗"，没有生机可言。儒家说："天地之大德曰生"，就有了生机。"化育"两字，"化"是唯物的，"育"才有了性格。所以天地还是有良心的，有感情的。这样的宇宙论，又变成人本位了。庄子思想的精采处，又为儒家吸收融化了。

第六讲　名家

（本文大要见于一九三一年《惠施与公孙龙》，兹略。）

三月，《越徙琅邪考》，刊于《五华月刊》第四期。收入一九五六年香港大学增订版《先秦诸子系年》。后收入一九九七年联经《全集》第五册《先秦诸子系年》，二〇〇一年北京商务印书馆《先秦诸子系年》，页一二八～一三二。摘要见一九三五年，兹略。

四月，《纵论南北朝隋唐的儒学》，刊于南京《中央周刊》第八卷第十二期。收入《中国学术思想史论丛》（三），二〇〇一年台北素书楼文教基金会·兰台出版社整理新版印行，页三五六～三六七。摘要如下：

（一）

南北朝本是一个病的时代。此所谓病，乃指文化病。北朝受病转较南朝为浅，因此新生的希望亦在北朝。五胡前秦苻坚时，长安佛学已盛极空前，而儒家亦同时在彼结集。其时诸经皆置博士，独阙《周礼》。乃就太常韦逞母宋氏传其音读。就其家立讲堂，隔绛纱帐受业者，生员百二十人，号宋氏为宣文君。这是北方儒风之初扇。此后长安儒统，因乱西移，集于凉州，嗣又汇于北魏，而北朝之文教遂大盛。最著者是在魏孝文时。在大混乱时代局面下，使中国传统文化得保遗传。"均田制"、

"府兵制"逐一建新。将来统一全国，开隋唐盛运，胥赖于此。

（二）

在儒学潮流激进中，北方有过两度佛家之所谓"法难"。表面上看，全是道、佛冲突。在其骨里，则实是儒、佛冲突。第二次争端，起因于卫元嵩。卫氏上疏，大体亦全是儒家意味。当时北周上下，正弥漫着儒家复古的倾向。重要的人物苏绰，生长在门第儒家传统下，为北周创建一朝新法，最有名的《六条诏书》，第一"先治心"、第二"敦教化"，这是最正统的儒学。

（三）

苏绰以下最可注意的人物要推隋末文中子王通，他是在唐末以至宋代受人推尊为自汉以下的唯一大儒。他的《中说》极多伪谬造托之词，但里面的大理论，必系王通旧稿。大抵王通亦是当时北方大门第儒学传统里的人物，与崔浩、苏绰一色。当时儒学传统在门第。故《中说》里引述他祖先六代的著作，都是儒术正派，注重现世大群政教大纲、盛衰要节。

读《中说》，可以看出当时南北学风之异尚。文中子《续书》、《续诗》、《元经》一套著述，是极注重文化传统的历史观点，但文中子却公然承认北方的正统。故他述北魏皇始之事而叹说："戎狄之德，黎民怀之。"他对苻秦王猛及魏孝文颇致推誉，他说："中国士民，东西南北自远而至，王猛之力。中国之道不坠，孝文之力。"他在种族观点上同情南朝，但在文化观点上则不认许南朝，说他"弃中国之礼乐"。

（四）

王通对文化传统的历史观点，确有他的卓识。他把孔子的经籍，也用史学眼光来衡量。他说："昔圣人述史三焉：其述《书》也，帝王之制备。其述《诗》也，兴衰之由显。其述《春秋》也，邪正之迹明。此三者同出于史，而不可杂也，故圣人分焉。"这是说历史，有关制度的政事，有关民情的文学，有关人事的节行，《书》、《诗》、《春秋》各当其一。

他极推尊周公，以与孔子并列。他说："有周公而经制大备，有仲尼而述作大明。千载而下，有申周公之事者，吾不得而见也。有绍宣尼之业者，吾不得而让也。"他以不得位，不能效周公创制度与礼乐，遂效仲尼述作。王通极想慕周公与兴王之业，可惜唐兴他已不及见。他理想中的礼、乐、文章，在唐代也少人理会。《中说》诚不失为醇儒之书，确然当时一大著作。此乃北方儒统仅有之结晶。可惜他的儒道，在唐初竟尔消沉，没有一些影响。

（五）

两汉以来经师博士，只好算是"功令师"，或云"禄利师"、"职业师"。魏晋以下，学术传于门第，更无师道可言。北方儒业，也是大体关闭在门第传统下；惟较南朝差愈，但也说不到有"传道师"。王通游情洙泗，但在当时空气下，亦急切走不上传道讲学之路。他的《中说》模拟《论语》，于是他后来遂无端羼进了许多兴唐名贤来装点门面，这亦正是时代凄凉下的黑影。

儒门下则久矣无师可尊、无道可重。直到韩愈开始来提倡师道，以传道师自任。但可怜韩文公也并不能真做一传道师，他仍借朝廷博士官衔来做一功令师、授业师。但在当时已为群所诧怪，柳宗元譬之如"蜀犬之吠日"。韩愈一死，师道更不再见。直到宋代胡瑗、孙复诸人出来，始真有昌黎所想望的传道师重在儒门中出现，那已是两百年后的事了。

四月，《易传与中庸》，刊于《五华月刊》。收入素书楼文教基金会·兰台出版社《中国思想史》页六四～八〇。摘要如下：

《易传》和《中庸》，出于不知谁何人之手，与《老子》同类，都是中国古代几部无主名的伟大杰作。老子思想之大贡献，提出一个天人合一，即人生界与宇宙界合一，文化界与自然界合一的一种新观点。提出"人法地，地法天，天法道，道法自然"之明确口号，而在修身、齐家、治国、平天下一切人生界实际事为上，都有一套精密的想法，较之孟子是恢宏了，较之庄子是落实了，但较之孔子，则仍嫌其精明有余，厚德不足。而且又偏重在自然，而放轻了人文之比重。《易传》与《中庸》，则要弥补此缺憾。《中庸》说："天命之谓性，率性之谓道，修道之谓教。"把自然扣紧在人性上，把道扣紧在人文教化上，这是把孟子来会通庄、老。

《易传》说："昔者圣人之作《易》也，将以顺性命之理。是以立天之道，曰阴与阳。立地之道，曰柔与刚。立人之道，曰仁与义。"这仍是把孔孟仁义来会通庄老之天地自然。"顺性命之理"即是顺自然。人道中之仁义，即是天道中之阴阳，地道中之刚柔，此即是"道法自然"。故曰："观变于阴阳而立卦，发挥于刚柔而生爻，和顺于道德而理于义，穷理尽性以至于命。"此处特提"穷理"一观念极重要。《易传》所谓"穷理尽性以至于命"，即孟子所谓"尽心以知性，尽性以知天"。儒家则反身内求，天即在人之中，即就人文本位充实而圆满之，便已达天德，便已顺天命，更不必舍人求天。

《易传》曰："天地之大德曰生。"天地之生，在于有阴阳之分；人道之生，在于有夫妇之别。《中庸》曰："君子之道，造端乎夫妇，及其至也，察乎天地。"此证人道即天道，人生界即是宇宙界。天人合一，只就夫妇和合中认取。再推进一层言之，《中庸》曰："自诚明谓之性，自明诚谓之教，诚则明矣，明则诚矣。唯天下至诚为能尽其性，能尽其性则能尽人之性，能尽人之性，则能尽物之性，能尽物之性，则可以赞天地之化育。可以赞天地之化育，则可以与天地参矣。"

庄老根据天地自然来怀疑人生文化。此刻的新儒家，则根据人生文化来阐明天地自然。同样是要求天人合一，在《易传》、《中庸》的一转手间，却有绝大思致，绝大聪明。那是思想界的一大翻腾。《易传》、《中庸》，一面认为人道本身即就是天道，此义当溯源于孔孟。但另一面也常先从认识天道入手来规范人道，此法则袭诸庄老。但庄老言天道，只有现象言，不主从现象后面来觅取一主宰。《易传》、《中庸》则不肯就象言象，而要在现象本身中来籀绎出此现象所特具而显著的德性。此一点，亦遂与庄老发生绝大歧异。

《易传》曰："天行健，君子以自强不息。""健"乃天行之象之一种特性，一种本身内在固具之德。《中庸》也说："至诚无息，不息则久，久则征，征则悠远，悠远则博厚。博厚所以载物也，高明所以覆物也，悠久所以成物也。博厚配地，高明配天，悠久无疆。"博厚、高明、悠久皆是德。《中庸》又于健行不息中说出一个"至诚"来。若非至诚，如何能健行不息呢？《易》、《中庸》的宇宙观，乃是一种德行的宇宙观。采取了庄老的自然观来阐发孔孟的人文观，故成为新儒家。

对于天地自然一切事象的看法，《易传》、《中庸》复与庄老有一根本的歧异点。庄老都认为宇宙间的一切事象，全是对立的。《易传》、《中庸》则不同。他们似认为一切对立，都不是截然的。《易传》说："阴阳合德。"又说："天下之理得而成位乎其中矣。"阴阳相对立，合德则成为一体。此一体当从中位看，即两极端之和合处看。《中庸》也说："舜其大知也与？舜好问而好察迩言，隐恶而扬善，执其两端，用其中于民，其斯以为舜乎？"我们若专从两端看，则善、恶对立，贤、不肖异类。但我们若知此两极端之中间，还有芸芸众生之大群，则如《易传》所谓："善不积不足以成名，恶不积不足以灭身。"他们既非至善，也非极恶。这是大群人之貌相。不在善、恶之两端，而在善恶之中间。若我们认识得此大群人之貌相，便知尧、舜、桀、纣，仍是同一人类，而非矛盾对立。因其都与此大群人相接近，相类似。有差等而非绝殊。但宇宙自然之道是如此，而人道则当隐恶而扬善，必知小善非无益而必为，小恶非无伤而必去，人群乃有日新趋善之望。

我们若把《易传》、《中庸》这一番理论，较之庄老道家所言，不能不说是又进了一步。其实《易传》、《中庸》里此等思想，在《论语》、《孟子》中均已说及，只是引而未发，必得经过庄老道家一逼，始逼出《易传》与《中庸》来，而且若用思想史的眼光来看，我们又如何定说孔孟是而庄老非呢？因为由孔孟才生起庄老，由庄老才引出《易传》与《中庸》，都非截然的，都是相通的。

五月，《濂溪百源横渠之理学》，刊于《东方杂志》第四十二卷第十期。收入同前兰台版《中国学术思想史论丛》（五）页一一〇～一三〇。摘要如下：

（一）

濂溪著作量不多，惟《太极图说》与《易通书》两种。《太极图说》实即《易通书》之一部分。是濂溪讲学专本于《易》。"太极"本义，乃气之先，一种无物之物也。《易系辞传》："《易》有太极"，郑《注》："极中之道，淳和未分之说也。"此太极亦可称"太始"。许氏《说文》：

"惟初太始,道立于一,造分天地,化成万物。"亦可称"太初"。《白虎通·天地篇》:"始起先有太初,后有太始,形兆既成,名曰太素。"故《干凿度》曰:"太初者气之始,太始者形之始,太素者,质之始也。"此皆汉人之说。其本则出于道家。古人论天地创始,大率如是。

濂溪《太极图说》,大意仍不出此。试问天地万物何自始,则实无自始。第一因无因可觅,故曰:"无极而太极"。天地万物开端第一因,即可谓之无因,此之谓自然。万物只是一气,此气只是一动,天地万物始终只此一动,亦永远是此一动,故《易》曰"天行健"。健即天行,乃永远不息之一动也。中国人看宇宙,与西方不同。西方人注重物质方面,故有唯心、唯物之争;中国人不问其最后之质料,而仅着眼其整体之变化,此整体之变化,则无始无终,只一动而已。然一落思维,乃至形于语言文字,则永远偏而不全。太极乃绝对之一,必成为无可说,亦无可思,则只有分成两面说之。既说一动,便牵连有一静。故太极只是一动,同时亦是一静。天下一切动,又可分五种态势,即五行。水下行,火上行,木外行,向外舒张;金内行,向里紧凑;土平行,平铺安住。五行亦各有阴阳,由此化成万物。濂溪《太极图说》大意只如此。此本秦汉人旧说,并非濂溪新创。但尚有一问题,所谓因果先后,只人类思维言说中事,天地自然界本无所谓因果先后。今必以人类言思来剖穷天地,于是有"天地万物生于有,有生于无","无极而太极"一番理论,此为庄老道家虚无思想之归宿。

濂溪《太极图》实有道家宗趣,如刘原父所谓"无物之物"者,乃成为宇宙最先之本体。此后朱子说理先气,即由此。但理究不能说是无,理先于气,较之自无生有更妥惬,此为朱子发挥濂溪《太极图说》之圆通精明处。濂溪《太极图说》,乃把先秦儒、道、阴阳三派融合,而始完成其自创的宇宙论。若果以《易·系辞》相绳,实不能说两书之吻合也。

在人生方面,濂溪乃主性情分别论者。由性生情,所以性善而情不尽善,性属先天,情属后天,此乃人生落到形气,性与外物交接后事。人唯本于天,亦不能外于天而自存;然既已为人,则亦终不能不有所自立。故太极之外又有人极。此正宋儒之积极精神所在,虽受老、释影响,但终不为老、释所囿,虽若有异于先秦,然终亦与先秦儒同源共本。·此则不可不微辨也。

（二）

康节与濂溪同治《易》，而两人意态颇不同。濂溪主张立人极，确然儒学矩矱；康节观物，近于庄周道家。或谓康节《皇极经世》只是京、焦末流，则诋诟逾伦，不足为康节病。康节学术精神，殊不在此。大抵康节是一豪杰人，其象数之学得诸方外，其操行持守，亦有超然世外之致。然康节于象数外实别有见地，其得力在能观物，此一派学问，在中国颇少出色人物。前有庄周，后有康节，再无第三人可相比拟。有《观物内外篇》云："道为天地之本，天地为万物之本。以天地观万物，则万物为物。以道观天地，则天地亦为万物。道之道尽于天，天地之道尽于物，天地万物之道尽于人。人能知天地万物之道所以尽于人者，然后能尽民也。"

此言"尽民"，犹孟子言"尽性"，《中庸》言"尽人性"，皆是不违自然之人本位主义。是康节乃以道家途径而走向儒家之终极目标者。盖康节之新人本位论，非离人与物言之，乃合人于物而言之。人之与物，本皆偏而不全。如何能使全体在一偏中呈现，其要即在"观"。他说："以物观物，性也。以我观物，情也。性公而明，情偏而暗。"以我观物乃主观，以物观物乃是客观。故康节之观物，乃是一种客观，而非人本位观。乃以我融入物中，我亦一物，而物亦一我。乃由偏合全而成其天。正为其能超出一偏之地位而为总体之客观。康节主性情分别论，亦主以理观物论。此康节之所以不失为理学家矩矱也。

康节又说："性非体不成，体非性不生。阳以阴为体，阴以阳为性。动者性也，静者体也。"此处康节以性、体对立，而性、体实合为一物，非于体外有性，而即于体中见性。人性之所以异于物性者，亦仅其体之异于物而已。康节此处言"动者性、静者体"，实与濂溪言"主静立人极"亦相同。盖通天地万物，实同是静为体而动为性也。《易》只言阴阳，康节又把阴阳分体性，此是康节之新见解。康节之所以与古人异者，因古人无此"体"的观念。自有此体的新观念，于是一切言思，亦遂不得不与古人有异。而理学家则自相一致，亦可于此觇之。惟后人震于康节之数学，在其《观物论》方面，并无嫡系传人，则可惜也。

(三)

横渠坚强卓绝，尚礼胜于尚仁。思理缜密，精于辨析，在其《正蒙》中剖辨道、释与儒家异同，对当时儒学复兴有大贡献。但横渠最大著作，则为《西铭》（引文略）。然《西铭》大理论，只说"万物一体"，其实此论并非儒家言。孟子只主张一种人类同情心之推扩，并未说天地万物本属一体。若说是一体，其真从外面说起，确实指其为万物一体者，则为濂溪《太极图说》与百源之《观物篇》。其论近道家，故为二程所不喜。

《西铭》则从万物一体之结论下来阐说人生政教大原与心性修养，特与先秦儒陈义更相近。乃特受二程之赞赏。先秦由外面阐说万物一体者，为庄周与惠施。庄周由外物实体言，惠施由人心思辨言，两家极不同，而其由理智来证成万物一体则一。孔孟则专就人类仁孝之心，即人类同情心方面言来建立人伦，却不透过此而说万物一体。因万物一体已属宇宙论范围，而孔孟则偏重人生论。只就人文本位，不肯透进一层来讲宇宙。但道家、名家则要透过此平面，深入到里一层。其实《西铭》中所说，也多非古代儒家所有。如云"天地之塞吾其体"，此犹佛家之"法身"。"天地之帅吾其性"，此犹佛家之"法性"。

万物一体，试问究该由内心证成，还是由外物研穷，在佛家自有他一套理论，在宋儒却不得不另寻说法。大体上彼之所谓万物一体，亦是由外研穷，其理论全在《正蒙》。《正蒙》大体仍本于《易》云："太虚无形，气之本体。其聚其散，变化之客形尔。至静无感，性之渊源。有识有知，物交之客感尔。客感客形，与无感无形，惟尽性者一之。"

此仍是体、性分言，大致与康节同。惟《易·系》只云："一阴一阳之谓道。"阴阳只是一气，并没有在气之外另立一太虚之体。《易·系》虽羼进了道家言，然仍是代表中国古代的儒家思想，是说平面的一元论。横渠则似透进一层，变成为双层的二元论了。庄老思想亦尚是平面一元的，直到佛书传入，始有双层二元的想象。横渠虽辟佛，实深受佛书影响，谓"太虚为气之体"，"无感为性之源"。又分主客体用，则到底会使人偏倾于大全方面而看轻了一偏。其实一偏更不该看轻，没有一偏，更无法合得上大全。二程说的"理一分殊"，此义极堪味。天与人，亦即是理一分殊也。

横渠《正蒙》到底不脱一种上下双层前后两截的二元论，并非平面的一元论，所以二程要对他不满。而二程终亦不能与横渠全异其说。故知宋代理学中，到底羼有道家、佛家之说；惟不得遽认理学即是佛、老，而必认仍是儒家，此则不可不细辨也。

上述三人中，康节比较最豪放，他说："所行之路不可不宽，宽则少碍。"他并不严肃讲修养工夫；濂溪、横渠却注意讲个人修养，理学气更重。横渠则是艰苦卓绝，他自说："言有教，动有法，画有为，宵有得，息有养，瞬有存。"可见他生活之谨严。整个生命，乃全在工夫上。他又说："为天地立心，为生民立命，为往圣继绝学，为万世开太平。"又可见他志愿之宏大。他亦要立人极，但不仅是无欲而已。窃尝欲为横渠此两节话题一名字，称之为"六有四为之学"。这是横渠内心外行绝大人格之表现。

横渠主张"为天地立心，为生民立命"。此不仅与墨子言"天志"不同，亦与孔孟言"天命"不同。横渠之宇宙论，深入言之，无宁是更近于老、释。惟老、释归之虚无寂灭，横渠则归之万物一体。一虚一实，其终不失为一儒家者在此。

至于重建儒家的新宇宙论，以排拒老、释者，则已达宋学之第二期，而濂溪、康节、横渠三家之功为大。惟濂溪、横渠皆兼重《易》、《庸》，康节则似只重《易》；二程于此三家，皆不全同意，而康节尤受后人歧视，其分别即在此。待南宋朱晦翁起，始于二程外，又同尊此三家，而完成其一套完整的新宇宙论，取与二程之吃紧为人，一宗孔孟，注重内向，更偏性情实际修养者，融会和合，而宋学遂臻于大成。

十月，《金元统治下之新道教》，刊于南京《中央周刊》第八卷第三十七期。收入同前兰台版《中国学术思想史论丛》（六）页二一七～二二八。摘要略。